# HISTOIRE

# DE L'ÉCOLE DE CHANT

DE

# SAINT-GALL

Le Mans. — Impr. Beauvais et Vallienne.

# HISTOIRE

# DE L'ÉCOLE DE CHANT

DE

# SAINT-GALL



## DU VIII^e AU XII^e SIÈCLE

### DOCUMENTS FOURNIS A L'HISTOIRE DU PLAIN-CHANT PENDANT LE MOYEN AGE

PAR

LE P. SCHUBIGER

Religieux des Ermites (Suisse)

OUVRAGE TRADUIT DE L'ALLEMAND, D'APRÈS L'ÉDITION ORIGINALE DE MESSIEURS BENZIGER

Par BRIFFOD, professeur de Littérature à Boëge

AVEC DES NOTES PAR THÉODORE NISARD

PARIS

E. REPOS, LIBRAIRE-ÉDITEUR, DIRECTEUR-PROPRIÉTAIRE

DE L'ILLUSTRATION MUSICALE ET DU NOUVEAU RÉPERTOIRE DE MUSIQUE SACRÉE

70, RUE BONAPARTE, 70

# HISTOIRE
# DE L'ÉCOLE DE CHANT
DE
# SAINT-GALL

DU VIIIe AU XIIe SIÈCLE

**DOCUMENTS FOURNIS A L'HISTOIRE DU PLAIN-CHANT PENDANT LE MOYEN AGE**

PAR

LE PÈRE SCHUBIGER, RELIGIEUX DES ERMITES (SUISSE),

Traduite par BRIFFORD, professeur de littérature à Boëge, avec des notes par TH. NISARD.

## CHAPITRE Ier

### APERÇUS PRÉLIMINAIRES

Le pape saint Grégoire le Grand. — Son école de chant et son antiphonaire. — C'est par les chantres romains que cet antiphonaire s'introduit et se répand dans les Gaules et dans la Bretagne. — Introduction du chant liturgico-grégorien en Allemagne. — Corruption de ce chant en France et en Allemagne. — L'empereur Charlemagne. — Son école palatine et son institut de chantres. — Ses efforts pour la restauration du chant ecclésiastique dans tout l'empire des Francs.

Le pape saint Grégoire le Grand mérite, sans contredit, la reconnaissance de la postérité pour le chant de l'Église romaine, dont il est appelé le restaurateur (1).

Ce pontife naquit vers l'an 540 et monta sur la chaire de saint Pierre en 590.

En rassemblant de sa propre main les chants liturgiques usités de son temps pour en former un antiphonaire centon *(antiphonarium centonem)*, en corrigeant ceux que les chrétiens possédaient, en les augmentant de nouvelles pièces, en les coordonnant d'après la période annuelle et en les

(1) Saint Ignace, successeur immédiat des apôtres, établit à Antioche l'usage du chant dans les assemblées des fidèles. Tertullien assure que ce chant existait déjà au second siècle dans toutes les églises d'Afrique : *Sonant*, dit-il, *inter duos choros psalmi et hymni, et mutuo provocant quis melius Deo suo canet.* Sur la fin du IVe siècle, saint Ambroise, archevêque de Milan, s'occupa de l'amélioration de la mélodie populaire et religieuse des fidèles ; il lui assigna des règles fixes et déterminées, afin d'en faciliter l'étude. Deux siècles plus tard, le pape saint Grégoire le Grand jugea nécessaire de l'épurer encore et de perfectionner le travail de l'archevêque de Milan et des autres églises chrétiennes : *Propter musicæ compunctionem dulcedinis antiphonarium nimis utiliter compilavit* (Joan. Diac., *Vita S. Greg.* — [Récemment, feu Adrien de la Fage a essayé de détruire, dans son *Cours complet de Plain-Chant*, les idées générales relatives à l'influence de saint Grégoire sur le chant qui porte son nom. M. l'abbé Félix Aubert a combattu victorieusement, nous le pensons du moins, les assertions de la Fage, qui était d'ailleurs si versé dans la science du chant liturgique. La belle réfutation de l'abbé Aubert se trouve dans l'*Avant-Propos* de la deuxième édition de sa *Méthode élémentaire de Plain-Chant romain traditionnel* (Paris, 1860, in-12, E. Repos) ; elle a été reproduite dans la REVUE que publie M. E. REPOS, sous ce titre : *Le Plain-Chant*, année 1860, livraison de janvier, pp. 8 et suiv. — TH. NISARD.]

Nous noterons en passant que la mélodie et son exécution, dans les premiers siècles de l'Église, furent, sans nul doute, différentes sous plus d'un rapport, de celles du plain-chant actuel. Le rhythme si varié et si accentué de l'ancien grec, la différence de prononciation et de mesure du latin moderne et de celui de ces temps reculés, la beauté des pièces les plus anciennes et généralement les plus considérées comme se rapprochant le plus des formes mélodiques grecques, les additions et les innovations des compositeurs, les altérations des copistes et le témoignage des auteurs, prouvent suffisamment la vérité de cette assertion.

dotant d'une notation ou de signes servant à faire reconnaître les sons de chaque mélodie, le saint pape se créa des droits impérissables à une grande estime, à une considération distinguée aux yeux de ses contemporains et de la postérité. Mais là ne se bornèrent point l'action et le génie du successeur de saint Pierre par rapport au chant religieux. Il se hâta d'établir à Rome une école de chant; il bâtit pour elle deux maisons différentes : l'une sous les degrés de l'église de Saint-Pierre, et l'autre près du palais de Latran.

Voilà donc deux établissements assignés aux chantres romains. Il fit plus : il les pourvut de revenus suffisants et fit un traitement pour les professeurs. Le grand pape avait tellement à cœur le soin du chant religieux que lui-même, de temps en temps, s'occupait de l'enseignement et donnait des leçons aux enfants destinés à devenir chantres. La baguette dont il les menaçait du haut de son siége pendant les heures de la classe, se voyait encore plusieurs siècles après la mort du pontife.

Pendant le moyen âge, on avait une haute vénération pour l'*Antiphonaire authentique* de saint Grégoire : on le conservait comme un trésor précieux à côté de l'autel des saints Apôtres; il y était attaché par une chaîne, et y fut conservé, dans la suite des temps, comme un dépôt sacré qui devait être le modèle unique et la règle *universelle* du chant ecclésiastique pour les chantres de tous les peuples chrétiens (1).

La piété du cœur, la force de la foi, la profondeur du sentiment et l'attrait irrésistible des mélodies qui sont contenues dans ces chants, tout cela fut déjà reconnu peu après la mort de saint Grégoire; on eut un tel respect pour ces mélodies, qu'on les regarda comme des cantilènes que le vénéré pontife avait tirées d'un monde spirituel et que l'élévation des choses célestes lui avait inspirés; déjà l'opinion s'était généralement répandue que le pouvoir d'exprimer des accents si sublimes avec des sons terrestres lui avait été donné d'en haut d'une manière extraordinaire (2). Il est certain que déjà, pendant sa vie, mais surtout après sa mort, la collection du pontife s'était répandue au moyen de copies et par la propagande des chantres, qui recevaient leur éducation musicale dans l'école fondée par le saint.

(1) Joann. Diacon., *Vita B. Gregorii.*

(2) « Sanctissimus Gregorius, cujus præcepta in omnibus « studiosissime sancta observat Ecclesia, hoc genere compo- « situm mirabiliter antiphonarium Ecclesiæ tradidit, suis- « que discipulis proprio labore insinuavit. Cum nunquam « legatur eum secundum carnalem scientiam hujus artis stu- « dium percepisse : quem certissime constat omnem pleni- « tudinem scientiæ *divinitus* percepisse. Unde constat, « quod hoc genus musicæ, dum *divinitus* sancto *Gregorio* « datur, non solum humana, sed etiam divina auctoritate « fulcitur (Odon de Cluny, *de Musica*). »

Vers l'an 604, le pape saint Grégoire donnait des chantres romains pour compagnons aux messagers Augustin et Mellitus qu'il avait chargés de la conversion des Anglo-Saxons. Les premiers devaient se répandre dans différentes églises du couchant pour implanter l'antiphonaire du saint pape et initier cette partie du globe à la pratique du chant grégorien (1).

Sous le pape Vitalien, vers 660, parurent dans la Gaule et en Bretagne d'autres chantres romains, parmi lesquels on compte Jean et Théodore : c'était dans le but de ramener les ecclésiastiques et les moines de ces contrées à la pureté primitive du chant. Les travaux de ces hommes furent bénis, et il en résulta que la seconde moitié du VII^e^ siècle donnait déjà un brillant témoignage de la perfection, du développement et de la métamorphose la plus complète opérée dans le chant grégorien en Bretagne. C'est dans la magnifique basilique qu'à cette époque avait fait bâtir en Angleterre la fille du roi des Saxons, nommée Bugge, convertie au christianisme, c'est, dis-je, dans cette enceinte surtout que retentirent dès lors, d'une manière exacte et régulière, les antiennes et les psaumes, les répons et les hymnes de l'Église romaine (2).

(1) Le vénérable Bède, très-rapproché de l'époque de saint Grégoire, fait mention d'un chantre fameux nommé Naban, qui avait appris le chant sous les disciples des élèves même de saint Grégoire, dans le pays de Kent : *Qui a successoribus discipulorum sancti Gregorii papæ, in Kantia, fuerat cantandi sonos edoctus.*

(2) Bugge était fille du roi Kentwin; après sa conversion, elle prit le voile et ce fut probablement dans cette basilique. Contemporain de Bugge, saint Aldhelm, évêque de Schirnburn (Salisbury) en Angleterre (709), écrit ce qui suit sur le service divin et les offices dans cette église :

Quo (Ynio) regnante novum præcelsa mole sacellum
Bugge construxit supplex vernacula Christi,
Qua fulgent aræ bis seno nomine sacræ,
Insuper absidam consecrat Virginis aræ.
Præsentem ergo diem cuncti celebremus ovantes,
Et reciproca Deo modulemur carmine Christo.
Menstrua volvuntur alternis tempora festis,
Et vicibus certis annorum lustra rotabunt.
Dulcibus *Antiphonæ* pulsent accentibus aures,
Classibus et geminis *psalmorum* concrepet oda,
*Hymnistæ* crebro vox articulata resultet,
Et celsum quatiat clamoso carmine culmen.
Fratres concordi laudemus voce tonantem,
Cantibus et crebris conclamet turba sororum.
*Hymnos* ac *psalmos* et *responsoria* festis
Congrua promamus subter testudine templi,
Psalterii melos fantes modulamine crebro,
Atque decem fidibus nitamur tendere lyram,
Ut psalmista monet bis quinis psallere fibris.
Unusquisque novum comat cum voce sacellum

Sous le pape Étienne II, en 752, on expédia de nouveau, de Rome, douze chantres qui furent envoyés en France au roi Pépin, et qui se trouvaient certainement, eux aussi, pourvus de copies de l'Antiphonaire authentique de saint Grégoire.

Le christianisme et la moralisation pénétraient dans le nord de l'Europe et étaient en parfaite voie de progrès chez les différents peuples de l'Allemagne ; aussi les saints missionnaires et apôtres qui les évangélisaient, mirent-ils tout en œuvre pour faire connaître aux nouveaux convertis les chants si beaux de l'Italie, et pour les familiariser avec cette musique sacrée depuis si longtemps en usage dans l'Église romaine. Comme on le sait, saint Boniface fut le grand apôtre de l'Allemagne ; sacré évêque à Rome, et, par là même, ne devant pas ignorer le chant grégorien, il établit des écoles de chant grégorien dans les siéges épiscopaux et dans les cloîtres, savoir à Fulde, en 744, et plus tard à Eichstædt, à Würzbourg, où le chant était cultivé avec un zèle infatigable.

Parmi les apôtres de l'Allemagne, un saint Gall, un Pirminius, ainsi que leurs élèves, méritent une mention glorieuse. C'est à ces personnages que les cloîtres de Saint-Gall et de Reichenau doivent leur existence : on verra ces communautés exécuter aussitôt, et dès leur fondation, des travaux importants dans le champ de l'art sacré.

Quelque nobles et quelque incessants que furent les efforts soit des apôtres, soit des professeurs de chant envoyés de Rome, ils ne purent pas toujours atteindre au but qu'on s'était proposé ; bien qu'à cette époque, et à plusieurs reprises, il arrivât de Rome des chantres ecclésiastiques pour enseigner le chant grégorien tantôt en France, tantôt en Allemagne, on ne vit toutefois que trop souvent cet art sacré tomber en décadence et se corrompre, et les chantres francs, comme ceux de l'Allemagne, céder au torrent de leurs habitudes, de leur routine et de leur instinct national. Tant il était difficile d'arracher les peuples à la grossièreté de leur ignorance naturelle et de les amener à un degré plus élevé de civilisation !

La cause et le motif qui rendirent en grande partie infructueux ces efforts et d'autres semblables, nous ont été conservés par le diacre Jean, biographe du pape saint Grégoire le Grand (1).

Voici ce qu'il écrit à cet égard : « Du temps du pape Grégoire le Grand, les Gaulois et les Allemands eurent de nombreuses occasions d'apprendre le chant romain. Mais, de tous les peuples de l'Europe, ils étaient les moins aptes à la musique sacrée, les moins en état d'en saisir la pureté, soit que, par un effet de leur légèreté, ils y mêlassent toujours quelque chose du leur, soit que les habitudes sauvages et farouches de leur nature les empêchassent d'atteindre à cette fin (2). Leurs voix grossières, retentissant comme le tonnerre, étaient incapables de toutes modulations douces, parce que leurs gosiers habitués aux boissons enivrantes et que d'ailleurs l'art n'avait jamais formés, se refusaient à ces inflexions, à ces tours de voix que réclame l'exécution d'une mélodie suave et douce ; de telle sorte que leur voix détestable et leur timbre révoltant ne laissaient échapper que des sons qui ressemblaient au bruit, au fracas, aux saccades de ces chariots de bagages qu'on précipiterait d'une hauteur, sous qui, loin de toucher le cœur des auditeurs, ne font que leur inspirer plus de dégoût et de répugnance. »

Voilà pourquoi les formes et la nature du chant ecclésiastique dans les Gaules et en Allemagne se trouvaient en danger de retomber sous le poids de la barbarie ; mais, le VIIIe siècle produisit un protecteur et un propagateur puissant de l'art de la musique sacrée. Ce fut l'empereur Charlemagne. Il vit le jour le 2 avril 742, et, en 770, il monta sur le trône des Francs. Déjà, à l'époque où il prit possession d'un empire si étendu, il s'imposa la noble tâche de relever le culte chrétien et de perfectionner autant que possible les chants religieux. « Je veux, dit-il, que désormais on « serve Dieu d'une manière plus digne de lui. » Pendant sa domination, il fit tout ses efforts pour remplir ce devoir si important. Ami des sciences et des arts, il fonda une école dans son palais ; il prenait aussi plaisir à converser familièrement avec les plus savants hommes de son siècle. Il avait auprès de lui Alcuin, prêtre anglais, dont il fit connaissance à Rome, Eginhard, le diacre

Et lector lectrixque volumina sacra resolvat.
Istam nempe diem, qua templi festa coruscant,
Nativitate sua sacravit virgo Maria.

(*S. Aldhelmus, de Basilica ædificata a Bugge apud Card. Maj. classicorum auctorum e Vaticanis Cod. Tom. V*).

(1) Joann. Diac., *Vita S. Gregorii*.

(2) « Incorruptam vero (modulationis dulcedinem) tam levitate animi qua nonnulla de proprio Gregorianis cantibus « miscuerunt, quam feritate quoque naturali minime servavere. Alpina siquidem corpora vocum suarum tonitruis « altisone perstrepentia susceptæ modulationis dulcedinem « proprie non resultant. Quia bibuli gutturis barbara grossitas, dum inflexionibus et repercussionibus et diaphoniarum diphtongis mitem nititur edere cantilenam, naturali « quodam fragore quasi plaustra per gradus confuse sonantia rigidas voces jactat ; sicque audientium animos, quos « mulcere debuerat exasperando magis ac obstrependo conturbat. (Cf. Joan. Diacon, *Vita S. Greg.*, c. VII, lib. 11). Apud Canis., caput IX, t. V, in vita Notkeri. »

A cette école du palais, outre les sciences, on enseignait et on pratiquait le chant. Alcuin qui, dans une poésie, fait la description de cette école, rappelle comment un professeur, du nom de Sulpicius donnait ses leçons de chant aux enfants : « Sulpice conduit avec lui les bandes joyeuses, « tout en leur donnant des leçons, et c'est par le « moyen de certains accents qu'il les enseigne et « les prévient de toute erreur. De cette manière « il a continué à former des enfants d'Idithun « dans les chants sacrés (1). Pour exécuter de « douces mélodies d'une voix agréable, ils ap- « prennent à connaître le nombre, le rhythme et « les pieds prosodiques des mots. »

Souvent l'empereur était personnellement présent dans son école de chant et aidait les professeurs dans l'enseignement des élèves. Ce qui prouve son grand amour pour le chant, c'est qu'il ordonna à Éginhard de rassembler les chants populaires des bardes allemands, chants où l'on célébrait les guerres et les exploits des anciens rois. Cependant, il ne voulait pas qu'on poussât à l'excès l'amour de l'art et qu'on lui sacrifiât un devoir plus élevé. Cette pensée ressort évidemment des paroles qu'il adressa au clergé de son temps : « Que « sert-il à l'Église d'avoir un chef qui s'inquiète « plus de la manière de chanter de ses ecclésias- « tiques, que de leurs mœurs ? Il est permis à un « moine d'être un chantre très-imparfait, pourvu « qu'il ne mène pas une mauvaise vie. »

Comme à la cour, l'empereur Charlemagne établit ailleurs des écoles où, aux sciences, se mêlait l'enseignement de la musique et du chant. Il inspira de même aux évêques de son vaste empire l'idée et le désir de fonder de semblables établissements. Dès qu'il remarqua que le chant grégorien ne s'exécutait pas de la même manière partout (2), il conçut immédiatement la pensée d'éloigner autant que possible ces différences et ces corruptions. Il était dominé par cette grande et profonde maxime « qu'il ne convient pas que les « peuples unis par les liens d'une seule et même « foi, se trouvent divisés par des théories et des « manières différentes de chanter, mais qu'il faut « que les nations, soumises aux mêmes lois di- « vines, s'attachent imperturbablement aux mêmes « traditions concernant le chant ecclésiastique. » Il fit tous ses efforts pour atteindre à cette unité et pour la conserver (1).

Dans l'un de ses voyages à Rome, (il y alla quatre fois pendant sa vie), il se fit accompagner de quelques-uns de ses chantres francs qui vantèrent bien haut leur habileté, et se proclamèrent les rivaux et les antagonistes des chantres romains ; mais, dans ce défi, l'avantage resta à ces derniers. Cela arriva à la fête de Pâques de l'année 774. Comme, dans cette circonstance, on remarqua de grandes variantes dans les mélodies des chantres rivaux, comme les Gaulois reprochaient aux Romains d'avoir corrompu la musique sacrée par des additions et des suppléments fautifs, comme les Romains, au contraire, prétendaient qu'ils possédaient seuls le chant pur et vierge puisé dans l'Antiphonaire authentique de saint Grégoire, — Charlemagne posa cette question à ses chantres : « Quel est celui qui possède l'eau la « plus pure ? est-ce la source ou le ruisseau que « la source a formé ? — La source, répondirent- « ils. — Eh bien ! répliqua l'empereur, nous qui « jusqu'ici n'avons bu que l'eau trouble du ruis- « seau, nous devons, pour avoir une boisson « limpide et pure, remonter jusqu'à la première « source qui est intarissable. » Voilà pourquoi il fit rester deux de ses ecclésiastiques à Rome, afin qu'ils s'y formassent à la source primitive du chant grégorien : il les appela plus tard à l'église épiscopale de Metz où ils travaillèrent comme professeurs de chant, s'occupant en même temps à en rétablir l'ancienne pureté. C'est de cette époque que date l'amélioration du chant grégorien dans toutes le Gaules.

Parmi les chantres qui, à cette période, furent envoyés à Charlemagne par le pape Adrien, nous devons encore mentionner Théodore et Benoît, deux hommes excellents et formés à l'école même de saint Grégoire (2). Munis de copies authen-

(1) Idythun était maître de musique sous le roi David ; lui et ses six fils, à la conduite desquels il était préposé, furent choisis pour la musique et destinés au service des cithares et du psaltérion. *Igitur David et magistratus exercitus segregaverunt in ministerium filios Asaph et Heman et Idithun : qui prophetarent in citharis et psalteriis et cymbalis, secundum numerum suum dedicato sibi officio servientes* (Paralip. Cap. XXV, 1).

(2) Les Gaulois en avaient détruit la douceur : *Imperator omnes corrupisse dulcedinem cantus Romani cognovit.* Il fait des instances à Rome pour rétablir la suavité que les mélodies grégoriennes avaient perdue : *ab ipso fonte haurire cantus Gregoriani suavitatem.*

(1) [De nos jours, le désir de l'unité avec le saint et immaculé siége de l'Église romaine n'a produit, hélas! en fait de chant liturgique, que le contraire du grand vœu de Charlemagne ! — TH. NISARD].

(2) [Dans une autre relation, ces deux chantres sont nommés *Pierre* et *Romain*. Cette variation des écrivains sur des noms qui devaient être bien connus, dit Adrien de la Fage, jette quelque incertitude sur le fait lui-même. — TH. NISARD].

Je ne partage pas cette opinion de M. de la Fage, 1° parce que le P. Schubiger n'insinue pas que le pape Adrien n'ait fait qu'*un envoi* de chantres en France; 2° parce que Théodore et Benoît sont clairement désignés, l'un pour Metz, l'autre pour Soissons, tandis que Pierre et Romain travaillèrent, l'un à Metz, l'autre à Saint-Gall ; 3° parce que, même dans l'hypothèse d'une *identité* de personnes, Théodore et Benoît pouvaient être les noms *de religion* de Pierre et de Romain (*Le traducteur*).

tiques de l'Antiphonaire grégorien et de la notation romaine du chant qu'il contenait, ces deux artistes célèbres se rendirent dans le pays des Francs. L'un fut envoyé par Charlemagne à Metz, l'autre à Soissons, et l'empereur ordonna à tous les chantres français de leur remettre leurs antiphonaires pour les corriger, et de se faire instruire par eux dans la musique sacrée. C'est ainsi que, dans l'empire franc, les antiphonaires qui, auparavant, avaient subi des changements et des falsifications, furent de nouveau corrigés, et que l'ancienne musique romaine fut, dans la suite, appelée *musique franque* (1).

Malgré les efforts et les grandes précautions de l'empereur, cet enseignement multiplié et varié n'obtint pas, cette fois encore, la fin désirée. L'étendue de l'empire franc, le trop grand éloignement des siéges épiscopaux, l'incertitude, l'insuffisance, et, disons-le, le vice de l'ancienne notation, l'impuissance et l'incapacité musicale des Francs, ou le manque de sincérité et de pureté d'intention dans les professeurs romains, tout cela fut une occasion de corruption et eut pour effet de laisser se glisser des variantes nombreuses dans le chant religieux de la France.

Relativement au manque de sincérité de la part des professeurs de chant, on fit, au moins après la mort de Charlemagne, courir un bruit qui présente un fait à peine croyable. On dit qu'un jour, douze chantres envoyés par le pape à l'empereur et mis à sa disposition, mûs dans leur noire action par l'antipathie qu'ils nourrissaient contre les Francs, formèrent un complot pendant leur voyage de Rome dans les Gaules, et qu'ils convinrent que chacun d'eux, dans l'endroit respectif où il était destiné à enseigner, introduirait des fautes et des variantes dans les livres de chant, afin d'empêcher radicalement dans le royaume l'unité et l'uniformité musicale (1). On ajoute qu'après quelques années, Charlemagne remarqua cette différence, qu'il instruisit le pape de la fourberie et de la tromperie des professeurs de chant, et que ces derniers furent rappelés à Rome et punis comme ils le méritaient. On peut à la vérité douter avec fondement de la pleine véracité de l'anecdote, mais il demeure cependant avéré qu'on ne parvint pas à l'uniformité tant désirée et poursuivie par tant de moyens, et que l'empereur Charlemagne se vit de nouveau forcé de recourir à la source du chant grégorien.

(1) « Omnes Franciæ cantores didicerunt notam Romanam, « quam nunc vocant Franciscam (*Monachus Engol.*) » — Voyez aussi *Annal.* et *Hist. Franc.*, *ab ann.* 708 *ad ann.* 990, où il est dit : « Franciæ cantores didicerunt notam « Romanam... excepto quod tremulas vel vinnulas, sive col« lisibiles vel secabiles voces, in cantu non poterant perfecte « exprimere Franci, naturali voce barbarica, frangentes in « gutture voces quam potius exprimentes. »

(1) On raconte à ce sujet l'anecdote suivante : « Indefessus di« vinæ servitutis amator Karolus, voti sui compotem, quantum « fieri potuit, in litterarum scientia effectum se gratulatus, « sed adhuc omnes provincias, imo regiones et civitates, in « laudibus divinis, hoc est in cantilenæ modulationibus, ab « invicem dissonare perdolens, a beatæ memoriæ papa... ali« quas carminum divinorum peritissimos clericos impetrare « curavit. Qui bonæ illius voluntati et studiis divinitus in« spiratis assensum præbens... duodecim clericos doctissimos « cantilenæ ad eum direxit in Franciam. Cum ergo supra« dicti clerici Roma digrederentur, consiliati sunt inter se, « quomodo ita cantum variare potuissent, ut nunquam uni« tas et consonantia ejus in regna et provincia non sua la« taretur (Monachi S. Galli *Gesta Karoli M.*, Cap. X et « XI). »

# CHAPITRE II

Les chantres Pierre et Romain appelés à Metz. — Ce dernier reste comme professeur de chant à Saint-Gall ; il est muni d'un antiphonaire authentique. — Notation de l'antiphonaire et origine de cette notation. — Enseignement de Romain. — Des signes des sons dans l'ancienne écriture en *neumes;* exposé de leur signification.

Ce fut en 790 que l'empereur Charlemagne demanda avec instance deux nouveaux chantres romains au pape Adrien Ier, avec qui il était très-lié ; c'était encore pour s'opposer et obvier au désordre introduit dans le chant grégorien.

Le pape écouta favorablement la prière de l'empereur et envoya à Metz Pierre et Romain, chantres de l'école grégorienne, munis de deux copies authentiques de l'antiphonaire centon. Ils étaient très-instruits et très-habiles, non-seulement dans l'art du chant, mais encore dans les autres arts libéraux.

Pour se rendre de Rome à leur destination, ils passèrent par le lac de Como et les montagnes de la Septimanie ; mais, sur ces hautes Alpes rhétiques, ils eurent tellement à souffrir du mauvais temps, que Romain fut malade de la fièvre et ne put qu'avec peine gagner le cloître de Saint-Gall. Pendant que Pierre, son compagnon de voyage, se rendait à Metz, Romain resta à Saint-Gall avec l'une des copies authentiques de l'antiphonaire, et y reçut, de la part des religieux du monastère, une hospitalité et des soins d'amis. A peine s'était-il remis de la fièvre, qu'un messager de l'empereur, lequel avait été instruit et de la maladie du chantre Romain et de son arrivée à Saint-Gall, vint avec l'ordre d'engager Romain à faire un séjour prolongé au cloître et d'instruire les moines dans le chant, ce que le chantre accepta avec plaisir et avec joie par reconnaissance pour les soins dont il avait été l'objet chez les religieux (1).

(1) « Romanus febre correptus vix ad nos usque venire « potuit ; antiphonarium vero secum, Petro renitente vellet « nollet, cum duos haberet, unum Sancto Gallo attulit. In « tempore autem, Domino juvante, convaluit. Mittit im- « perator celerem quemdam, qui eum, si convalesceret, no- « biscum stare, nosque instruere juberet. Quod ille quidem, « patrum hospitalitati regratiando, libentissime fecit. (Ekke- « hardus in Casibus S. Galli). » [Toute cette histoire a été racontée dans mon article intitulé : *L'Antiphonaire de Montpellier* (Revue du Monde Catholique, année 1848, vraison de février). — TH. NISARD].

L'empereur fit ainsi parler aux moines : « Pieux Pères ! vous avez seuls droit à quatre récompenses de ma part. Romain était étranger, et c'est moi que vous avez reçu en sa personne ; il était malade et c'est moi que vous avez rassasié en lui donnant à manger ; il avait soif, et c'est à moi que vous avez donné à boire en étanchant sa soif (1). »

Avec la guérison de Romain commencèrent aussi et son action et son enseignement si fertile en résultats pour la science du chant grégorien. Dans ses leçons, il s'en tint exclusivement à la théorie et à la pratique romaine, et ne donna que les règles et les principes de l'école de saint Grégoire et de la copie authentique qu'il avait apportée de Rome. Comme l'original de saint Grégoire le Grand se conservait à Rome dans une armoire particulière à côté de l'autel de Saint-Pierre et était ouvert à tous ceux qui arrivaient pour le consulter, [illegible]e même la copie de Romain, à Saint-Gall, fut placée à côté de l'autel des Saints-Apôtres, [illegible]'est en cette même place qu'il resta pendant d[illegible]cles, sous la sauvegarde du respect et de la vénération. On le présenta aux indigènes aussi bien qu'aux étrangers comme un miroir où l'on pouvait reconnaître et corriger toutes les variantes et toutes les interpolations ajoutées au chant grégorien (2).

La notation avec laquelle Romain enseignait et que portaient l'original romain et sa copie authentique était la sémiographie neumatique, comme cela résulte de preuves irréfragables. Ce genre de notation s'était maintenu dans toutes les églises occidentales jusqu'à Guido d'Arezzo.

(1) Ibidem.

(2) « Romanum nos Sanctigallenses retinuimus, qui nos « cantilenas Karolo jubente edocuit, et Antiphonario suo exem- « platum, in cantario, sicut Romæ est, juxta apostolorum « aram locavit (Anonymi sæc. XI. Nota in margine libri II. « Joannis Diac. Cod. St. Galli, N° 578). » — [Il faut cependant avouer qu'un Antiphonaire exclusivement noté en neumes, n'était point de nature à dissiper tous les doutes, ni à faire taire toutes les dissidences. — TH. NISARD].

Les nombreux antiphonaires des IX^e^, X^e^ et XI^e^ siècles qu'on trouve encore dans toutes les grandes bibliothèques de l'Europe, démontrent, par leur parfaite conformité et leur admirable accord, qu'ils sont des copies immédiates ou médiates de l'ouvrage de saint Grégoire ; quelques-uns portent encore maintenant le nom de leurs auteurs. Toutes ces copies, quoique usitées autrefois dans les pays les plus éloignés de l'Europe, sont munies de caractères neumatiques : circontance qui met hors de doute cette question : *Saint Grégoire s'est-il, oui ou non, servi de neumes* (1) ?

On signifiait autrefois l'élévation et l'abaissement des sons, ainsi que leurs différentes inflexions, par des signes particuliers et propres, sorte de figures hiéroglyphiques musicales : c'étaient des points, des virgules, des crochets, des traits d'union, des demi-cercles, des lignes transversales de différentes formes, etc., etc.

L'art et la manière de chanter d'après cette notation s'appelait *usus* (2).

Vraisemblablement cette notation a pour origine les accents de l'écriture ordinaire. En effet, comme les accents, dans la langue vocale et parlée, marquaient l'intensité de la prononciation, de même aussi les neumes rendaient les sons accessibles à l'intuition et montraient à l'œil, dans la musique écrite, quand il fallait monter ou descendre ; en un mot, ils désignaient l'inflexion de la voix (3).

L'accent aigu (*Accentus Acutus*), élévation de la voix, en grec *Arsis* ; l'accent grave (*Accentus Gravis*), tenue, position, en grec *thesis;* enfin, l'accent circonflexe (*Accentus Circumflexus*), nous apparaissent comme les formes fondamentales des neumes. Comme l'accent aigu, de même la forme neumatique semblable appelée *Virga*, dénote l'élévation de la voix ; l'accent grave, comme le signe neumatique *Horizontalis Virga*, signifie la chute de la voix ; enfin l'accent circonflexe, comme le signe neumatique *Clinis*, marque l'accent de la voix qui commence par monter et qui doit finir par baisser et descendre. Ce dernier accent paraît aussi en position inverse et marque l'action de la voix qui baisse au commencement et qui finit par s'élever graduellement : c'est ce qui est signifié par le signe neumatique appelé *Podatus*. C'est à ces éléments fondamentaux qu'on doit rapporter tout le système de la notation neumatique, puisque la plupart des autres caractères diatoniques ne sont que des combinaisons diverses des formes qui viennent d'être mentionnées (1).

Cette opinion sur l'origine de la notation neumatique et son analogie avec l'accentuation de l'écriture est prouvée par des faits historiques. Parmi les plus anciens auteurs musiciens que Cassiodore nous mentionne, un certain Censorinus écrivit un ouvrage sur les accents, ouvrage qui s'est perdu, et dans lequel l'auteur prétend que l'enseignement de ces signes appartient à celui de la musique (2).

Aldhelm, déjà mentionné et vivant vers la fin du VII^e^ siècle, parle clairement dans une lettre de certains signes de l'art prosodique qu'on ajoutait aux pieds des vers et aux syllabes, et que lui-même avait employés. Il décrit ailleurs ces signes, d'où il résulte qu'ils ne sont rien autre chose que les neumes dans leur forme fondamentale (3).

De fait, la bibliothèque du cloître de Saint-Gall possède encore maintenant, dans le manuscrit 242, un poëme d'Aldhelm où la déclamation et l'intonation des mots et des syllabes sont exprimées en caractères neumatiques (4).

(1) D'après l'ouvrage de Gerbert (*De Musica Sacra*, Tom. I, pag. 580), les monastères de Saint-Blaise et de Petershausen possédaient des recueils du chant de saint Grégoire, dont la copie, datant des IX^e^ et X^e^ siècles, portait ce titre : *Liber sacramentorum de circulo anni compositus a S. Gregorio papa, ex authentico libro biblioth. cubiculi scriptus ;* leur notation était en neumes.

(2) « Abinde sumpsit exordium tota fere Europa, et maxime « Germania sive Teutonia, secundum modum et formam, sicut « in monasterio S. Galli vere peritissimi ediderunt, C. Not« kerus Balbulus et *Romanus*, cæterique magistri correxe« runt *juxta exemplum authenticum* antiphonarium Gre« gorii, elegit cantare et hunc ritum modulandi servare, quem « etiam *omnes usum appelarunt* (Ekkehar. V. in vita B. « Notkeri). » Beaucoup d'autres écrivains du moyen âge, tels que Huchald, Radegg, de Muris, etc., appellent de même *usage* (usus) le chant neumatique. Du passage ci-dessus de Notker, on peut conclure avec certitude que la notation de la copie authentique et de l'original n'était pas une autre notation que celle en usage ou en neumes, notation usuelle.

L'accord, à cet égard, des plus anciens manuscrits de toutes les bibliothèques de l'Europe parle aussi en faveur de notre opinion.

(3) [Cette origine de la notation neumatique est évidente ; c'est elle que, le premier en Europe et dans les temps modernes, j'ai révélée à la science, en 1849. Par une heureuse coïncidence, M. de Coussemaker la confirmait dans son *Histoire de l'Harmonie au moyen âge*. — TH. NISARD].

(1) [C'est ce que l'on trouve enseigné pour la première fois dans mes *Études sur les anciennes notations musicales de l'Europe*, (Paris, *Revue archéologique* de Leleux, années 1848 et 1849). — TH. NISARD].

(2) « Censorinus de accentibus voci nostræ adnecessariis « subtiliter disputavit, *pertinere dicens ad Musicam disci« plinam* (Cassiodorus *apud Gerbertum*). »

(3) « Prosodia est signum sermonis iter rectum faciens « legenti... Toni sunt tres, acutus, gravis et circumflexus. « Acutus tonus est nota per oblicum ascendens in dexteram « partem descendens ; circumflexus est nota de acuta et « gravi facta, etc. (*Mai, Classici auctores V*).

(4) Il est certain, quant au chant, que les signes des sons et des modulations de la voix dont il est ici question, n'étaient pas évidemment quelque chose de déterminé, ni de spéciale-

De la page 132 de ce manuscrit, nous tirons, en forme de fac-simile, un fragment que nous donnons comme exemple (Voyez *Monumenta*, n° 1, avec ces paroles : « *Tempore Gothorum fuerat virguncula*, » etc.)

De plus, il est à observer que, même en des temps moins reculés, on se servait d'accents dans l'enseignement du chant, et que, pour l'enseignement de la déclamation, les neumes étaient employés. C'est ainsi que Sulpicius (1), professeur à l'école de la cour de Charlemagne, instruisait les enfants dans la musique par certains accents, et, même dans le x<sup>e</sup> siècle, Notker Labeo apprenait à déclamer à ses élèves au moyen des signes neumatiques (2). Voilà des faits éclatants qui établissent l'analogie de ces deux méthodes d'écriture pour le langage et la musique, et qui rendent en même temps indubitable la dérivation de l'une de l'autre, comme nous venons de le dire.

L'expression de *neumes* (en latin *Neuma*, *Pneuma* et *Neupma*), avait autrefois à peu près la même signification. On comprenait par là ces phrases mélodieuses (*Melisma*) qui tenaient suspendues les dernières syllabes d'un mot, et qui, quelquefois, étaient si prolongées, qu'elles avaient un espace de plusieurs lignes. Comme leur prolongation ne devenait possible que par la respiration multipliée, répétée et continue, on leur donna le nom emprunté des Grecs de *Pneuma*, souffle (3). De pareilles phrases avaient lieu surtout et trouvaient leur emploi dans les *alleluia*, dans les *graduels* et dans les répons des matines des plus grandes fêtes.

ment destiné à la musique, puisqu'à chaque mot, comme à chaque syllabe, on ne rencontre pas ces signes.

(1) « Candida Sulpicius post se trahit agmina lector
Ut regat et doceat *certis* ne *accentibus* errent :
Instituit pueros Idythun modulamine sacro,
Utque sonos dulces decantent voce canora,
Queis *pedibus*, *numeris rhythmo* stet Musica discunt. » (Alcuin.)

Dans l'Esthétique du P. Lambillotte, on trouve ces vers traduits, p. 280, comme il suit :

« Voyez ces jeunes clercs, dont le docte Sulpice
Aux règles de l'accent forme la voix novice.
Nouveaux fils d'Idithun, ils pourront, au saint lieu,
Moduler avec art les louanges de Dieu ;
Ils sauront que nos chants (c'est la loi de nature)
Réclament avant tout le *Rhythme* et la *Mesure*. »

(2) Outre l'ouvrage ci-dessus mentionné d'Aldhelm, la bibliothèque de Saint-Gall possède dans le manuscrit 242, des poésies de Sédulius où les neumes déterminent pareillement l'exécution déclamatoire.

(3) « Pneuma, quod alias Jubilum dicitur, est cantus species, quo non voces, sed vocum toni longius cantando deducuntur, et protrahuntur : quod quia cum respiratione difficultate fit, ideo πνεῦμα appellatum fuit (*Hugo a S. Victore, lib. I, cap. 7*).

L'expression avait encore auparavant une plus grande signification, puisqu'on donna surtout cette dénomination aux anciens caractères de musique antérieurs à Guido (1). De sorte que ces paroles : *neumatiser*, *neumatisare* et *neumare* n'avaient pas d'autres sens que celui-ci : noter un texte, lui donner une mélodie, composer un morceau de chant (2). C'est pour cette raison que, dans des temps plus rapprochés de nous, on a choisi de nouveau l'ancien nom pour désigner cette espèce de notation, et que cette notation ancienne est appelée *écriture neumatique* ou *neumes*, pour la différencier des notes carrées du du plain-chant et de la musique proportionnelle moyen âge, ainsi que des signes de la musique actuelle (3).

Ces caractères neumatiques avaient leur forme particulière, leur dénomination, leur signification. Leur forme et leur signification sont présentées au lecteur dans la table des neumes et dans la traduction que nous en avons faite en notation carrée et en notation musicale. (Voyez *Monumenta*, n° 2).

Nous avertissons le lecteur que nous ne désignons ici qu'en substance le nom et la signification des *neumes* (4).

(1) « Caveamus ne *Neumas* conjunctas nimia morositate « vel disjunctas inepta velocitate conjungamus (*Instituta Pa*« *trum*, apud Thomasium). » — « Aliquando una syllaba « *unam* vel plures habet neumas (Guido d'Arezzo, *Mi*« *crolog.*) »

(2) « Hermannus Contractus cantus historiales... *neuma*« *tizavit* (*Otto Frisingensis*). Gregorius papa Antiphona« rium et Graduale collegit, dictavit et *neumavit*, seu no« tavit (*Anonymus interpres Hugonis Reutlingensis*).

(3) [J'ai, le premier, employé l'expression de « *notation neumatique*. — TH. NISARD].

(4) Le nom et les formes de ces caractères diatoniques nous ont été conservés, mais en nombre inégal, par plusieurs manuscrits dans les tables de neumes qu'ils contiennent. L'ouvrage de Gerbert « *de Cantu et Musica sacra* » fournit une de ces tables d'après un manuscrit de Saint-Blaise; le P. Lambillotte en a édité trois d'après les manuscrits des anciens cloitres d'Ottobeuern et de Murbach, et d'après celui de Toulouse; Coussemaker, dans son *Histoire de l'harmonie au moyen âge*, en donne deux : l'une, d'après un manuscrit du Vatican, l'autre d'après un manuscrit de Venise. Mais, comme dans ces tables plusieurs caractères diatoniques ont différentes dénominations, l'auteur de cet écrit a choisi, pour éviter toute méprise, tout malentendu, les *seules* dénominations qui lui paraissent les plus propres, et croit, par rapport à l'exposé complet des neumes, devoir invoquer ce vers qui se trouve ordinairement à la fin de chaque table :

« Non pluribus utor
« Neumarum signis; errat qui plura refingit. »

Pour l'éclaircissement de notre table des neumes (*Monumenta*, N° 2), on remarquera que la première colonne contient les anciens noms des neumes, que la seconde donne leur forme comme on la trouve avant le XI<sup>e</sup> siècle dans le manuscrit de Saint-Gall et d'autres encore; que la troisième

1. La *Virga* a la forme d'un petit trait placé tant soit peu obliquement, et qui, de temps en temps sur la partie supérieure, est marqué d'un petit point sur le côté gauche (1). La Virga se présente aussi placée horizontalement, c'est-à-dire que le trait est couché et prend la forme et l'aspect d'une barre, d'un trait de plume, d'un tiret : l'une ou l'autre forme désigne la valeur d'une note ordinaire, et toute leur différence n'a rapport qu'à la plus ou moins grande élévation du son. Ainsi la Virga oblique a toujours le son plus élevé (Arsis); la Virga horizontale, au contraire, représente un son plus bas.

2. La *Bivirga* (double Virga) a lieu quand, sur la même syllabe, la Virga se présente doublée; elle vaut deux notes entières qui ont la même élévation diatonique.

3. La *Trivirga* (triple Virga) paraît trois fois sur la même syllabe, et vaut trois notes égales diatoniquement.

4. Le point (*punctum*) avait la valeur d'une note brève, se chantait plus rapidement que la *Virga*, et ne s'employait ordinairement qu'en se liant avec d'autres caractères neumatiques.

5. Le *Bipunctum* (deux points, double point), ayant une direction ascendante ou descendante, mais rarement horizontale, valait et signifiait *deux notes brèves*.

6. Le *Tripunctum* (triple point, trois points) se composait de trois notes brèves. Quand les points montaient, on l'appelait aussi *Gradicus ;* formaient-ils un triangle ? il prenait le nom de *Trigon* (triangle).

7. Le *Subpunctum* avait lieu quand on plaçait plusieurs points à la suite d'un autre, et qu'il formait avec lui différentes directions.

8. L'*Apostropha* a la forme d'une *apostrophe* ordinaire, et sert communément à marquer une note, complément d'une autre note qui précède, un coup de voix qui succède, un court retentissement.

donne les mêmes signes usités aux XI^e et XII^e siècles. On y voit une ligne rouge *F* (plus souvent même une ligne jaune *C*); trois autres lignes sans couleurs paraissent faites avec le crayon sur le parchemin. Nous avons marqué les lignes sans couleurs par de petits points. On y trouvera les caractères diatoniques pour la plupart dans leur forme primitive et originale. La quatrième colonne représente, dans la notation carrée usitée depuis le XIV^e siècle, les sons que la ligne neumatique précédente a exprimés par ses caractères propres. La cinquième colonne a pour objet la prolongation des trois colonnes qui précèdent, et exprime leur valeur en notation moderne et musicale.

(1) [La *Virga*, armée d'un petit point à gauche de son extrémité supérieure, n'appartient plus aux neumes primitifs : elle ne date que de l'époque où les neumes de transition s'écrivaient en vue de leur hauteur respective ou des éléments rudimentaires de la portée musicale. — TH. NISARD].

9. La *Bistropha* (double *Apostrophe*) représente, à l'instar de la *Bivirga*, deux sons unisoniques sur une même syllabe.

10. La *Tristopha* (triple *Apostrophe*) vaut, comme la *Trivirga*, trois sons égaux en élévation.

11. La *Flexa*, appelée aussi *Clinis*, présente la forme d'un demi-cercle (d'un fer à cheval) ouvert par le bas, et vaut deux sons dont le premier est supérieur et le second inférieur.

12. La *Flexa strophica*, composée d'une *Flexa* et d'une *apostrophe*, vaut deux sons, l'un plus haut, l'autre plus bas; ce dernier est ordinairement suivi d'un redoublement de la même élévation diatonique.

13. La *Flexa resupina* se compose d'une *Flexa* à laquelle se rattache une *Virga* ; elle a trois sons dont celui du milieu doit être le moins élevé.

14. Le *Pes*, appelé aussi *Podatus*, se représente de différentes manières, et vaut deux sons diatoniquement ascendants et parcourant des intervalles plus ou moins grands.

15. Le *Pes flexus* est une composition du *Pes* et de la *Flexa* ; il renferme trois sons; celui du milieu doit être le plus élevé.

16. Le *Pes flexus resupinus* comprend un *Pes* et une *Flexa resupina* ; il a quatre sons diatoniques; d'abord, le premier est moins élevé que le second ; le troisième commence une seconde série semblable à la première, mais avec des intervalles moins grands.

17. Le *Pes stratus* est composé d'un *Podatus* et d'une *Gutturalis* (comparez le n° 20). Il renferme trois sons : le premier est moins élevé que les deux autres qui sont sur la même corde diatonique.

18. Le *Pes sinuosus* se compose d'un *Podatus* et d'une *Tramea* (voyez le n° 22) ; il renferme trois sons, savoir : deux ascendants suivis d'un troisième son descendant qui n'est qu'une inflexion, liaison tonale brève et gracieuse par laquelle les deux sons qui précèdent se trouvent joints et unis avec la note suivante.

19. Le *Pes flexus strophicus* est composé d'un *Pes flexus* et d'une *Apostropha* ; il renferme trois sons immédiatement suivis d'une quatrième note, redoublement gracieux, ordinairement à la même hauteur diatonique que la note qui précède.

20. La *Gutturalis*, double note, composée d'une espèce de note d'agrément (note lactée) et d'une note principale ; ces deux notes sont ordinairement à la même hauteur diatonique. On rencontre aussi la note lactée à un demi- ton plu bas que la note principale (*mi-fa*).

21. L'*Oriscus*, qui a une intime affinités avec

l'*Apostropha*, est un gracieux redoublement placé ordinairement sur le degré acoustique supérieur et qui suit immédiatement la note précédente.

22. La *Tramea*, appelée aussi *Sinuosa*, *Cephalicus* et plus tard *Plica descendens* (Plique descendante), représente un son principal et un autre moins élevé qui n'est autre chose qu'une inflexion vocale gracieuse et courte reliant immédiatement les notes suivantes avec celles qui précèdent. Dans le XIIe siècle on représentait ce caractère neumatique à peu près comme le nombre 9, et, dans la notation carrée des époques postérieures, elle avait une forme carrée descendante penchant un peu à droite et ayant ses deux côtés munis d'un trait vertical.

23. L'*Epiphonus* comme l'*Etaphonus*, la *Semivocalis*, le *Gnomo* et plus tard la *Plica ascendens* (Plique ascendante), a pareillement deux notes, l'une inférieure et l'autre supérieure ; mais la dernière, comme dans la *Tramea*, n'est qu'une courte note d'agrément. Dans l'écriture postérieure en note carrée, on exprimait seulement ce caractère par une forme carrée, qui tantôt sur le côté droit, tantôt sur les deux côtés, était munie d'un trait ascendant vertical.

24. Le *Scandicus* renferme trois sons, deux plus rapides et un plus prolongé, qui montent par degrés ou qui suivent l'échelle diatonique.

25. Le *Salicus* exprime, comme le *Scandicus*, trois sons, avec cette seule différence que le premier, en montant, saute un ou plusieurs degrés diatoniques.

26. Le *Climacus* se compose de la *Virga* suivie en descendant de deux points ; la première note est la plus prolongée ; les deux autres sont plus rapides.

27. L'*Ancus* a une grande affinité avec la *Tramea*. A-t-il dans la notation une seule courbure ou inclinaison ? il faut le traiter et le considérer comme la *Tramea*. A-t-il deux crochets au côté droit ? alors il a un son principal plus élevé et deux notes d'agrément descendantes et frappées brièvement.

28. Le *Quilisma* a la forme de plusieurs points qui s'enchaînent les uns aux autres et auxquels on ajoute à la fin un *Podatus*. On l'appelait *Tremula*, parce qu'on devait l'exécuter d'une voix vibrante imitant le son d'un cor ou d'une trompette (1) ; son exécution, de la part des chantres francs, était déjà, au temps de Charlemagne, d'une difficulté extrême, parce qu'avec la grossièreté naturelle de leur voix, ils ne pouvaient fléchir l'organe vocal et l'amener à l'émission d'un son trillé, nécessaire pour bien chanter ce signe neumatique (1). A l'époque du changement de notation, cette note d'agrément ne fut plus mise en pratique, mais on la traduisit par deux (rarement par trois) sons ascendants. Le *Quilisma*, la *Flexa*, la *Resupina*, la *Sinuosa* et la *Strophica* admettent les mêmes liaisons que celles qui se rencontrent avec le *Podatus*.

Tels étaient, en substance, les caractères fondamentaux des neumes d'après lesquels les chantres romains enseignaient à Saint-Gall ; on les retrouve encore aujourd'hui dans les anciens graduels-antiphonaires de Saint-Gall et des environs, et cela avec une uniformité si imposante qu'on ne peut plus élever aucun doute sur la nature de l'ancienne notation de saint Grégoire ou de Romain (2).

(1) « Est *vox tremula*, sicut est sonus flatus tubæ vel « cornu, et designatur per neumam quæ vocatur *Quilisma*. « (*Engelbertus, Lib. II, Cap. 29*). »

(1) « Omnes Franciæ cantores didicerunt notam Roma-« nam... excepto quod *tremulas* vel vinnulas, sive colli-« sibiles vel secabiles voces in cantu non poterant perfecte « exprimere Franci, naturali voce barbarica frangentes in « gutture voces, quam potius exprimentes.

(*Vita Caroli M. per Monach. Engolismens.*).

(2) [Toutes les explications neumatiques que l'on vient de lire, ne manquent point d'intérêt ; cependant elles ne nous paraissent pas toujours exactes et pourraient être présentées dans un meilleur ordre. En attendant la publication de mon opuscule intitulé : *Anatomie des Neumes*, je ferai seulement remarquer ici que le P. Schubiger donne comme des *neumes composés*, des signes qui ne font qu'entrer dans leur composition en qualité d'éléments partiels. — Les signes neumatiques auraient dûs être rangés en deux classes : les *simples* et les *composés*. — Les simples sont : le *punctum*, l'*accentus acutus* (autrement dit *virga, virgula, apostropha*), et l'*accentus gravis*. — Les *composés* peuvent l'être de plusieurs manières.

Ils le sont d'abord par duplication, triplication, etc., d'un seul et même signe unissonique produisant le *pressus major* ou *minor*, la *bistropha* ou la *tristropha*, le *bipunctum* ou le *tripunctum*, selon que la réitération a lieu avec le point, la virgule ou l'apostrophe.

En second lieu, les neumes *composés* se forment naturellement avec les trois *simples* qui viennent d'être cités.

Le mélange des points non unissoniques produit le *trigon*.

Le point uni à la virgule donne naissance au *podatus*, au *scandicus*, au *climacus*. Le *cephalicus* (point ou signe ajouté à l'extrémité supérieure de la virgule) ne représentait jamais un neume composé, mais seulement la position de cette même virgule dans les neumes de transition.

L'accent aigu et l'accent grave réunis forment la *clinis* ou le *clivus*, etc., etc.

On conçoit, par cette méthode d'exposition, combien la synthèse neumatique devient chose facile.

Le P. Schubiger parle de neumes *longs* ou *brefs*, et semble oublier que, primitivement, la *virgule* représentait toujours un son plus aigu que le point qui la précédait ou la suivait, et que l'*accent grave*, toujours inférieur quant au son à celui que représentait la *virgule*, pouvait être cependant plus élevé, dans l'échelle diatonique, que le point lui-même. Dans les neumes primitifs qui n'offraient aucune hauteur respective des sons, il fallait bien s'en tenir à l'idée grammaticale qu'offraient le point, l'apostrophe ou la virgule et l'accent grave, et appliquer exclusivement cette idée à l'*acuité* et à la *gravité* tonale. Supposer que ces trois éléments représentaient alors des valeurs temporaires, c'est nier la raison d'être de la notation de la musique mesurée qui, vers le XI^e^ siècle, a pris les différents signes neumatiques de la notation du plain-chant pour *figurer* les valeurs temporaires dont elle avait besoin afin de constituer *un art spécial*. C'est ce que j'ai enseigné, le premier, dans mes *Études sur les anciennes notations musicales de l'Europe* et dans mes *Études sur la restauration du Chant Grégorien au* XIX^e^ *siècle* (chap. 1, pp. 6 et 7).

Indépendamment de la représentation générale de l'*acuité* et de la *gravité* des sons par le point, la virgule et l'accent grave, il y avait aussi, dans la notation neumatique, un moyen de désigner les notes *ut* et *fa* par un neume-clef : ce neume était le *pressus major* ou le *pressus minor*, comme je l'ai indiqué pour la première fois dans mes *Études sur les anciennes notations musicales de l'Europe*. « Le *pressus*, dit M. Ludovic Vitet, est-il une clef, comme l'*annonce* « M. Th. Nisard, comme M. de Coussemaker et M. Tardif « le disent expressément [après lui]? Pour qu'il en fût ainsi, « il faudrait que le *pressus* représentât toujours une seule « et même note, l'*ut* par exemple; tout au plus en pourrait- « il représenter deux, savoir l'*ut* et le *fa*, et faire ainsi « l'office tantôt de la clef de *fa*, tantôt de la clef d'*ut*, alter- « native qui serait déjà pour le lecteur une cause d'hésita- « tion, sans toutefois qu'il en pût résulter une erreur irrépa- « rable. M. Vincent reconnait que, dans la plupart des cas, « le manuscrit de Montpellier justifie la théorie; mais il « s'en faut, dit-il, qu'il en soit toujours ainsi.... Eh bien! « nous avons compté tous les *pressus* que renferme le ma- « nuscrit de Montpellier, et ce dépouillement nous a permis « de constater plus de TROIS MILLE *pressus* traduits comme « ils devaient l'être, c'est-à dire par un *ut* ou par un *fa*. « Ainsi une fois sur trente, le scribe se serait trompé; est- « ce impossible? et peut-on scientifiquement affirmer que la « notation neumatique n'a pas son signe indicateur équiva- « lent à nos clefs, parce que de loin en loin, dans un mau- « vais manuscrit, on a trouvé ce signe interprété fausse- « ment? (Article de M. Ludovic Vitet sur l'*Histoire de* « *l'Harmonie au moyen âge*, par M. de Coussemaker, « *Journal des Savants*, décembre 1853). »

Les neumes exprimaient la trémulation de la voix par une petite ligne brisée ou *quilisma*, comme je l'ai indiqué dans la Préface de ma copie de l'*Antiphonaire de Montpellier*. (Voir ma *Notice* sur cet *Antiphonaire*, Paris, E. Repos, 1864).

A part cette trémulation, la notation neumatique n'avait que deux signes de Notes *coulées* et *rapides* : la *plique ascendante* et la *plique descendante*. (Voir la *Notice* qui vient d'être indiquée, et mon article *Brève* dans le *Dictionnaire de Plain-Chant* de M. Joseph d'Ortigue. — TH. NISARD].

# CHAPITRE III

Enseignement de Romain *(suite)*. — Il découvre une nouvelle notation au moyen de lettres qu'il ajoute aux anciens signes neumatiques. — Usage de cette invention dans le chant liturgique. — Signification de chaque lettre en particulier. — Cette signification est en partie fortifiée par l'emploi de mots écrits tout au long. — Propriétés particulières de la notation littérale de Romain : elles consistent en certains signes et en certains mots abrégés. — Différences qui existent entre cette notation et les autres notations littérales du chant grégorien.

Dans la pratique et l'emploi de la notation neumatique, Romain avait dû remarquer des difficultés de plus d'un genre, et il était convaincu de l'insuffisance, du vague et du manque de précision qu'elle offrait. Cette circonstance le conduisit à une découverte qui lui appartient en propre. Pour rendre plus facile son enseignement, et dans la pensée de faire connaître plus sûrement et plus facilement aux chantres la hauteur et la profondeur, la force et la faiblessse des sons, pour les rendre plus attentifs et plus adroits sur certains ornements du chant et du thème musical appris de vive voix, il avait, en manière d'explications, ajouté aux caractères neumatiques des lettres de l'alphabet dont chacune avait une signification spéciale (1).

Cette notation littérale ne tomba ni facilement ni vite dans l'oubli après la mort de son inventeur. Les nombreuses copies que, dans les IX^e^ et X^e^ siècles on fit de son manuscrit à Saint-Gall et qui se répandirent de près et de loin, rendirent usuelles ailleurs, dans le chant liturgique, les lettres explicatives de Romain. Au IX^e^ siècle, Notker Balbulus en dévoila le secret à son ami Lantpert, dans une lettre qu'il lui adressa (2).

(1) « In ipso (Antiphonario) quoque primus ille litteras alphabeti significativas notulis, quibus visum est, aut susum aut jusum, aut ante aut retro assignari excogitavit. Quas postea cuidam amico quærenti Notker Balbulus dilucitavit (Ekkehard IV in Casibus S. Galli). »

(2) Voici le texte de la lettre : « Notker Lantperto fratri salutem. Quid singulæ litteræ in superscriptione significent cantilenæ, prout potui juxta tuam petitionem explanare curavi.

« a. Ut altius elevetur, admonet.
« b. Secundum litteras, quibus adjungitur, ut bene, multum extollatur, vel gravetur, sive teneatur, belgicat.
« c. Ut cito, vel celeriter dicatur, certificat.
« d. Ut deprimatur, demonstrat.
« e. Ut equaliter sonetur, eloquitur.
« f. Ut cum fragore seu frendore feriatur, flagitat.
« g. Ut in gutture gradatim garruletur, genuine gratulatur.
« h. Ut tantum in scriptura aspirat, ita et in nota idipsum habitat.
« i. Jusum vel inferius insinuat, gratitudinemque pro g. interdum indicat.
« k. Licet apud Latinos nihil valeat, apud nos tamen Alemannos pro X graeca positum chlenche, id est clange clamitat.
« l. Levare lætatur.
« m. Mediocriter melodiam moderari mendicando memorat.
« n. Notare, hoc est noscitare notificat.
« o. Figuram sui in ore cantantis ordinat.
« p. Pressionem vel prensionem prædicat.
« q. In significationibus notarum cur quæritur ? cum etiam in verbis ad nihil aliud scribatur, nisi ut sequens u vim suam amittere quaeritur.
« r. Rectitudinem vel rasuram non abolitionis, sed crispationis rogitat.
« s. Susum vel sursum scandere sibilat.
« t. Trahere, vel tenere debere testatur.
« v. Licet amissa in sua, veluti valde vau græca, vel hebræa, velificat.
« x. Quamvis latina verba per se inchoet, tamen exspectare expetit.
« y. Apud Latinos nihil hymnizat.
« z. Vero et ipsa mere græca, et ob id haud necessaria Romanis, propter prædictam tamen R litteræ occupationem ad alia requirere. In sua lingua, zitise require.

« Ubicumque autem duæ, vel tres, aut plures litteræ ponuntur in uno loco, ex superiore interpretatione, maximeque illa, quam de b. dixi, quid sibi velint, facile poterit adverti. Salutant te Ellinici fratres ; monentes te fieri de ratione embolismi triennis, ut absque errore gnarus esse valeas biennis contempto precio divitiarum Xerxis. »

[Canisius avouait qu'il ne comprenait pas quelles pouvaient être les lettres alphabétiques dont parle ici Notker : — « *Quæ sint illæ litteræ catilenæ*, *non capio ego*, *fideliter tamen descripta sunt quæcumque sequebantur*. » (Antiquæ lect., t. V, p. 739).

Dom Mabillon n'a pas su imiter la réserve de Canisius. Ce docte bénédictin dit quelques mots sur l'histoire de la no-

À la fin du XI^e^ siècle, le musicologue Aribon parlait de trois de ces lettres qu'il prend dans le même sens que le chantre Romain et Notker Balbulus (1).

Il s'agit maintenant de connaître la signification de ces lettres et les fondements sur lesquels se base leur explication. Nous avertissons le lecteur que les principes et les règles qui vont suivre, résultent de la comparaison des détails donnés par Notker avec les manuscrits les plus respectables qui contiennent cette notation et les plus anciennes et les plus exactes traductions qu'on en ait faites.

1. La lettre A (*altius*) demande que la note sur laquelle elle est placée soit chantée d'une voix plus élevée. Comme exemple, nous apportons (*Monumenta* n° 3) le verset de l'Introït du troisième dimanche de l'Avent : *Benedixisti, Domine.* Le fac-simile en est exécuté d'après le manuscrit des Ermites, n° 121, où l'on trouve beaucoup de lettres romaniennes. Nous voyons la lettre *a* immédiatement sur la première syllabe ; cela signifie que la syllabe *Be* doit être chantée plus haut que la dernière note du précédent introït qui se termine par la note *ré*. On peut comparer la traduction ci-jointe (sous le n° 4), d'après un manuscrit guidonien.

2. La lettre B (*bene*), signifie, selon la lettre subséquente à laquelle elle jointe, un renforcement, comme lb (*levetur bene*), une plus forte émission de voix ; bt (*bene teneatur*), un prolongement plus marqué. Comme exemple, nous donnons (*Monumenta*, n° 5) le commencement de la communion pour la fête de la Dédicace tirée du même manuscrit, et (n° 6), une traduction en notation moderne d'après le manuscrit d'Engelberg (n$^{os}$ 14, 25). Au mot *domus* apparaît lb (*levetur bene*).

3. La lettre C (*celeriter, cito*) demande une exécution rapide des notes auxquelles elle se trouve jointe. Le plus souvent elle est employée avec le *Climacus*, la *Clinis* ou les *points*. Comme exemple nous apportons l'*alleluia* du graduel du troisième dimanche après Pâques ; il est tiré (n° 7) du manuscrit de Saint-Gall (n° 8), de celui d'Einsiedeln 121 (n° 9), du fragm. 1 d'Eins. Il est écrit en neumes sur une ligne rouge, et enfin (n° 10) il est traduit en notation moderne. Dans les n$^{os}$ 8 et 9, à la syllabe *al*, on voit la lettre *c*.

4. La lettre D (*deprimatur*) signifie un abaissement de la voix ; on ne trouve nulle part son application ; il paraît que l'on a préféré lui substituer la lettre *i*.

5. La lettre E (*equaliter*) se place entre deux notes et signifie que la note suivante doit avoir la même élévation que celle qui la précède immédiatement. Plus souvent on la trouve à la fin d'un morceau qui doit être répété. Dans ce cas, elle signifie que le premier et le dernier son de la pièce doivent avoir exactement la même élévation. C'est de cette manière qu'elle se présente dans l'exemple n° 3 à la fin, après *ao* (Jacob), et dans ce cas il faut que le premier son de l'introït : *Gaudete in Domino*, commence aussi par la note *ré*. Pour d'autres exemples sur l'usage de cette lettre, consultez, aux Monuments, les n$^{os}$ 3 et 6, entre les mots : *mea domus* ; n$^{os}$ 8 et 10, entre les syllabes *luya* ; on pourrait citer beaucoup d'autres exemples.

6. La lettre F (*cum fragore feriatur*) signifie une exécution d'une voix plus forte. On la trouve d'ailleurs très-rarement employée. Dans le manuscrit d'Einsiedeln 121, à l'office de saint Sylvestre, on la rencontre employée avec un Scandicus de quatre notes.

7. La lettre G (*gradatim, garruletur*) exige une élévation graduée de la voix. On ne la rencontre que rarement. Le *Scandicus*, le *Salicus* ou *Gradatus* (d'où *gradatim*) sont les notes à côté desquelles elle se place. On ne la trouve pas avec d'autres caractères neumatiques.

8. La lettre H (*aspirat*) demande qu'on fasse une apiration dans le chant comme dans la lecture. On la trouve à peine employée quelquefois.

9. La lettre I (*jusum, inferius*) signifie que la note où elle est placée doit être chantée plus bas que celle qui la précède. Est-elle au commencement d'une pièce? elle signifie simplement une intonation faite un peu plus bas. Elle est employée

tation musicale, à propos des lettres de Notker. Analysant le récit d'Ekkéhard le jeune, il affirme que Romain employa, *le premier*, les lettres de l'alphabet pour indiquer les notes musicales : *Eumque primum esse, qui litteras alphabeti, pro notulis cantus apposuerit* : affirmation monstrueuse qui ne peut s'excuser, que rien ne peut justifier ! A la fin du IX$^{e}$ siècle, ajoute dom Mabillon, l'usage en musique des *lettres-notes* était en désuétude, témoin l'épître de Notker qui doit les expliquer à Lantpert : « Sub finem sæculi noni « jam obsoletus erat litterarum usus, ut intelligitur ex quæ- « stione Lantperti, sancti Galli monachi, qui Notkerum Bal- « bulum de earum significatione interrogavit. » — Une fois cramponné à ce faux point de départ historique, dom Mabillon s'éloigne de plus en plus du vrai. Vers le commencement du X$^{e}$ siècle, dit-il, les notes à queue furent inventées, mais employées sans lignes : « Postmodum inventæ sunt notulæ « caudatæ, sed absque lineolis. » — Au XI$^{e}$ siècle enfin, Guido d'Arezzo inventa les notes de forme rhomboïde qu'il plaça sur une portée musicale ; ces notes sont encore en usage aujourd'hui : « Denique sæculo undecimo, additis a « Guidone Aretino lineolis, inventi sunt rhombi, quibus etiam « nunc utimur (*Annal. Benedict.* t. IV, p. 688). » Chacune de ces étranges affirmations contient une erreur... — (Voir mes *Études sur les anciennes notations musicales de l'Europe*, § XI). — TH. NISARD ].

(1) « In antiquioribus Antiphonariis, c, t, m reperimus « persæpe, quæ *celeritatem*, *tarditatem*, *mediocritatem* « innuunt (Aribon, apud Gerberti *Scriptores* II). »

de plusieurs manières. Comme exemple on peut consulter (parmi les monuments, n$^{os}$ 3 et 6) le mot *orationis* où elle se trouve placée sur la première syllabe.

10. La lettre K (chez les Allemands *clenche*, c'es-à-dire *clangè clam tat*), est très-rarement employée. Sa signification doit se déterminer par l'étymologie allemande. Dans le dialecte allemand-suisse, on s'en sert encore maintenant en parlant d'une cloche qu'on tinte à plusieurs reprises; de là la phrase : « *die glocke klänkt*, » *la cloche retentit*. » Dans un manuscrit d'Engelberg (14/25) du XIV$^{e}$ siècle, on trouve ces paroles latines : *Ut queant laxis resonare fibris, mira gestorum famuli tuorum,* ainsi traduites : « Que la voix de vos serviteurs s'élève surtout claire et retentissante, qu'elle se donne un libre essor pour raconter l'éclat de vos ouvrages et de vos merveilles (1). » De là il faut conclure que l'ancien mot allemand *clenche* a la même signification que le mot latin *resonare*, résonner, répéter un son. La *Bivirga* et la *Bistropha* étaient les caractères neumatiques avec lesquels la lettre *k* était employée, ce qui signifiait que ce signe musical ne devait pas être considéré comme un seul et même son, mais comme deux sons, et que, dans l'exécution il fallait faire entendre deux sons d'égale élévation acoustique. Sur cette question on a des éclaircissements par les monuments, n° 11 du manuscrit de Saint-Gall, 359, n° 12 du manuscrit d'Einsied. 121 ; et du même, n° 13, une traduction tirée d'un fragment du XIII$^{e}$ siècle. Il est emprunté au graduel *Tecum principium* de la messe de Minuit (fête de Noël). Au mot *die*, on trouve l'emploi et la signification de cette lettre.

11. La lettre L (*levare lætatur*) signifie une élévation de la voix. Comparez aux Monuments, n$^{os}$ 5 et 6, le mots *domus*, et plus loin, n$^{os}$ 12 et 13, les mots *in die*.

12. La lettre M (*mediocriter*) se trouve rarement seule, et lorsqu'elle l'est, elle signifie une exécution *modérément rapide*. Le plus souvent elle se trouve liée avec d'autres lettres, telles que : *a, m, altum mediocriter* ( modérément élevé ) ; *mc* (*mediocriter cito*) ; *im* (*inferius mediocriter*, un peu plus bas), etc. On la trouve employée (Monuments, n° 5) au mot *mea* ; n$^{os}$ 11 et 12, au mot *Tecum* (*lms*, *levetur mediocriter sursum*), et n° 11, au mot *principium*.

13. La lettre N (*notare notificat*) n'a dans l'écriture romanienne aucune autre signification que celle de ces paroles : *nota bene*, c'est-à-dire que le chantre ou le lecteur doit faire attention. On ne l'emploie que très-rarement ; le copiste s'en servait pour rendre le chantre attentif sur un caractère neumatique extraordinaire, comme c'est le cas dans le manuscrit des Ermites, n° 121, page 43.

14. La lettre O (*figuram sui in ore cantantis ordinat*) demandait du chantre, pendant qu'il exécutait, qu'il ouvrît convenablement la bouche et qu'il imitât pour ainsi dire la figure de cette lettre par les mouvements des lèvres. On ne s'en servait jamais.

15. La lettre P (*pressionem prædicat*) demande une inflexion vocale ascendante ou descendante ; elle apparaît usitée très-souvent sur la *Clinis*, le *Podatus* et leurs composés (voyez comme exemples, dans les Monuments, n$^{os}$ 14 et 15, une phrase tirée du chant de Pâques : *cum rex gloriæ Christus* ; le premier n° est tiré du manuscrit d'Eins. 121, et le second, du manuscrit 33 de la même bibliothèque. Au mot *nocte*, on trouve l'emploi de la lettre *p*.

16. La lettre Q ( *cur queretur* ) n'est qu'un signe d'interrogation ; on ne la trouve pas dans les anciens chants.

17. La lettre R signifiait selon Notker : *rectitudinem vel rasuram non abolitionis, sed crispationis rogitat*. On ne s'en servait pas.

18. La lettre S, anciennement *ſ* (*sursum, susum*) est celle qu'on rencontre presque le plus souvent, et ce signe placé sur une note signifie que celle-ci doit être chantée plus haut que la précédente. On doit comparer, entr'eux dans les *Monuments*, les exemples n$^{os}$ 14 et 15 où cette lettre se trouve deux fois sur les deux derniers mots.

19. La lettre T ( *trahatur, teneatur* ) signifie qu'il faut tenir plus longtemps la note respective. Comparez les exemples n$^{os}$ 16 et 17 empruntés aux mêmes chants et aux mêmes manuscrits qu'à l'article 18. Sur la première note du *Pes flexus*, au mot *principium* , paraît la lettre en question.

20. La lettre V (*valde*) était rarement employée et ne servait qu'à fortifier la signification d'autres lettres ; on la joignait à la lettre *l*, comme : *lv* (*levetur valde*) ou à la lettre *i* : *iv* (*inferius valde*, très-bas). C'est dans ce sens qu'on la trouve, n$^{os}$ 16 et 17, au mot *principium* où la seconde note monte d'une quinte.

21. La lettre X (*expectare expetit*) signifie une halte, un point de repos dans le chant. On l'employait plus souvent avec la *Tristropha*, la *Bivirga* et la *Trivirga*. Dans l'exemple n$^{os}$ 18 et 19 qui contient une antienne de Pâques tirée du manuscrit de Saint-Gall 391, cette lettre se trouve placée devant le mot *Angelus* où le sens des paroles demande un repos.

(1) « Das hell ufklimme diner Diener stimme zu klenke « sunder, (funder) dine werk din wunder , etc. »

22. La lettre Y (*nihil hymnisat*) ne signifie rien et ne s'employait jamais.

23. La lettre Z (*haud necessaria Romanis*) ne se trouve pareillement pas employée.

Quand on rencontre toujours deux, trois ou plusieurs lettres au même endroit, c'est ce qu'on vient de dire qui sert à les expliquer, surtout par rapport à la lettre *b*. On se fera une idée d'autant plus claire de la pratique de la notation de Romain, qu'on poursuivra d'une manière plus constante et plus sérieuse la comparaison des exemples n$^{os}$ 20 et 21, le premier tiré d'un antiphonaire qui date du commencement du x$^{e}$ siècle, et le dernier, d'un fragment du commencement du XIII$^{e}$ siècle. Celui-ci se présente surtout comme un excellent moyen de déchiffrer, de traduire et de lire le n° 20 en notation moderne (1).

On trouve des exemples où les explications de Romain et une définition plus précise des caractères neumatiques ne se font pas seulement par de simples lettres, mais par des mots écrits et copiés en entiers et dans le sens du système de Romain et de Notker. Le manuscrit de Saint-Gall, n° 381, contient (pp. 50 à 144) les versets des psaumes qui suivent immédiatement les introïts et les communions de l'office de la messe ; on y indique par un mot écrit tout au long, si celui qui entonne ou dirige le chant doit entonner de nouveau les antiennes qu'il fallait répéter sur un ton plus haut, moins haut ou sur le même ton que celui par lequel le verset finit. Les expressions qu'on y rencontre sont les suivantes :

*Incipe jusum* — commencez par un son grave l'antienne à répéter ;

*Altius* — plus haut ;

*Inferius* — plus bas (en abrégé *infer.*)

*Equaliter* — dans le même ton (en abrégé *equal.*) ;

*Jusum mediocriter* — un peu plus bas ;

*Altius mediocriter* — un peu plus haut.

On voit par là que ces expressions s'accordent parfaitement avec l'explication donnée plus haut des lettres de Romain, et que, par leur moyen, le chantre rapprochant la hauteur et la profondeur des intonations, peut, au mot *equaliter*, déterminer l'une et l'autre avec une pleine précision, du moins en comparant l'intonation à faire avec la dernière note du verset.

Il y a encore quelques propriétés particulières aux lettres de Romain dont Notker n'a pas parlé et qu'il est nécessaire de rappeler ici. Car on rencontre plus d'une fois un trait horizontal tiré sur plusieurs lignes de signes neumatiques, et qui, partant d'une lettre romanienne, parcourt une certaine distance. Cette ligne signifie simplement que la lettre doit avoir le même effet musical sur toutes les notes qui se trouvent sous la ligne. C'est avec les lettres *c e et t* que cette ligne et ce prolongement ont lieu. Dans le manuscrit si souvent rappelé d'Einsiedeln (n° 121, page 76), on en trouve le dessin ainsi conçu : c________, ∩ ∩ ∩

(1) Il est bon de faire suivre ici un parallèle de cette nature, soit en guise de coup d'œil rétrospectif sur la notation primitive, soit par rapport aux lettres explicatives de Romain. Au n° 20, la syllabe *do* a quatre sons ; on les désigne par deux points ascendants et par la *Flexa*. La lettre *e* (*celeriter*) se rapporte à la *Flexa* qu'on doit chanter un peu plus rapidement. Des points ascendants sont pareillement donnés dans de bonnes traductions comme des sons ascendants ; il en est ainsi au N° 21. La *Tristropha*, à la syllabe *mi*, vaut trois sons égaux diatoniquement, comme le montre la traduction ; la syllabe *nus* avec sa *virga* est également exprimée par un seul et même son. La lettre *e* au-dessus de la syllabe *di* demande que le premier son soit le même que celui qui précède immédiatement la syllabe *nus* ; les deux sons plus hauts suivants, au N° 20, forment une *Bistropha*, la syllabe *xit* a une marque neumatique semblable à ces deux sons. Tout se trouve exactement traduit au N° 21. A la syllabe *ad*, à cause de l'*i* (*inferius*), l'*Epiphonus* doit être chanté plus bas que la note qui précède. Entre les syllabes *mi* et *fi*, la lettre *e* marque l'égalité des deux sons et tout cela est exactement donné et traduit en notation nouvelle au N° 21 des *Monuments*. De même aux paroles : *Filius meus es tu*, nous ne rencontrons pas la plus insignifiante des difficultés, ni la moindre des contradictions, car la *Flexa*, la *Virga*, la *Flexa*, le *Pes* et le *Pes* surmonté de deux points (*pes sub bipunctis*) apparaissent suffisamment traduits. La lettre *s*, posée sur la syllabe *e*, veut que la note qui suit immédiatement, ait une élévation de voix comparativement plus forte et plus grande que sur la note qui précède, comme *m* devant la *Flexa* exige et signifie une modulation modérément élevée. Ces deux nuances ont été observées dans la traduction. La *Tristropha* de la syllabe *go* est bien traduite, et, si cette *Tristropha* n'apparait dans la traduction à la syllabe *ho* qu'avec une *Bistropha*, c'est une faute d'écriture sans conséquence, puisque dans l'exécution de ces deux signes neumatiques, on remarque à peine une différence. L'antienne de l'introït est suivie du verset du psaume qui, au N° 20, depuis la troisième syllabe, n'est exprimé que par les voyelles qu'on y voit. Écrit en entier, le texte serait : *Quare fremuerunt gentes, et populi meditati sunt inania*. De pareilles abréviations se rencontrent presque partout dans ce manuscrit au verset de l'introït. A la première syllabe du mot *Quare*, on voit les lettres de Romain *im* (*inferius mediocriter*, un peu plus bas), ce qu'on a observé exactement dans la traduction. Puisque la mélodie du ton des psaumes ou versets est suffisamment exprimée par les simples voyelles *euouae* (*sæculorum amen*), de même le manuscrit du N° 21 se contente de reproduire le commencement et la fin du verset. Qu'on remarque cette entière et exacte uniformité d'écriture aux mots : *meditati sunt inania*, mots qui dans le manuscrit plus ancien du N° 20, sont exprimés par *eiaiuiaia*. Après le *Pes flexus*, à la fin du N° 20, vous voyez la lettre *e* de Romain : elle a pour but de signifier au chantre que la dernière note du verset doit être la même que la première de l'antienne *Dominus dixit*, antienne qui doit être répétée.

où la lettre *c* (cito) avec le tiret signifie que chacune des trois *Clinis* doit être exécutée rapidement. De plus, on trouve à la page 242 le passage suivant : *e*———— angelorum, où la lettre *e* avec la ligne horizontale prolongée sur *angelorum* annonce que les quatre notes ont le même degré diatonique. Enfin, à la page 57, la lettre *t* est placée sur deux *Clinis* où le trait tiré au-dessus des deux notes demande une exécution lente. L'emploi de cette ligne n'est pas chose rare.

Une autre propriété des lettres de Romain est formée par la *Clinis*, quand, à la partie supérieure, elle est munie d'une barre transversale. (Comparez, parmi les exemples des *Monuments*, le n° 5, au mot *mea*, le n° 16 au mot *principium*, et le n° 18, au mot *Domini*). On ne trouve cette marque que dans les manuscrits qui ont les lettres de Romain, et ce n'est proprement qu'une *Clinis* jointe à la lettre *t*. On l'exécutait un peu plus lentement que les *Clinis* privées du trait.

En parcourant les manuscrits qui contiennent les lettres de Romain, on rencontre souvent des expressions qui ne peuvent pas être expliquées par les lettres dont nous avons parlé plus haut, surtout si elles sont prises en particulier; mais elles deviennent claires, intelligibles par des mots écrits en entier, ou, comme c'est le cas général, par des mots abrégés qui ont une signification propre. Ces expressions et ces abréviations étaient parfaitement intelligibles aux contemporains de Notker; c'est pourquoi il n'a pas jugé nécessaire de les rappeler. Quoi qu'il en soit, il est certain que, pour les temps actuels, leur signification est parfois obscure. Nous allons cependant essayer d'en donner une explication.

*Cō*, (au lieu de *conjungatur*, c'est-à-dire, *lié*). On trouve cette abréviation employée dans le manuscrit plusieurs fois mentionné d'Einsiedeln, n° 121, pages 304 et 332, où son emploi a lieu chaque fois sur deux *Clinis*. La liaison qui doit avoir lieu en ce cas, était si générale et si étendue, que les deux notes moyennes du groupe quaternaire sont réunies, dans l'exécution, en un seul et même son qu'on prolonge davantage; par exemple : *dcca*, ou *cyge*.

*Len*, (au lieu de *leniter*) était souvent employé et demandait une exécution douce, tendre et délicate.

*Moll.* (*molliter*), signifiait un chant mou, agréable.

*Pulcre.* Ce mot se trouve dans le manuscrit ci-dessus mentionné, pag. 63, où l'on voit sur deux *Bivirga* qui se suivent immédiatement l'expression : *lm. pulcre* (*levetur mediocriter pulcre*, c'est-à-dire, élevez tant soit peu le ton de la mélodie en l'exécutant avec grâce et agrément).

*Sep* (*semper*). On rencontre souvent cette abréviation, dans le manuscrit cité, pag. 62, 63, 83. Avant cette expression il y a une autre lettre, par exemple : *t. sep.* (*teneatur semper*, toujours tenu ou lentement), chose qui se rapporte aux signes neumatiques qui se trouvent immédiatement placés dessus.

*Similiter* (pareillement, c'est-à-dire, même mélodie). Ce mot se trouve sur plusieurs signes neumatiques qui ont été précédés d'un groupe d'une configuration absolument identique et qui n'a d'autre signification que celle-ci : la phrase mélismatique qui précède doit être répétée d'une manière identique et uniforme.

Que si l'on vient à comparer la notation littérale de Romain avec les autres notations de cette espèce, on reconnaîtra immédiatement qu'elle se distingue de toute autre d'une manière frappante. Elle n'a pas plus de ressemblance, même éloignée, avec la relation grecque qui, seulement pour marquer les genres diatoniques, avait 288 caractères différents et qui s'exprimaient par des lettres grecques, tantôt en gros tantôt en petits caractères, écrits tout au long ou abrégés, placés verticalement ou horizontalement, sur le côté droit ou sur le côté gauche. Bacchius tenta, dans son ouvrage sur la musique, d'implanter chez les Latins cette notation difficile des Grecs, sans cependant la rendre usuelle dans l'Église. De même la première notation diffère d'une autre qui est très-ancienne et d'après laquelle les 15 premières notes de l'alphabet latin servaient à marquer les 15 cordes de la lyre (cithara) (1). On s'en servit quelquefois dans l'enseignement et pour l'usage du chant ecclésiastique (2); pareillement, les lettres de Romain, dans leur signification, diffèrent entièrement de celles dont l'usage est attribué sans raison fondée au pape saint Grégoire le Grand, notation qui consistait dans les sept pre-

(1) « Wie dien alten musicis *finfzen bouhstabo*, unde « finfzen seiten gnuoge douhte, unde sie woltin daz tui ci- « tare so manige seiten habeti.

(Notker Labeo, *De octo tonis*).

« Ces paroles sont à peu près intraduisibles pour qui ne connait pas le patois de l'auteur à l'époque où il vivait. En voici le sens : « Les anciens musiciens avaient quinze lettres pour « signifier les quinze sons des quinze cordes de la lyre, du « luth, de la harpe. »

(2) L'*Antiphonaire de Montpellier*, où les chants liturgiques sont coordonnés d'après leurs espèces de modes, se trouve écrit de neumes traduits avec ces quinze lettres (*). De même un *Directorium cantus* d'Engelberg comprend aussi en partie cette espèce de notation. Les deux manuscrits étaient évidemment destinés à l'enseignement.

(*) [Et quelques *épisèmes*. — Th. Nisard].

mières lettres de l'alphabet et qu'on employait de trois manières : pour l'octave inférieure, c'étaient des lettres majuscules ; — pour la supérieure, des lettres minuscules, — et pour les quatre premières notes de la troisième octave, ces mêmes lettres doubles et superposées comme : *a b c d* / *a b c d*. Ainsi que la première, cette dernière notation était employée très-rarement et pour le même motif (1). Il faut remarquer aussi que, comme la notation du bénédictin Hucbald qui ne comprenait que deux lettres F et I dont la place variée et la forme pouvaient exprimer les huit différents sons de l'échelle diatonique, n'était pas la notation de Romain, de même aussi les lettres de Romain n'avaient rien de commun avec celles de Hermann Contract, sinon que ce dernier conserva la signification de la lettre de Romain *e* (equaliter). Du reste, Hermann exprimait par des lettres empruntées à l'alphabet grec et latin les intervalles diatoniques d'un ton à l'autre ; étaient-elles munies de points ? les intervalles et les notes montaient ; en étaient-elles privées ? elles descendaient (1).

Par ce qui précède, on peut sans difficulté préciser la différence qui existe entre la notation de Romain et toutes les autres qui employaient les lettres. La littération de Romain n'avait pas pour but spécial de noter les sons, ainsi que leur élévation et leur profondeur, ce qui avait lieu dans les autres systèmes alphabétiques : elle servait à marquer et à désigner beaucoup de propriétés et de beautés d'exécution auxquelles les lettres des autres notateurs ne faisaient aucune attention ; Romain venait en aide aux chantres pendant l'office divin même, les autres n'avaient pour but que de donner une connaissance pratique et exacte de la mélodie et des rapports respectifs des sons.

(1) La table qui donne les clefs de la psalmodie dans le manuscrit de Munich, nº 14,936 et la séquence de la Pentecôte : *Veni sancte Spiritus* dans le recueil de Saint-Gall, nº 380, portent toutes deux cette notation.

(1) [Nous renverrons ici les lecteurs à la monographie que nous avons consacrée à Hucbald de Saint-Amand dans l'*Illustration musicale*, recueil périodique publié par E. Repos. On y verra que le moine Hucbald se servait de l'*esprit rude* et de l'*esprit doux* de l'ancienne écriture grecque, avec quelques épisèmes modificateurs, pour représenter les tétracordes de l'échelle générale des sons.

TH. NISARD.]

# CHAPITRE IV

Marque et désignation de la hauteur respective des sons par les neumes ou les lettres de Romain. — Valeur temporaire des notes. — Tons ou modes (1) du chant liturgique à l'époque de Romain. — Exposé des espèces de tons ou modes de notation de la psalmodie et de ses espèces. — Ouvrages de chant théoriques, didactiques et pratiques de l'école de Saint-Gall.]

Malgré l'étendue de l'enseignement des neumes et des lettres de Romain, on ne pouvait cependant que rarement, avec leur seul secours, préciser avec sûreté la hauteur ou la profondeur acoustique des sons isolés et pris en particulier. Ayant sous les yeux une ligne de notation neumatique, un morceau qui comprenait plusieurs notes, telles que la *Clinis*, le *Podatus* et tous leurs composés, les chantres pouvaient absolument reconnaître, à la simple inspection, si parmi elles le second ou le troisième son devait être chanté plus haut ou plus bas que celui qui le précédait immédiatement; mais dès que cette liaison cessait et que le chantre passait à une nouvelle marque de son, il nageait dans une pleine incertitude par rapport à sa valeur diatonique. Même dans les pièces où les lettres de Romain *a*, *i*, *l* ou *f* marquaient l'ascension ou la chute de la voix, on ne trouvait aucune élévation de son pleinement déterminée et spécifiée.

Cependant, il y avait certains cas où le chantre rencontrait, soit dans la notation, soit dans les lettres, un point d'appui suffisamment sûr pour se faire une idée de la mélodie et déterminer la hauteur du son. Voici comment. La *Bivirga* et la *Trivirga*, la *Bistropha* et la *Tristropha* marquaient toujours le son de l'échelle diatonique qui est placé immédiatement au-dessus des deux demi-tons, c'est-à-dire que là où ces signes neumatiques se rencontraient, les anciens chantaient soit la note *fa*, soit la note *ut*. Dans toutes les traductions anciennes et fidèles du chant romain, les signes précédents nous apparaissent donnés et exécutés par l'une de ces notes : fait qui s'appuie sur mille preuves différentes (1).

Que l'on compare, pour éclaircissement et développement, les n$^{os}$ 7, 8 et 9 à la syllabe *le* ; plus loin, les n$^{os}$ 11, 12 et 13 aux syllabes *in die*, et enfin les n$^{os}$ 20 et 21, où se trouve l'introït tout entier de la seconde Messe de Minuit d'après le recueil d'Einsiedeln 121 et le fragment d'Einsiedeln 2, où la règle précitée trouve six fois son application (2).

La lettre de Romain *e* (equaliter) indiquait au chantre une hauteur de son au moins relativement déterminée, et son emploi lui donnait justement à ces endroits un moyen sûr, un signe, quand la marque neumatique le laissait pleinement dans l'incertitude.

Le chantre avait enfin un point d'appui sûr pour l'appréciation de la hauteur du son dans les morceaux de chant dont la tonalité et le mode étaient donnés par certaines lettres, ou se laissaient préciser par la notation neumatique, car, dans ce cas, le chantre pouvait au moins donner avec certitude le dernier son du morceau.

(1) On appelle en général *mode* en musique, l'ordre et la disposition respective des *tons* et des *demi-tons* de la gamme. Cette disposition s'opère, sinon dans le plain-chant, du moins en musique, de deux manières principales, et l'on distingue en conséquence deux modes, le *majeur* et le *mineur*.

(1) [Le premier, j'ai découvert et constaté le fait si important de la valeur du *pressus* majeur et mineur comme clef musicale des neumes. J'ai rapporté le fait dans mes *Études sur les anciennes musicales de l'Europe*. Il m'eût été agréable d'être, en cette circonstance, cité par le P. Schubiger. La chose en valait bien certainement la peine. — Th. Nisard.]

(2) Les signes neumatiques de cet introït s'accordent aussi parfaitement avec la leçon des plus anciens antiphonaires de Saint-Gall. En comparant au numéro 21 la nouvelle notation avec l'ancienne, l'ami de l'ancienne musique chorale ne rencontrera aucune dissemblance considérable avec l'ancienne méthode de notation. Au contraire, il verra que la notation neumatique et les lettres de Romain sont de nouveau données avec leur vraie signification. Il se convaincra d'avoir trouvé dans ce morceau musical une mélodie saine, pure et sans mélange, telle que devait l'offrir l'antiphonaire grégorien apporté par le chantre Romain.

Dans l'exemple n° 20, on reconnaissait à la simple notation du verset : *Quare fremuerunt gentes*... et par la série des notes qui suivent immédiatement, que l'introït : *Dominus dixit ad me*... se meut dans l'ambitus du second mode qui n'a d'autre finale ou terminaison que celle que nous appelons en style moderne le ton de *ré* mineur (1). Déjà cette donnée, dans l'ancienne notation, était possible pour tous les modes dans les introïts, les communions et les antiennes, etc. Voilà tout ce qu'on peut dire sur l'ancienne manière de marquer l'élévation déterminée des sons et l'art de conduire la mélodie (1).

Au temps de l'artiste Romain, et plusieurs siècles même après lui, les chants d'église n'étaient pas encore exécutés en notes d'égale valeur de durée (2).

Dans l'appréciation de la valeur temporaire des notes, on se dirigeait, du moins en classe, d'après la théorie et l'enseignement de l'art métrique musical qui avait une grande ressemblance avec la mesure poétique. En effet, comme une poésie se compose de vers, le vers de pieds (*pedes*) et enfin les pieds d'une ou de plusieurs syllabes, de même aussi on partageait un chant et on lui donnait les mêmes divisions et distinctions, comprenant un plus ou moins grand nombre de neumes partagés en une ou plusieurs notes. De cette manière, la distinction musicale correspondait à un vers métrique ; à un pied métrique correspondait le neume musical, et à une syllabe, le son ou la note (1). Comme le pied poétique pouvait être un spondée, un dispondée, un pyrrique, un dactyle, un anapeste, un ïambe, un trochée et ainsi de suite, de même aussi le pied musical y correspondait et se rapportait à la mesure métrique et prosodique qui lui était relative. Au spondée correspondait donc la notation de deux notes longues (par exemple deux *Virga* qui se suivaient immédiatement) ; au dispondée, le neume de quatre notes longues ; au trochée, le signe *Clinis* (2) ; à l'ïambe, le *Podatus* (3) ; au dactyle, le *Climacus* ; à l'anapeste, la *Virga* précédée de deux points, etc. C'est ainsi que les anciens chants, dans leurs combinaisons les plus variées, marchaient en quelque sorte *de pair* avec les pieds métriques, propriété qui, avec l'introduction des notes carrées, se perdit peu à peu et successivement pour le chant grégorien. L'enseignement de la musique métrique tomba complétement alors en oubli (4).

Du reste, quoiqu'il résulte certainement des des prétentions et des affirmations des écrivains musiciens antérieurs à Guido, que l'ancienne théorie des proportions musicales se dirigeât en quelque sorte d'après les lois de la prosodie et les règles que nous suivons en scandant, on ne peut révoquer en doute que cette théorie n'était pas appliquée dans toute sa sévérité et son étendue au chant liturgique, et qu'à cet égard on laissait au chantre un vaste champ libre. Ne sommes-nous pas autorisés à le croire par ce que rapportent les anciens écrivains, et par les lettres de Romain e

(1) On appelle *mélodie* une suite de sons qui ne se font pas entendre ensemble ou simultanément, mais d'une manière *successive, méthodique* et *propre* à former un *sens musical*.

(2) Les anciens écrivains qui ont traité de la musique et de l'exécution du chant liturgique s'accordent à dire qu'on faisait scrupuleusement attention au rhythme et au nombre, et que les sons dans la modulation étaient d'inégale longueur ou durée; de là aussi l'origine de tant de traités sur la rhythmique, les accents et le nombre. Déjà Cassiodore disait de saint Augustin : *Scripsit et Pater Augustinus de Musica sex libros, in quibus humanam vocem* RHYTHMICOS SONOS *et harmoniam modulabilem habere monstravit.*

Les anciens Instituts des Pères de Saint-Gall (*Instituta Patrum* dans Thomasi et Gerbert) exigent de la part des chantres les précautions suivantes : *Caveamus ne* NEUMAS *conjunctas nimia* MOROSITATE *vel disjunctas inepta* VELOCITATE conjungamus. A l'école de Charlemagne les jeunes élèves du chant romain l'apprenait d'après les principes du pied dans le vers musical, du rhythme et du nombre :

« Instituit pueros Idythun modulamine sacro
Utque sonos dulces decantent voce canora
Queis *pedibus, numeris*, rythmo stet musica, discunt. »

Sur le même sujet écrivirent aussi Aurélien de Réomé et Rémi d'Auxerre. Dans le IX<sup></sup>e siècle, c'est surtout Hucbald qui s'est exprimé clairement là-dessus : « *Attendatur*, dit-il, *ubi* PRO« DUCTIORIBUS, *ubi* BREVIORIBUS *morulis utendum sit. Quatenus utiquæ syllabæ breves, quæ sunt long attenditur, ita qui soni* PRODUCTI *quique* CORREPTI *esse debeant, ut ea quæ diu, ad ea quæ non diu, legitime concurrant*, « *et veluti* METRICIS PEDIBUS *cantilena plaudatur... Sic itaque est numerose canere, longis brevibusque sonis ratas morulas metiri, nec per loca protrahere vel contrahere magis quam oportet, sed infra* SCANDENDI « LEGEM VOCEM CONTINERE (Hucbald, dans Gerbert). »

(1) Cela était encore en usage à l'époque de Guido d'Arezzo, car voici ce qu'il écrit : « Non parva similitudo est « metris et cantibus; cum et neumæ loco sint pedum, et « distinctiones loco versuum, utpote ista neuma dactylico, « illa vero spondaico, illa jambico metro decurrat. (Guido « dans Gerbert). »

(2) Dans le XIVe siècle, les auteurs musiciens Jean de Muris et Ottobi faisaient encore valoir le signe *Clinis* comme un flexure de deux notes dont la première était considérée comme longue (*longa*), et la seconde, brève (*brevis*).

(3) Octobi désigne aussi le *Podatus* comme deux notes dont la première est brève, et la seconde longue.

(4) Aribon vivait à la fin du XIe siècle. Après avoir fait mention de la manière dont, d'après les lettres de Romain, on marquait l'exécution rapide ou lente des notes, il ajoute : « Antiquitus fuit magna circumspectio non solum cantus « inventoribus, sed etiam ipsis cantoribus, ut quilibet *proportionaliter* et *invenirent et canerent*, quæ consideratio « *jam dudum obiit, imo sepulta est* (Gerbert, *Script.* II, « page 227). »

Cet usage pouvait, il est vrai, être suranné à Freisingen où vivait Aribon, mais ailleurs, non. Voici ce qu'écrit Bernon de Reichenau : « Non audiendi sunt, qui dicunt, sine ratione « omnino consistere, quod in cantu aptæ numerositatis morem « nunc velociorem, nunc vero facimus productiorem. »

*m* et *t*, qui, quoique s'appliquant à des sons différents, se trouvaient placées cependant sur les mêmes figures de notes, par exemple, sur la *Clinis* (1).

Puisque, d'après les témoignages des anciens professeurs de chant, les sons, par rapport à leur durée, étaient ou courts ou longs, comme les syllabes dans le vers métrique, on finit par appliquer comme il suit (et cela d'après l'enseignement oral, la tradition écrite et les lettres de Romain) cette valeur relative de durée aux notes prises en particulier (2).

Les points, seuls ou composés, valaient des notes brèves.

La *virga* avait la valeur d'une note longue.

La simple *clinis* consistait en une note longue et une brève; la *clinis* marquée en haut d'un *t* valait deux longues ; était-elle surmontée d'un petit trait? elle avait la même valeur; il en était de même si un *oriscus* lui était ajouté (3).

Le *podatus*, avec sa marque ordinaire, valait une note brève et une note longue ; si le premier son n'était pas marqué, ni désigné par un demi-cercle, mais par une petite ligne transversale, les deux notes étaient longues.

Le *climacus* représentait une note longue et deux brèves (4). C'est de cette manière qu'on comptait et traitait les autres neumes dans la composition desquels il entrait des points.

Le *scandicus* notait trois sons dont les deux premiers étaient brefs et le dernier long.

C'est d'après ce rapport de la valeur des sons que toutes les autres notations peuvent être traitées ou considérées, jusqu'à l'époque où l'on finit par introduire le système des portées à quatre lignes, avec des notes carrées, système dans lequel, à l'exception des anciens points, qui, comme notes brèves, restèrent marqués d'une forme particulière, toutes les notes eurent une valeur temporaire égale.

La tonalité de tous les chants liturgiques grégoriens, du temps de Romain et aussi loin que les monuments et les documents de cette nature nous permettent de remonter, n'était autre chose que le genre diatonique, dans l'échelle duquel deux tons entiers, on le sait, et un demi-ton s'alternent, et auquel aussi les huit modes anciens, savoir les quatre *authentiques* et les quatre *plagaux*, correspondent uniquement. Toutefois on ne peut nier que, parmi les anciens chants, nommément parmi les anciennes séquences (mélodies joyeuses), on ne trouve beaucoup d'exemples où, sur un seul et même morceau liturgique, se basent différents genres et auxquels se rattachent deux modes différents. Telles étaient les séquences (voyez les exemples n$^{os}$ 11, 15, 23, 27, 31, etc. etc.) Mais il ne s'ensuit pas que les variantes, les phrases, les pièces qui s'en éloignent, doivent être considérées comme des éléments étrangers au genre ou mode diatonique ; on ne doit y voir en quelque sorte qu'une *transposition*, et, dans la nouvelle échelle qui s'introduisit, on retrouve encore deux tons entiers et un demi-ton qui s'alternent. Surtout il résulte de l'affirmation et de l'accord, soit des anciens musiciens qui ont écrit sur la matière, soit des plus anciennes tonalités qu'on puisse traduire et déchiffrer, il résulte, dis-je, une preuve péremptoire que le genre chromatique et enharmonique étaient absolument exclu du chant liturgique romain (1).

Les modes des chants se reconnaissaient et se marquaient d'une manière particulière à l'école de Romain de Saint-Gall. C'était au moyen, soit de certaines lettres qu'on ajoutait à la marge dans certains morceaux, soit d'une mélodie particulière à tel ou tel mode. Les lettres empruntées

(1) Proponat sibi musicus, quibus ex his divisionibus incedentem faciat cantum, sicut metricus, quibus pedibus faciat versum; nisi quod *musicus non se tanta legis necessitate constringit*, quia in omnibus se hæc ars in vocum dispositione rationabili varietate misceri permittit.
(*Guido, Microl. Cap.* 15).

(2) Ut in metro certa pedum dimensione contexitur versus, ita apta et concordabili *brevium longorumque* sonorum copulatione componitur cantus.
(Berno *in Prologo ad Tonarium.*)

(3) Il y a des exemples où l'*oriscus* dans les traductions post-guidoniennes n'est pas traité comme une note proprement dite, mais où il semble réuni avec le deuxième son de la *Clinis* à une note soutenue plus longtemps par la voix.

(4) Les deux derniers points du *Climacus* paraissent toujours, dans les anciennes et les meilleures traductions, comme ayant la valeur de deux notes brèves. L'exécution traditionnelle des chants primitifs s'accorde parfaitement avec la règle que nous donnons. On n'a qu'à comparer la notation millénaire de l'intonation si connue du *Gloria in excelsis*, notation que nous apportons en exemple (Monumenta, n° 22, d'après le Codex 338 de Saint-Gall) et où la première syllabe de *Deo* porte un *Climacus*. L'usage de chanter plus rapidement les deux notes de la syllabe *De*, se trouve dans toutes les contrées et correspond entièrement à la plus ancienne traduction et à celle que nous en faisons au n° 23. C'est avec raison que Baini regarde cette mélodie comme antique; l'exemple n° 22 du x$^e$ siècle en est une preuve.

(1) Déjà, du temps de Charlemagne, Albinus parle des quatre modes authentiques et des quatre plagaux et il désigne leurs noms comme des noms héréditaires, traditionnels et passés en coutume (*nomina usitata*). Aurélien de Réomé rapporte dans ses écrits que, jusqu'à son époque, les recueils liturgiques, soit de l'Église romaine, soit de l'Église grecque, se renfermaient dans les huit modes anciens, pour leurs *hymnes*, *répons*, *offertoires* et *communions*. Dans son ouvrage musical destiné au chant liturgique, Hucbald ne nous marque pas la distance de toutes les notes par un autre genre que par le diatonique, et il nous avertit d'une manière formelle que ce genre suffit au but de son écrit. Ses exemples simples et faciles à traduire n'offrent aucune trace du genre chromatique ou enharmonique, ils sont tous écrits dans le genre diatonique. Réginon de Prum divise la musique en naturelle et en artificielle, et il place le plain-chant dans la première catégorie.

à l'alphabet grec ou latin et destinées à signifier le mode dont il s'agissait, étaient les suivantes :

| | | | | | | | |
|---|---|---|---|---|---|---|---|
| a | marquait le | I | mode, | anc. | appelé | *authentus protus.* |
| e | » | » | II | » | » | » | *plagis proti.* |
| i | » | » | III | » | » | » | *authentus deuterus.* |
| o | » | » | IV | » | » | » | *plagis deuteri.* |
| v | » | » | V | » | » | » | *authentus tritus.* |
| H | » | » | VI | » | » | » | *plagis triti.* |
| y | » | » | VII | » | » | » | *authentus tetrardus.* |
| ω | » | » | VIII | » | » | » | *plagis tetrardi* (1). |

Tout d'abord, on n'exprimait par ces lettres que le mode respectif des antiennes des vêpres et des heures canoniales; plus tard, on les employa aussi pour les hymnes, les séquences et les autres morceaux de chant. Cette manière de marquer les modes avait-elle déjà été employée par saint Grégoire ou par Romain et son école? Qui avait eu ici l'initiative? Ce sont là des points sur lesquels l'histoire garde un complet silence ; cependant, il est certain que la chose remonte à une haute antiquité, et que déjà, aux Xe et XIe siècles, elle était en usage, non-seulement à Saint-Gall, mais dans toute la contrée voisine. Les plus anciens vespéraux et antiphonaires de la bibliothèque de ce couvent (n[os] 389, 390 et 391) portent partout cette marque dans leurs antiennes. Le cloître de Reichnau possédait trois anciens *Directoires du chant liturgique* marqués de la même manière : c'étaient les n[os] 59, 74 et 80 ; notons de plus l'antiphonaire n° 16, et l'office de saint Fintan (n° 103), où les modes sont spécifiés comme dans les manuscrits de Saint-Gall (1). La bibliothèque des Ermites a un *Breviarium antiquissimum* (n° 83), un fragment (Cod. 1) avec hymnes, séquences, *gloria*, etc., et différents fragments d'antiphonaires avec les mêmes données de modes. Enfin, il y a aussi les manuscrits d'Engelberg 1 4/23, 1 4/5, 1 5/9, 1 2/22 qui ont les mêmes lettres.

Il y avait une autre manière de marquer et de connaître, à l'école de Romain, les modes des introïts et des communions pour l'office de la messe. Le signe neumatique du chant et de la mélodie des psaumes étant donné à chaque verset qui suivait les introïts, et, auparavant, les communions, donnait aussi au chantre la tonalité du morceau qui précédait.

Comme on l'a déjà dit, le verset avait en effet toujours le même mode que l'antienne qui précédait. Ainsi, un chantre pouvait déjà, au moyen de la mélodie du verset déterminée par les neumes,

Tandis que la musique artificielle permet des demi-tons, la musique naturelle, si l'on en excepte la gamme, n'en admet point. *In naturali musica omnes octo toni nullum recipiunt semitonium, nec diesin, nec apotomen*, etc... Odon de Cluny s'exprime encore plus clairement quand il dit dans son ouvrage : « le genre que nous avons traité « (savoir le genre diatonique) se recommande, d'après « l'opinion et la manière de voir des musiciens les plus « expérimentés et des hommes les plus éminents en sainteté, « par son exécution plus juste, plus aimable et plus na- « turelle, et nous offre toutes les qualités d'un genre parfait ; « car saint Grégoire dont l'Église a imité très-fidèlement « tous les exemples, a écrit son antiphonaire en ce « genre, il l'a livré tel à l'Église et a instruit lui-même ses « élèves d'après ces principes. »

[A toutes ces affirmations du P. Schubiger, nous ne ferons qu'une réponse : c'est que le chant ambrosien était chromatique, et que, d'après Réginon de Prum lui-même, l'hymne *Ut queant laxis* l'était également. On peut voir sur cette grave question mes *Études sur la restauration du chant grégorien au* XIXe *siècle*, — ma dissertation *sur la musique des Odes d'Horace*, et ma *Monographie littéraire et musicale* par M. Normand, ancien supérieur du collége d'Enghien (Belgique).

Th. NISARD.]

(1) Ambroise avait adopté quatre tons ou modes de la musique grecque, le Dorien, le Phrygien, le Lydien et le Mixolydien, ou, pour parler plus exactement, l'Hyperdorien, l'Hyperphrygien, l'Hyperlydien et l'Hypermixolydien. On les appelle *authentes*, *authentiques* ou aussi *impairs* parce que leur modulation roule principalement au-dessus de leur tonique ou finale ; ce qu'indique la préposition grecque *Hyper* qui signifie *au-dessus*. Saint Grégoire en augmenta le nombre de quatre, en ajoutant à chacun des *authentes* son *plagal* appelé aussi *pair* ou correspondant basé sur la *même finale*, mais dont la modulation s'étend à peu près autant au-dessous qu'au-dessus de cette tonique ou finale. On nomme ceux-ci Hypodorien, Hypophrygien, Hypolydien et Hypomixolydien. La préposition *Hypo* signifie *sous* ou *au-dessous*. Voici le tableau de ces huit tons, avec la suite des notes que renferme l'étendue ordinaire de leur modulation respective. Le nom de la note en lettres majuscules indique la finale du ton et celui qui est en lettres italiques représente sa dominante. Le chiffre marque l'ordre des tons.

| | | |
|---|---|---|
| Authentiques : | | Hyperdorien |
| | 1. | RÉ, mi, fa, sol, *la*, si, do, ré. |
| | | Hyperphrygien |
| | 3. | MI, fa, sol, la, si, *do*, ré, mi. |
| | | Hyperlydien |
| | 5. | FA, sol, la, si, *do*, ré, mi, fa. |
| | | Hypermixolydien |
| | 7. | SOL, la, si, do, *ré*, mi fa, sol. |
| Plagaux : | | Hypodorien |
| | 2. | la, si, do, RÉ, mi, *fa*, sol, la. |
| | | Hypophrygien |
| | 4. | si, do, ré, MI, fa, sol, *la*, si. |
| | | Hypolydien |
| | 6. | do, ré, mi, FA, sol, *la*, si, do. |
| | | Hypomixolydien |
| | 8. | ré, mi, fa, SOL, la, si, *do*, ré. |

On voit d'après ce tableau, qua la finale des *authentes* est au bas de la gamme du ton, et qu'elle se trouve à peu près au milieu dans les modes plagaux.

[Voir, sur l'origine de la division des modes du plain-chant en authentes et en plagaux, ma *Méthode populaire de Plain-Chant ;* 3e édition, Paris, E. Repos. Th. NISARD.]

(1) L'antiphonaire n° 16 de Reichnau appartenant au XVe siècle est, sans contredit, l'ouvrage le plus moderne qui ait conservé l'ancienne manière de désigner les modes. Il est écrit en tonalité de plein-chant avec quatre lignes rouges et marqué toujours avec les lettres citées, lettres qui, à cette époque, n'étaient plus en usage depuis très-longtemps.

spécifier le mode qui s'offrait à lui et qui correspondait à l'antienne, puisque chaque mode avait sa propre mélodie et sa marque. La première note du verset était-elle, par exemple, un *podatus?* le chantre avait un moyen sûr de connaître qu'il avait à faire avec le 6e mode ou que le verset était de ce mode, puisqu'aucun autre ton ou chant de psaume ne commence avec cette note. Si le verset commençait par une *virga transversale* que suivit une *clinis*, on était pareillement assuré que la mélodie appartenait au 8e mode, puisque cette tonalité se distingue par là des sept autres. C'est donc de cette manière, c'est-à-dire par les notes du verset qu'on pouvait déterminer le mode de tous les introïts de l'année ecclésiastique et liturgique. La même chose eut lieu jusqu'au Xe siècle pour l'antienne de la communion ; car, dès l'antiquité chrétienne, on ajoutait à ce chant un psaume ou au moins un verset de psaume qui avait le même mode, la même tonalité que celle à laquelle appartenait la communion (1). C'est pour cette raison que, dans le recueil de Saint-Gall (n° 381), on trouve non-seulement les versets de l'introït, mais encore ceux de la communion, marqués tout particulièrement et avec la mélodie entière du psaume. C'est le même cas pour le recueil d'Einsiedeln n° 121, où sont pareillement et aussi complétement traités les versets de la communion pour toute l'année ; ce Codex est écrit en neumes et avec les lettres de Romain. On n'avait donc besoin que d'un peu d'exercice et de pratique pour déterminer le mode de la communion d'après la notation du chant de ces versets : à l'école de Saint-Gall surtout, nulle difficulté sérieuse ne pouvait embarrasser le chantre.

Comme déjà, dans l'antiquité, chaque mode du plain-chant avait sa mélodie propre, de même la plupart des tons psalmodiques avaient différentes terminaisons, finales ou conclusions, comme cela existe encore de nos jours, mais avec cette différence que le nombre des changements était beaucoup plus considérable qu'à présent (1). L'école de Saint-Gall marquait les finales de la manière qui suit.

Au verset de l'introït et de la communion, la finale était simplement marquée en neumes, sans indication différente ou placée ailleurs. Mais il n'en était pas ainsi des antiennes des heures canoniales où les terminaisons mélodiques étaient déterminées et spécifiées par des lettres choisies *ad hoc*. Comme en effet on marquait le mode du chant par les lettres *a e i o v H y* ω, de même pour spécifier la finale du psaume, on ajoutait une seconde lettre à l'une des précédentes. N'y avait-il, par exemple, dans la pièce de chant, qu'une lettre *a*, *e*, ou *i*, *u*, etc., on comprenait par cela même qu'il s'agissait de la terminaison régulière du mode respectif ; l'avait-on fait précéder de deux lettres, par exemple *ab*, *eb*, *oc* ou d'autres semblables ? on voulait toujours insinuer par là une différence déterminée de finale.

D'après les antiphonaires de Saint-Gall (nos 389, 390 et 391), le premier mode avait pour finales neuf terminaisons, neuf changements ou variantes (*differentiæ*) qui, dans les antiennes, étaient marquées de la manière suivante : *a*, *ab*, *ac*, *ad*, *ag*, *ah*, *ak*, *ap*, *aq*.

Cette manière de marquer les finales était même usitée au moyen âge dans tous les environs de Saint-Gall. D'après le manuscrit d'Engelberg (1 4/23), le second mode avait deux variantes dans la mélodie de la finale, savoir : *e* et *eb* ; le troisième, cinq, savoir : *i*, *ib*, *ic*, *ig*, *ih*. D'après le recueil n° 23 d'Einsiedeln, la psalmodie du 4e mode avait dans les antiennes sept variantes, savoir : *o*, *ob*, *oc*, *od*, *oq*, *oh*, *ok* ; celle du 5e en avait deux : *v*, *vb* ; celle du 6e, une : H; celle du 7e, six, savoir : *y*, *yb*, *yc*, *yd*, *yg*, *yh* ; celle du 8e, cinq : ω, ω*b*, ω*c*, ω*d*, ω*g*. Cette manière de désigner la finale du chant des psaumes se trouvait dans tous les manuscrits précités où les tons sont notés avec des lettres. On en peut voir, dans ce volume (n° 18), l'exemple de l'antienne de

(1) Cet usage n'a plus lieu à présent qu'à l'office des morts le chant de la communion *Lux æterna perpetua* est suivi du verset *Requiem æternam* qui, dans la psalmodie, est du 8e mode.

(2) Dans le IXe siècle, de pareilles variantes mélodiques n'avaient pas seulement lieu pour les antiennes et les introïts, mais encore pour les offertoires, les communions, les invitatoires et les répons, tellement qu'Aurélien de Réomé en porte le nombre à 102. Ce qui prouve combien on y tenait et jusqu'à quel point on les considérait comme un ornement du plain-chant, c'est la force et la précision des paroles de cet écrivain qui dit : « Celui qui oserait augmenter ou « diminuer le nombre de ces différences, devrait s'atten « dre (à moins que ma mémoire ne me fasse défaut) « à supporter le poids de la critique, de la récrimination et « de la réprobation, soit des chantres anciens, soit des mu- « siciens de notre époque. Ces huit tons avec leurs variantes « donnent du mouvement et produisent toute la grâce de « l'art musical ; ils ornent le chant de tout l'antiphonaire « comme des arbrisseaux et des buissons en fleur ornent « nos prairies et nos jardins : ils sont le plus réel embellis- « sement musical. » En effet, il est à regretter que les éditeurs du chant romain, aux XVIe et XVIIe siècles, n'aient pas voulu insérer et admettre beaucoup de ces respectables psalmodies. Ainsi, dans ces éditions, pour n'apporter ici qu'un seul exemple de cette nature, aux versets des introïts, on a négligé ces anciennes mélodies et on les a même changées quoiqu'elles fussent d'une beauté remarquable et qu'elles donnassent un attrait particulier au chant. Fait qui ne laisse pas sans raison le jugement d'un auteur contemporain (il était de Rome), lorsqu'il dit : « Codices in consilium non adhibuisse non miror eos, qui nostra ætate Antiphonaria emendarunt. Qui poterant enim, cum eos minime intelligerent? Sed operam non docisse ut intelligerent, id vero potius mirandum (Doni, *Dissertatio de Musica sacra*).

Pâques : *Ecce terræ motus*..., d'après le manuscrit n° 391 de Saint-Gall ; le mode et la psalmodie y sont marqués par les lettres *yc* à la marge de gauche. Dans l'exemple n° 24, emprunté à l'antiphonaire n° 83 d'Einsiedeln, on trouve la même manière de spécifier le mode et la finale ; la lettre *o*, placée à la marge droite, détermine pour cette antienne le 4ᵉ mode et la 1ʳᵉ variante de la psalmodie ; or, dans la traduction de ce morceau, que nous donnons au n° 25 d'après le recueil n° 23, page 425 d'Einsiedeln, recueil qui date du commencement du XIVᵉ siècle, tout cela est parfaitement d'accord avec ce qui vient d'être dit.

Du reste, dans les antiphonaires, ces finales n'étaient pas, aux antiennes, marquées par une notation neumatique ; pour y suppléer, les chantres de l'école de Saint-Gall avaient une table particulière d'enseignement appelée *Diffinitiones octo tonorum*, où les huit modes et leurs finales étaient marqués en neumes et en lettres. Dans cette table, chaque mode commence avec une certaine forme mélodique, appelée depuis l'antiquité *Noeacane* ou autrement, et cette forme ne servait qu'à rappeler au chantre les différentes finales des modes anciens. Puis venait l'intonation de la psalmodie avec le texte : *Gloria Patri*... *Sicut erat*... et le *sæculorum, Amen*, avec l'exposé de toutes les variantes qui se rencontrent dans le mode. Ces tables d'enseignement étaient ordinairement ajoutées aux autres livres de chant (1). C'est ainsi que l'antiphonaire de Saint-Gall (recueil 391) copié par le moine Hartker sur les anciens, en contient une de 10 pages. Les commencements de toutes les antiennes y sont coordonnés d'après les modes et les finales.

Plus tard, on se servit aussi du traité de Bernon de Reichnau sur les variétés des modes que Gerbert a édité d'après un manuscrit de Saint-Gall. La table donnée dans cet ouvrage n'est pas aussi étendue que la précédente : les différentes variantes de chaque mode y sont oubliées, et l'on ne trouve que la modulation principale pour les antiennes, quelques introïts, communions et répons.

Nous avons à mentionner un autre livre didactique plus étendu et relatif au plain-chant : c'était le *Directorium cantus*, dont, depuis l'antiquité, chaque cloître devait se pourvoir, et dans lequel, non-seulement toutes les prescriptions et particularités liturgiques du service divin étaient désignées, mais encore l'ordre et la suite de tout office et le commencement de tous les chants marqués en neumes. Les copies de cet ouvrage, qu'on possède encore à Saint-Gall (nᵒˢ 445 et 532), sont de beaucoup plus anciennes que celles qu'on trouve encore dans d'autres cloîtres (1).

Il y avait quelque chose de semblable à ces tables de *Diffinitiones*, mais d'une étendue beaucoup plus significative : nous voulons parler du *Tonarius*, ouvrage didactique également indispensable aux chantres du moyen âge. Ce *Tonarius* ne comprenait pas seulement les différences de psalmodie avec la table des antiennes pour lesquelles chacune de ces différences avait lieu, mais encore l'exposé très-détaillé des modes pour les différents introïts, graduels, alleluia, offertoires, communions, répons et invitatoires qui sont contenus dans l'office de l'année liturgique (2).

Tels étaient les moyens écrits dont se servait l'école de chant de Romain pour l'enseignement de la musique sacrée. Grâce à eux, elle pouvait marcher d'un pas sûr dans la recherche et la détermination du *nombre* des sons qui appartiennent à chaque mot, à chaque syllabe ; de plus, il lui était facile d'arriver à spécifier, d'après l'état et la disposition des neumes, le degré d'élévation ou de gravité que devait réaliser la voix, dans le cas

(1) On trouve des tables de cette espèce dans les manuscrits d'Engelberg (n° 14/23) et de Reichnau (n° 59).

(1) Reichnau (aujourd'hui supprimé) possède trois de ces *Directorium* (recueils 59, 80 et 74) et Engelberg, le recueil 14/23. Pour donner au lecteur une idée de la description que donnent ces ouvrages de certaines fêtes et solennités particulières, nous rapportons ici, d'après le *Directorium* de Reichnau (recueil 59, page 113), la description de l'ordre de la fête de la Résurrection, qui, en quelque sorte, se passait d'une manière dramatique. Nous ferons seulement remarquer cette différence, que, dans l'original, les commencements des chants qu'on y rencontre, sont marqués en neumes. « Visitatur sepulchrum hoc ordine : Tres presbyteri sive diaconi albis cappis induti, capita humeralibus « velata habentes, singulique singula cum incenso turibula « in manibus tenentes pedetentim procedunt ad sepulchrum « Domini cantantes submissa voce Ant. : « *Quis revolvet.* » « Qua finita subsistunt non longe ab illis duobus fratribus, « qui induti dalmaticis velatis similiter capitibus, sedent « infra sepulchrum, quique statim quasi vice angelorum « illos tres, ad imitationem mulierum venientes ita compellunt : Ant. « *Quem queritis.* » E contra isti : « *Jesum Nazarenum.* » Item illi : « *Non est hic.* » Tunc isti intrant « sepulchrum et illis iterum canentibus Ant. : « *Venite et videte locum,* » thurificant locum, ubi crux posita erat, « nam antequam ad nocturnos pulsaretur sublata ést a « custodibus ecclesiæ, sicque tollentes linteum reportant illud « inter se expansum, simul etiam gestantes turibula et « cantantes mediocri voce Ant. : « *Discant nunc judæi* » « regrediuntur alia via qua venerunt, et finita antiphona « ante introitum chori intrant tacentes et super gradum « sanctuarii consistentes, versa facie in chorum, et elevato « linteo præcelsa voce intonant ant. : « *Surrexit.* » Qua ab « ipsis percantata imponitur : *Te Deum laudamus*, et statim « omnia signa expulsantur. »

(2) Aussi, les ouvrages de musique recueillis dans les *Scriptores* de Gerbert, et qui sont dûs à la plume d'Aurélien de Réomé, d'Hucbald de, Réginon, d'Odon de Cluny, de Guido d'Arezzo, de Bernou de Reichnau, ne sont en grande partie autre chose que des tonaires semblables à celui dont nous parlons : ils étaient tous destinés à l'enseignement du chant ecclésiastique.

d'une ou de plusieurs notes isolées ou de telle ou telle lettre; elle reconnaissait de plus beaucoup d'ornements propres à certains passages, comme aussi ces moyens la conduisait, dans une foule de morceaux et de chants, à déterminer le *mode* et les variantes de leur psalmodie. Cependant, il faut l'avouer: quelque significatives et avantageuses que fussent les données fournies aux chantres par cette écriture, il leur était impossible de s'en tenir uniquement à elles, de s'en contenter dans l'exécution de toute pièce, et par là même de conserver et de maintenir longtemps le chant ecclésiastique dans sa pureté primitive; car, même avec de tels moyens et de telles précautions, on ne pouvait jamais déterminer, dans tous les cas, l'unité et la gravité absolue du son à émettre (1). Pour établir les bases solides de la pureté du chant, il fallait donc encore recourir à la tradition orale et à ces écoles dont le moyen âge nous offre l'existence dans la plupart des siéges épiscopaux et des cloîtres; écoles qui, avec la coopération de professeurs savants et habiles, étaient chargées d'imprimer dans la mémoire des élèves et de transmettre à la postérité les mélodies par un enseignement de plusieurs années et par une pratique continuelle.

Malgré les inconvénients signalés plus haut, il est impossible de nier que l'écriture neumatique, surtout quand elle est accompagnée des lettres de Romain, n'ait rendu de nombreux et signalés services, et n'ait servi d'indicateur et de jalon à la mémoire du chantre dans beaucoup de cas douteux. Disons de plus: elle est encore, à l'heure qu'il est, le seul critérium qui nous reste pour prouver l'exactitude de beaucoup de chants anciens, et elle fournit des principes pour porter, avec une grande certitude, un jugement sur des copies ou sur des passages litigieux.

Pendant que l'école de Saint-Gall, grâce à l'enseignement de Romain, devenait extrêmement célèbre, le chantre Pierre, envoyé à Metz par l'ordre de Charlemagne, avait commencé dans cette ville l'enseignement du chant et rendu de grands services à la musique religieuse. Le bruit de leurs travaux, si féconds en résultats, parvint bientôt de l'une à l'autre de ces écoles, ce qui eût pour conséquence d'exciter entre leurs professeurs respectifs une rivalité célèbre: les uns faisaient tous leurs efforts pour surpasser les autres. Cet état de choses activa très-puissamment, dans les deux localités, le soin et les progrès de l'art, et fit naître entre elles un commerce scientifique qui durait encore à l'époque de Notker Balbulus. Les deux professeurs s'essayèrent en effet dans la composition du chant et firent des morceaux qu'on appelait dans l'antiquité *Jubilus* (joie). Ces compositions consistaient surtout dans une mélodie (*melisma*) prolongée et rattachée à la dernière syllabe du graduel, *melisma* qu'on exécutait autrefois sans aucune parole, et que l'on rencontre quelquefois sous la dénomination de *séquence*. On connaît encore deux des *séquences* composées par Pierre, à Metz; on les appelait du nom de l'église où il travaillait « *Mettenses* (metzoises) »; la plus courte se nommait « *Mettensis minor* », et la plus longue « *Mettensis major*. » Romain mit aussi au jour deux chants (*Jubilus*) qu'il composa pour Saint-Gall et leur donna des noms propres, savoir: « *Romana* et *Amœna* » (1).

Les créations musicales de ces deux chantres romains extraordinaires ne tombèrent pas facilement en oubli: on les exécutait encore plusieurs siècles après, pendant l'office divin. Elles furent plus tard non-seulement pourvues par Notker Balbulus de ces paroles dont on les trouve encore enrichies dans les anciens manuscrits de cette espèce, qu'on peut retrouver, mais elles ont eu l'honneur d'être traduites en notation moderne et usitées en partie jusqu'à la fin du XVI<sup>e</sup> siècle. A la mélodie *Metensis minor*, Notker adapta plus tard les paroles de la séquence: *Sancti belli celebremus* pour l'office de saint Maurice, *Laude dignum* (saint Othmar), et plus tard encore un auteur inconnu y adapta la séquence: *Pangat hymnum Augiensis* (fête de saint Janvier) (2). Nous donnons ce

(1) Là-dessus les auteurs mêmes qui vivaient à l'époque où l'on se servait encore de neumes, se sont exprimés d'une manière assez claire et précise; tels sont Hucbald, Guido d'Arezzo, Odon de Cluny, Jean de Muris et d'autres. Voici les paroles du premier d'entre eux: « Hæ notæ (Neumæ in- « *certo* semper videntem ducunt *vestigio*. » Jean de Muris dit à son tour: « Cantus adhuc per hæc signa minus « perfecte cognoscitur, *nec per se quisquam eum potest* « *addiscere*, sed oportet, *ut aliunde audiatur* et longo « usu discatur. (*Summa Musicæ*). »

(1) Dein uterque, fama volante, studium alter alterius cum audisset, emulabantur pro laude et gloria, naturali gentis suæ more, ut alterum transcenderet. Memoriaque est dignum quantum hac emulatione locus uterque profecerit, et non solum in cantu, sed et in cæteris doctrinis excreverit. Fecerat quidem Petrus ibi *jubilos* ad sequentias, quas *Metenses* vocat, Romanus vero *romane* nobis e contra et *amœne* de suo jubilos modulaverat; quos quidem post Notker, quibus videmus verbis ligabat. (Ekkehardi *Casus S. Galli*). Dans ce passage, Ekkehard a donné d'une manière précise, les mélodies qui appartiennent à Pierre et à Romain et les expressions de *Metenses*, *Romanæ*, *Amœnæ* qui, dans les plus anciens recueils manuscrits des séquences de Notker, sont ajoutées *comme titre* en tête de la mélodie et ne donnent lieu à aucune autre interprétation.

(2) Les recueils un peu complets des ouvrages de Notker ou les collections datant du X<sup>e</sup> et du XI<sup>e</sup> siècle, soit de Saint-Gall, soit d'Eins ou d'Aln, possèdent toutes la première et la seconde de ces séquences; elles les donnent avec le titre de: *Metensis minor*; le manuscrit de Saint-Gall 546 les contient en notation nouvelle et c'est d'après ce manuscrit que nous les avons données dans les exemples. Ce manuscrit est une collection tirée de tout ce qu'il y a de plus ancien en fait de manuscrits, collection que Pierre-Joachim Brauder de Saint-Gall, entreprit à la prière de son abbé

remarquable morceau avec le texte de Notker sur saint Othmar au n° 1 des *Exemples*; il servira de souvenir et de monument rare à la louange du chantre romain Pierre, établi à Metz. On trouve sa mélodie *Metensis major* dans la séquence de Notker : *Nos Gordiani*, sur les martyrs saint Gordien et saint Epimaque, et dans celle qui commence par les mots : *Solemnitatem fratres charissimi* pour la fête de saint Léger (1).

A la mélodie festivale du chantre Romain et qui porte le titre de *Romana*, Notker adapta quatre différentes séquences, savoir : *Joannes Jesu Christo* sur saint Jean l'Évangéliste, *Laurentio David*, sur saint Laurent, *Exultet omnis ætas* sur la purification de Marie, et *Landantes triumphum Christi* pour les vêpres de la fête de Pâques (2). Le même auteur adapta de plus à la mélodie de Romain, intitulée : *Amœna*, trois textes de différentes séquences, savoir : *Carmen suo dilecto*, pour le premier dimanche après Pâques ; *Blandis vocibus*, sur la fête des saints Innocents, et *Gaude semper serena*, sur sainte Marguerite (3).

Le passé a aussi conservé en notation moderne à l'ami de l'ancien plain-chant ces deux remarquables morceaux de Romain. Le lecteur les trouvera parmi les exemples (nos 2 et 3), le premier d'après le manuscrit de Saint-Gall (n° 546), le dernier d'après un fragment manuscrit (n° 1) d'Einsiedeln en notation moderne et avec une traduction aussi fidèle que possible (4). La position du ton, comme la valeur des signes d'élévation ou d'abaissement de la voix marqués dans l'original de ces pièces, sont, comme c'est le cas dans tous les exemples suivants, à l'exception des nos 46 et 52 où la mélodie se trouve un ton plus haut, sont, dis-je, bien observées et bien traduites. L'histoire trouve ainsi dans ces chants un précieux souvenir du professeur Romain de Saint-Gall à l'époque de Charlemagne.

Quoique l'histoire ne donne pas de plus amples renseignements sur les autres phases de la vie de ce personnage, et qu'elle n'ait pas même pu, jusqu'à présent, fixer l'année de sa mort, elle rapporte cependant que son souvenir se maintint pendant de longues années dans l'établissement pour lequel il avait travaillé autrefois. Longtemps après, les successeurs de ses élèves l'estimaient comme le prodigieux instrument au moyen duquel la gloire, l'éclat et la renommée immense de l'Église romaine, en fait de science musicale sacrée, avait pris racine dans le cloître de Saint-Gall (1). Il y avait plusieurs siècles que le tombeau renfermait ses dépouilles mortelles, et cependant sa copie authentique de l'antiphonaire grégorien était encore (elle le fut au moins jusqu'au XIe siècle) conservée à côté de l'autel de Saint-Pierre comme un trésor et un bijou du plus haut prix (2); et, non-seulement pour le cloître de Saint-Gall, mais encore pour les contrées lointaines, cette copie servait de règle et de ligne de conduite dans le chant de l'office divin, et s'était répandue par de nombreuses copies. Les lettres explicatives de Romain furent aussi insérées dans les différentes copies de son antiphonaire, comme dans les nouveaux ouvrages musicaux des compositeurs qui lui furent postérieurs au cloître de Saint-Gall. Ainsi, le vrai chant romain qu'il enseigna, ne descendit pas avec lui dans la tombe, et l'on peut se réjouir de ce que, pendant des siècles, il fut dans cette école l'objet d'un soin et d'un culte tel, que l'histoire de ce temps n'en offre pas d'exemple ailleurs. Ce fut surtout la réputation européenne de l'école de

François Gaisberg et qu'il acheva en 1507. La mélodie qu'il y donne s'accorde d'une manière frappante avec la manière d'écrire et de noter en neumes des plus anciens *séquentiaires*.

(1) Les deux pièces ayant la même notation en neumes se trouvent dans le manuscrit d'Einsiedeln n° 121; il est du Xe siècle ; Gerbert cite ce manuscrit dans son ouvrage de *Cantu et Musica sacra*.

(2) On trouve les deux premières séquences dans la plupart des anciennes collections en neumes ; on en trouve la mélodie en nouvelle notation dans le manuscrit de Saint-Gall n° 546. La séquence *Exultet omnis ætas* est contenue dans le manuscrit d'Einsiedeln n° 121, et *Laudantes triumphum Christi*, dans le manuscrit de Saint-Gall no 380. — Toutes sont munies de neumes placées partout à la marge à côté du texte et s'avancent uniformément avec le texte ou suivent ligne par ligne les paroles.

(3) On trouve la première séquence dans beaucoup de recueils complets, par exemple, dans celui d'Einsiédeln, no 121 ; le fragment manuscrit 1, du même endroit, la renferme avec neumes et lignes ; les deux autres séquences sont notées en neumes dans certains manuscrits de Saint-Gall.

(4) Le dernier des deux manuscrits qui appartient à la fin du XIe siècle ou au plus tard au XIIe, est écrit avec des neumes ; et, comme ces manuscrits ont une portée composée d'une ligne rouge (*Fa*) et de trois autres lignes tracées à la pointe sèche dans l'épaisseur du parchemin, ils ne présentent aucune difficulté particulière dans la traduction de la mélodie. Une grande partie des chants contenus dans ce manuscrit, consistent en séquences qui, pour la plupart, sont de Notker. Au nombre de ces dernières, il y en a beaucoup dont on ne pouvait plus lire les mélodies dans le manuscrit de Saint-Gall, n° 546. Circonstance qui rend cet ouvrage particulièrement intéressant.

(1) Romanus romanæ sedis honorem sancti Galli cœnobio inferre curavit. (Ekkehard, *in casibus S. Galli*).

(2) Au temps d'Ekkehard IV (980-1036) on conservait encore l'antiphonaire à la place désignée, comme le prouve le passage suivant : « Erat Romæ instrumentum quoddam et theca ad antiphonarii authentici publicam omnibus advenientibus inspectionem repositorium, quod a cantu nominabant cantarium. Tale quidem ipse apud nos ad instar illius circa aram apostolorum cum authentico locari fecit, quem ipse attulit exemplato antiphonario ; in quo usque hodie, in cantu si quid dissentitur, quasi in speculo error ejusmodi universus corrigitur. (Ekkehardi, *Casus S. Galli*).

Saint-Gall qui, brillant de la gloire de Romain, son plus remarquable fondateur, en réfléchissait l'éclat et conservait son nom à la mémoire de la postérité. Cet établissement produisit des hommes dont la science brilla au loin, et qui, comme le dit Ekkehard v, *par leurs hymnes et leurs séquences, leurs tropes et leurs litanies, leurs chants et leurs mélodies, comme aussi par leurs doctrines dogmatiques et morales, remplirent de gloire et de joie l'Église de Dieu, non-seulement en Allemagne, mais encore dans toutes les contrées d'une mer à l'autre* (1). »

Ce fut par l'enseignement de Romain que le chant choral des moines, que saint Othmar avait déjà distribué et ordonné, en 714, d'après les prescriptions et les règles de saint Benoît, arriva, pendant la première moitié du IX^e^ siècle, à un état de progrès et de gloire si éclatant et si consolant. Déjà sous le gouvernement de Charlemagne (année 803), le concile d'Aix avait ordonné l'introduction du chant romain dans tous les établissements, et un décret capitulaire postérieur obligea tous les moines à exécuter ce chant dans toute son étendue et d'une manière régulière pendant l'office du jour et de la nuit (2). D'après d'autres prescriptions capitulaires promulguées sous le règne de Louis le Pieux, vers 820, tous les religieux de Saint-Gall devaient suivre sans exception l'ordonnance et la volonté de l'empereur, célébrer l'office divin selon la discipline monastique (3), assister journellement enfin avec un respect et une crainte convenable aux autres heures canoniales aussi bien qu'à la célébration de la messe (4). C'est là que tous les jours on entendait retentir, avec des alternatives variées et régulières, ces mélodies majestueuses de l'ancienne psalmodie; c'est là qu'à l'heure de minuit, au milieu de l'éclat de ce chant qu'on appelle l'invitatoire : *Venite exultemus Domino*, s'ouvrait le service et l'office des veilles, les Matines de minuit; c'est là que s'alternaient les accents prolongés et presque tristes des répons avec l'exécution uniforme du chant des leçons; c'est là qu'éclataient, sous les voûtes du temple, aux jours des dimanches et des fêtes, à la fin de l'office du soir, les symphonies ravissantes et si élevées de l'hymne attribuée à saint Ambroise; c'est là qu'avec l'aurore, avant-coureur du soleil qui monte sur l'horizon, commençaient les chants et les cantiques du matin (*matutina laus*), composés de psaumes et d'antiennes, d'hymnes et de prières qui, avec une interruption calculée et mesurée, étaient suivies des autres heures canoniques du jour; c'est là que le peuple était invité tous les jours par le chant de l'introït aux divers mystères; c'est là qu'il écoutait dans un silencieux repos les notes suppliantes du *Kyrie*, ou se réjouissait, aux jours de fêtes, en entendant les chants exécutés une fois par les anges; c'est là qu'il commençait, au graduel, à rassasier ses oreilles pieuses de la mélodie des séquences : elles faisaient tout le charme des fêtes d'alors par leurs airs alternés et chorals, airs qui ont une si grande puissance d'exciter la joie; puis venaient les simples et récitatifs échos du symbole; le peuple se sentait comme transporté au *Sanctus*, et excité à réunir sa voix à celles des moines pour chanter les louanges du Dieu trois fois saint et pour implorer la miséricorde de cet Agneau divin qui efface les péchés du monde. Tels étaient les effets des chants qui, vers le milieu du IX^e^ siècle, dans l'église abbatiale de Saint-Gall, retentissaient, aux jours de fêtes comme aux jours fériés, d'une manière régulière et périodique. Pour comprendre combien, à cette époque, les Pères de ce cloître tenaient à la beauté des mélodies liturgiques, à la véritable édification qui devait résulter du chant des psaumes, il faut parcourir leurs anciens écrits et leurs prescriptions si détaillées et si sévères à l'égard du chant; car, outre le commandement d'une prononciation nette des mots, d'une uniformité absolue dans l'exécution, il était strictement défendu d'occasionner la plus petite précipitation ou le plus petit retard; ces défauts étaient sévèrement punis (1).

Il y avait, dans l'exécution du chant, trois manières : l'une solennelle pour les plus grands jours de fête, — une moyenne pour les dimanches et les fêtes des saints, — et une ordinaire pour les jours fériés. La première se distinguait par un ton très-lent, très-affectueux, très-joyeux; les deux autres, au contraire, étaient d'une élévation moyenne et modérée, un peu plus rapide, plus accentuée, et, à cause de cela, elle était destinée aux fêtes journalières et aux solennités inférieures. Dans la psalmodie, on s'attachait sévèrement à la parfaite observation des points de repos entre chaque verset, aux jours ordinaires comme aux jours de fête (2).

(1) Quorum doctrina fulget et laetatur Ecclesia Dei, non solum per Alamaniam, verum etiam a mari usque ad mare, et universo mundo usque ad terminos orbis : in hymnis et sequentiis, in tropis et letaniis, in diversis cantibus et melodiis pluribusque ecclesiasticis disciplinis.

(Ekkeh. V. *Præfatio in vita B. Notkeri*).

(2) Ut cantum romanum pleniter et ordinabiliter per nocturnale vel gradale officium peragant.

(3) Ut cum disciplina regulari et reverentia magna divina agantur officia. (*Capitula Monachorum San-Gallensium, edita circa annum* 817. *Hergott., vetus disciplina monastica. Parisiis* 1726).

(4) Ut omnes ad Missas veniant et persistant, sicut et in cæteris divinis officiis facere debent. (*Ibidem*).

(1) Omni tempore æstate vel hyeme, nocte ac die, solemni sive privato, psalmodia semper pari vocem, æqua lance, non nimis velociter, sed rotunda, virili, viva et succincta voce psallatur. . . . Initium, medium et finem simul incipiamus, et pariter dimittamus. (*Instituta patrum de modo psallendi*).

(2) Punctum æqualiter teneant omnes. (*Ibidem*).

A toutes les finales, nommément à celles des psaumes, on ne tenait aucun compte de l'accent des syllabes, et l'on adaptait plutôt à la mélodie du ton un nombre déterminé de syllabes, qu'elles fussent longues ou brèves, parce qu'on suivait fermement ce principe, que la musique n'est pas soumise aux règles de la grammaire (1). Pour les différents chants, il y avait aussi différents caractères. Pendant qu'en général l'office pour les morts était exécuté sur des notes graves et sombres, la voix retentissait dans le *Te Deum*, le *Gloria*, le *Credo*, chants de joie que l'on s'attachait avec une grande attention à prononcer d'une manière nette et précise, et qui, pour cela, ne s'entonnaient qu'à une élévation moyenne du diapason. Aux hymnes, aux *Alleluia*, aux *Kyrie*, *Sanctus* et *Agnus*, on donnait le caractère d'un chant aimable et gracieux ; de même, on devait, en exécutant les mélodies des séquences, être doux et agréable, et observer fidèlement les indications tonales. Les répons, les antiennes, graduels, traits et *Alleluia*, comme le *Sanctus* et l'*Agnus*, faisaient partie du chant grave (*cantus gravis*), vraisemblablement ainsi appelé à cause de ces passages souvent très-prolongés de mélodie qui arrivaient comme ornement sur une syllabe particulière de ces chants. Pour prévenir une trop grande lourdeur, on les exécutait sur un ton plus bas et d'un mouvement plus rapide (2).

Les antiennes, répons, psaumes, hymnes et autres semblables pièces, n'étaient entonnés que par un seul et même chantre, qui devait exécuter un peu lentement les premières notes de ces chants ; après quoi, le chœur tout entier prenait au passage où s'était arrêté le préchantre (*præcentor*).

Tout ce qui pouvait occasionner quelque désordre dans le chant était sévèrement défendu et proscrit (3). Les voix qui, dans leurs modulations cherchaient à imiter les inflexions exagérées, théâtrales des poëtes profanes et sensuels, les voix pleureuses, celles qui n'offraient que le timbre retentissant des habitants des Alpes, le chant des femmes, ou ceux qui imitaient le cri des animaux, étaient pour toujours absolument bannis de la maison de Dieu, comme indignes de lui et de ses saints. Les chantres mêmes qui précipitaient les mélodies avec une rapidité indécente ou qui ne pouvaient qu'avec une difficulté et une lourdeur intolérable laisser sortir les syllabes de leur bouche, imitant les soupirs et la respiration lente et entrecoupée d'un homme fatigué qui tire une meule de moulin pour lui faire franchir une hauteur, étaient censés incapables de faire ressortir la beauté du chant religieux et de le faire goûter favorablement des auditeurs (1).

« Ces lois, observe en terminant l'instruction « donnée aux anciens moines, nous les avons re« cueillies des leçons des saints Pères parmi les« quels quelques-uns ont reçu des anges ces rè« gles de chant que nous vénérons, d'autres les ont « trouvées dans la méditation d'une vie pieuse et « contemplative, ou les ont puisées dans les in« spirations du Saint-Esprit. Tenons-y fermement « et avec la ferveur d'un zèle infatigable à observer « ces maximes : l'effet en sera que nous louerons « Dieu avec un esprit de dévotion et du plus pro« fond de notre cœur, tout en faisant retentir à sa « gloire des psaumes, des hymnes et des chants « spirituels. »

Outre ce plain-chant ordinaire qui devait se renouveler de la même manière d'après l'ordre du temps ecclésiastique ou des jours de la semaine, il y avait souvent des fêtes extraordinaires qui donnaient lieu à des chants particuliers comme aussi à de nouvelles créations musicales. Lorsqu'en 864, sous l'abbé Grimoald, Salomon I, évêque de Constance, éleva aux honneurs des autels les reliques de saint Othmar, on chanta les litanies comme il le désirait, (2) et pendant qu'on portait les reliques dans l'église, tout le chœur des moines la fit retentir de louanges et de cantiques aussi doux qu'harmonieux (3). Trois ans plus tard, la nouvelle église de saint Othmar fut consacrée (867), et le corps du saint y fut porté par les prêtres, en procession solennelle et en présence d'une foule innombrable de peuples. Les moines accompagnaient le cortége en chantant des hymnes et des cantiques les plus solennels que pouvaient seuls interrompre les joyeux transports de la foule

(1) Omnis Tonorum depositio in finalibus, mediis vel ultimis, non est secundum accentum verbi, sed secundum musicalem melodiam toni facienda, sicut dicit Priscianus : Musica non subjacet regulis Donati. (*Ibidem*).

(2) Quidquid agitur pro defunctis, totum flebili et remissiori debet fieri voce. In hymnis *Te Deum laudamus*, *Gloria in excelsis*, et *Credo in unum*, sic punctus et pausa fiant, ut intellectus discernatur, et mediocri voce decantentur. — *Jubilus* dulci modulamine bene discretis neumis deponatur. Responsoria vero et Antiphonas, Gradualia, Tractus, Alleluia, Offertoria et Communiones, omnemque gravem cantum, remissiori ac velociori processu persolvamus. (*Ibidem*).

(3) Quicumque in choro discordiam et errorem subministrat et nutrit, sive Prælatus sit an subditus, sciat se graviter delinquere in Deum et Angelos et homines, seu vera an vana modulatione hoc faciat. (*Ibidem*).

(1) Sustollunt cœteros, cum aut levitate nimia præcipitant cantum, aut gravitate inepta syllabas fantur, quasi qui trahat molarem lapidem ad montem sursum. (*Ibidem*).

(2) Monachos letaniam decantare hortatur.
(Iso, *de Miraculis S. Othmari*).

(3) Omnis monachorum congregatio dulci modulamine in Dei laudibus prorumpens beati viri corpus lætabunda prosequitur (*Ibidem*).

et les larmes de la plus profonde émotion (1). Lorsque deux jours après, l'abbé de Reichnau et les moines de Kempten qui étaient venus pour la fête, s'en retournèrent, ils furent aussi accompagnés hors du cloître par le chant des hymnes de départ (2). La visite d'un monarque ou d'un membre de sa famille était aussi une fête particulière pour un grand établissement ou pour un cloître. Le clergé mettait tout en œuvre pour recevoir le nouvel arrivé d'une manière digne de son rang. L'usage de recevoir les rois en procession solennelle et avec des chants religieux, choisis *ad hoc*, était à cette époque très-répandu. Dans les cloîtres d'Italie, il y avait des ordonnances particulières et des lois cérémonielles déterminant la manière dont cette réception devait avoir lieu.

Quand, en effet, la nouvelle de l'arrivée d'un roi parvenait au monastère, les religieux se rassemblaient dans l'église au signe donné par l'abbé, se revêtaient de leurs habits cléricaux chacun selon son rang hiérarchique, et les sacristains disposaient la procession au son solennel des cloches. Deux porte-croix marchaient les premiers, et, au milieu d'eux, celui qui portait l'eau bénite; ils étaient suivis d'une troisième croix accompagnée de deux thuriféraires, puis trois clercs les uns à la suite des autres dont chacun portait le livre des évangiles et se trouvait accompagné de deux porte-bougeoirs. A ces derniers se joignaient aussi deux à deux, les frères convers, lesquels étaient suivis des enfants qui étudiaient dans la maison, avec leurs professeurs. Après eux venait l'abbé suivi de tout le chœur des moines qui marchaient en rang, deux à deux. Tous s'avançaient en silence jusqu'à l'endroit où le roi les attendait. Alors l'abbé lui présentait de l'eau bénite, ainsi que le livre des évangiles pour le baiser, et il l'encensait. Avec le son de toutes les cloches retentissait le chant : « *J'envoie mon ange*, » et la procession reprenait le chemin de l'église. Le choix des autres chants était laissé à l'abbé ; seulement, ils devaient être appropriés à la fête.

On recevait la reine de la même manière (3).

En France et en Allemagne, la réception se faisait avec les mêmes prescriptions liturgiques (4). Il n'était pas rare que les chants, usités en cette circonstance, fussent composés exprès, paroles et musique. Lorsque l'empereur Louis-le-Pieux, accompagné de l'impératrice et de Lothaire, l'aîné de ses enfants, visita le monastère d'Orléans, il fut reçu au chant d'une hymne solennelle, composée pour la circonstance, par l'évêque Jonas (1).

En 829, Charles le Chauve, encore jeune prince, arriva dans le cloître de Reichnau, localité voisine de Saint-Gall et monastère qui, certainement, était alors l'ami et le frère de celui de Saint-Gall. Le chœur des chantres lui rendit pareillement hommage par des accents d'une affectueuse cordialité et des symphonies instrumentales (2). Neuf ans plus tard parut au même endroit le frère aîné du précédent, l'empereur Lothaire, que les moines de Reichnau saluèrent et fêtèrent en faisant retentir les transports de leur joie et le chant qui suit :

Innovatur nostra lætos
Terra flores proferens.
Ver novum præsentat æstas,
Dum datur te cernere.
Imperator magne vivas
Semper et feliciter.

Gaudeat totum tuorum
Agmen hic fidelium,
Omnis ætas, omnis ordo
Corde dicens intimo :
Imperator magne vivas
Semper et feliciter.

Extet adventus beatæ
Nunc tuæ præsentiæ
Gaudia plenus sereno
Et favore simplici.
Imperator magne, etc.

Juste, felix et benigne,
Mitis et piissime,
Pande mentis hic nitorem

(1) Omnes nos laudes ac melodias canendo, comitante numerosa populorum multitudine corpus chari patris prosequimur nec ipsas Dei laudes absque lacrymis proferre potuimus (*Ibid*).

(2) Cum laudibus et cantilenis extra monasterium prosequentes (*Ibid.*).

(3) Vetus disciplina monastica apud Hergott. p. 109 : *Ad regem deducendum*.

(4) Comparez, dans l'ouvrage cité, les usages des religieux de Cluny, p. 2?7 : *De processionibus ad recipiendas personas*.

(1) Voici comment elle commence : « *En adest Cæsar pius et benignus*... (Apud Canisium, *Lect. antiq.*, Tome IV).

(2) Nous n'en donnerons ici que les strophes suivantes :

Ecce votis apta vestris
Venit hora, psallite ;
Gaudium cordis patescat
Clarite carminum.
Salve regum sancta proles,
Chare Christo Carole.

Ferte nabla tibiasque,
Organum cum cymbalis ;
Flatu quidquid, ore, pulsu,
Arte constat Musica.
Salve regum sancta proles,
Chare Christo Carole.

Gloriam dignam triformi
Pangimus potentiæ,
Quæ te sanum vexit istuc
Francorum per regmina.
Salve regum sancta proles,
Chare Christo Carole.

Nostra complens gaudio.
Imperator magne, etc.

Quod minus digne valemus
Servitute debita
Hoc tui donet favoris
Læta nobis gratia.
Imperator magne, etc.

Sancta, Lothari, Maria
Virgo te cum fratribus
Et simul cum patre magno
Servet, armet, protegat.
Imperator magne, etc.

Et Valens junctus beatis
Hoc precetur omnibus
Vestra pax in pace cunctos
Firmet apta subditos.
Imperator magne, etc.

Intus, extra, longe, juxta
Fulgeat concordia;
Britto cadat atque Bulgar,
Omnis ardor hostium.
Imperator magne, etc.

Vita, virtus, et potestas,
Robur et victoria,
Fama felix te sequatur
Atque vitæ præmia.
Imperator magne, etc.
Summa summæ Trinitati

Sit per ævum gloria,
Quæ gubernet et coronet
Te per omne sæculum.
Imperator magne, etc. (1).

On eut aussi à se réjouir, à l'abbaye de Saint-Gall, de semblables visites faites par des personnages du plus haut rang. Ce fut entre 857 et 869 que le roi Louis le Germanique et Emma, son épouse firent un séjour long et réitéré à leur château nommé *Potamus* (Bodman), situé sur le lac de Constance, et que LL. Majestés se rendirent de là à Saint-Gall (2). Il est certain qu'on les reçut aussi avec le cérémonial usité dans le pays et avec des chants joyeux.

Il n'était pas rare qu'on empruntât le fond de ces chants en tout ou en partie au texte de l'Écriture-Sainte, comme le prouve le chant qui suit, lequel servit peut-être dans l'occasion qui nous occupe (3) :

« Benedictus eris, tu ingrediens et egrediens.
« Benedictus tu in civitate et benedictus in agro.
« Benedictus fructus ventris tui et fructus terræ tuæ,
« Benedicta horrea tua et benedictæ reliquiæ tuæ.
« Dabit tibi Dominus inimicos tuos qui consurgunt adversum
« te corruentes in conspectu tuo.
« Faciat te Dominus Deus tuus excelsiorem cunctis gentibus
« quæ versantur in terra.
(Deuter. 28.) »

Il est très-possible cependant que le texte du chant de réception relatif à ce couple royal ne soit pas parvenu jusqu'à nous ; mais toujours est-il que nous avons le chant imitant la forme des litanies, et qui, d'après l'usage d'alors, était chanté alternativement en présence du monarque pendant la sainte messe par le prêtre célébrant et le clergé assistant. Il y avait en effet, dans l'ancienne liturgie romaine, une prescription d'après laquelle, dans des circonstances particulières de fêtes et dans les grandes églises, le chœur exécutait le chant de gloire et de triomphe, comme on l'appelait, chant dans lequel on implorait spécialement le ciel pour le bonheur et la conservation du chef suprême de l'Église, du souverain de la nation et de sa famille, du chef militaire ou généralissime des troupes. En Allemagne, cet usage prit naissance sous le roi Louis ; il en fut de même dans le cloître de Saint-Emmeran à Regensbourg et dans celui de Saint-Gall (1). Quand le prêtre avait terminé les prières qui suivent le *Gloria*, il se retournait vers le chef présent de l'État et lui faisait, à haute voix, cet appel trois fois répété « *Le Christ vainc, le Christ règne, le Christ gouverne* », acclamation que tout le chœur repétait trois fois. Puis le prêtre continuait :

| *Le prêtre :* | *Réponse du clergé :* |
| --- | --- |
| Christ, exaucez-nous : | Vive Nicolas, le grand pontife et père universel (2). |
| Sauveur du monde,<br>Saint Pierre,<br>Saint Paul,<br>Saint André,<br>Saint Clément,<br>Saint Sixte,<br>Saint Cyriaque, | Secourez-le ! |
| Christ, exaucez-nous ! | Vie et victoire à Louis, le roi que Dieu a couronné, ce grand et ce pacifique roi (3) ! |

(1) On attribue ce chant, ainsi que le précédent, à Walafried Strabon.

(2) *Vidi caput Francorum in monasterio S. Galli præfulgens* (Monachus Sangall., *Gesta Karoli M.*, dans Pertz : *Monumenta Germaniæ*, tome II, p. 747; Cf. p. 763.

(3) Ex codice Sangallens, apud Canisium.

(1) « Has litanias haud raro reperi in Mss. Vindobon., San-« Emeran., Francfort., San-Gallensi, (Gerbert, *de Musica « Sacra*). » Gerbert n'a pu dire si ce manuscrit est encore à Saint-Gall ou si peut-être il n'a point péri avec d'autres manuscrits de ce cloître, lors de l'incendie de l'abbaye de Saint-Blaise.

(2) Nicolao summo pontifici et universali papæ vita.

(3) Ludovico a Deo coronato, magno et pacifico Regi, vita et victoria.

| | |
|---|---|
| Sauveur du monde,<br>Saint Michel,<br>Saint Gabriel,<br>Saint Raphaël,<br>Saint Jean,<br>Saint Étienne,<br>Saint Théodule, | Secourez-le ! |
| Christ, exaucez-nous! | Vive Emma, notre reine (1) ! |
| Sainte Félicité,<br>Sainte Perpétue,<br>Sainte Pétronille,<br>Sainte Lucie,<br>Sainte Agnès,<br>Sainte Cécile, | Secourez-la! |
| Christ, exaucez-nous! | Vive la très-noble famille royale, nos seigneurs les enfants du roi (2) ! |
| Saint Sylvestre,<br>Saint Laurent,<br>Saint Nazaire,<br>Saint Pancrace,<br>Sainte Geneviève,<br>Sainte Colombe, | Secourez-la ! Secourez-les ! |
| Christ, exaucez-nous! | Vie et gloire à tous les juges, et à toute l'armée franque et allemande (3) ! |
| Saint Hilaire,<br>Saint Martin,<br>Saint Maurice,<br>Saint Denis,<br>Saint Marc,<br>Saint Crépin,<br>Saint Crépinien,<br>Saint Géréon, | Secourez-les ! |

Le Christ vainc, le Christ règne, le Christ gouverne!

| | |
|---|---|
| Roi des Rois, | Le Christ vainc, le Christ règne, le Christ gouverne! |
| Notre roi,<br>Notre espérance, | Le Christ vainc, le Christ règne, le Christ gouverne ! |
| Notre honneur,<br>Notre miséricorde,<br>Notre secours,<br>Notre force,<br>Notre délivrance et notre rédemption,<br>Notre victoire,<br>Notre arme invincible,<br>Notre mur inexpugnable,<br>Notre lumière, notre voie et notre vie, | Le Christ vainc, le Christ règne, le Christ gouverne! |

Qu'à lui soient honneur et puissance dans les siècles des siècles, Amen !

Qu'à lui soient gloire, hommage et louange dans les siècles des siècles... Amen !

Qu'à lui soient force, vigueur et victoire dans les siècles des siècles. Amen!

Christ, exaucez-nous (*trois fois*) ! Kyrie eleison (*trois fois*) ! qu'il vive heureux (*trois fois*) ! qu'il coule des jours joyeux (*trois fois*)! pour beaucoup d'années (ad multos annos) (*trois fois*) !

Après que la messe était finie, le prêtre commençait de nouveau :

Que le Seigneur conserve sa sainte Église. Amen !

Que le Seigneur conserve notre foi inviolable Amen !

Que le Seigneur nous donne la rémission de tous nos péchés et la vie éternelle. Amen !

Que le Seigneur se souvienne de Louis, notre roi, et qu'il conserve, protége et bénisse tous les fidèles (croyants) de l'Église de Dieu. Amen !

Que le Seigneur conserve tous nos frères, Amen.

Que le Seigneur nous protége, nous délivre et nous conserve. Amen!

Que le nom du Seigneur soit béni dès à présent jusqu'aux siècles des siècles, *ex hoc nunc et usque in sæculum* !

| *Le Prêtre :* | *Réponse du clergé :* |
|---|---|
| Qu'en ce jour | Pour beaucoup d'années (*ad multos annos*). |
| Louis, notre roi et | Dieu daigne le conserver! |
| Seigneur,<br>Saint Pierre,<br>Saint Paul,<br>Saint André,<br>Saint Géréon, | Secourez-le ! |

Qu'il vive heureux (*trois fois*) ! Qu'il passe des jours joyeux (*trois fois*)! Beaucoup d'années. Amen !

Il s'était à peine passé vingt ans que, dans l'établissement de Saint-Gall, on eut la joie d'enregistrer une seconde arrivée de grand prince. C'était en l'an 883 que le fils de Louis le Germanique devenu l'empereur Charles le Gros, revenant

(1) Emmæ reginæ nostræ vita.

(2) Nobilissimo proli regali vita.

(3) Omnibus judicibus vel cuncto exercitui Francorum et Alamanorum vita et victoria.

(*Goldasti Alamannicarum Rer. Scriptor.*)

d'Italie par les Alpes rhétiques, fit son entrée chez les religieux de cet ordre, leur demanda l'hospitalité et séjourna avec plaisir auprès d'eux pendant trois jours (1). Évidemment, on avait eu d'avance la nouvelle de son araivée, car, comme les empereurs Charles le Chauve et Lothaire, le chef suprême de l'État fut salué et honoré à Saint-Gall par un chant solennel accompagnant une poésie faite exprès. Le jour de son entrée fut pour les habitants un jour de grande joie et de la jubilation la plus vive. On alla au-devant de l'arrière petit-fils de Charlemagne en rangs parfaitement coordonnés; des cantiques de louanges retentirent en son honneur et le chœur des chantres le reçut avec l'hymne qui suit (2):

Imperatorem genimen potentum,
Macte regnorum novitate mira,
Semper antiquis famulis benigne
Rex miserere.

Franciæ Reges micuêre, patres
Fulgidi regis Karoli per orbem,
Nec minus matres Alemanna tellus
Misit honoras.

Hic domus, hac est patria creatus
Fautar Othmarus, benedictus abba,
Gallus e Scottis veniens beavit
Omnia nostra.

Barbaros terrens, proprios foveto,
Cum quibus omnes Orientis partes
Immo quadrati superabis arvi
Summa vel ima (3).

Juris et pacis moderator æquus
Temperas, fortis vigeas per omne
Tempus, hic degens, super astra cœli,
Hinc abiturus.

Tandis qu'avant et pendant le milieu du IX^e siècle, ces fêtes, et d'autres semblables, donnaient aux chantres du cloître de Saint-Gall l'occasion de s'exercer à la composition des chants extraordinaires, cette même école, après la mort de Romain, avait été soignée et poursuivait ses progrès par les travaux de professeurs excellents. Déjà, dans la première moitié de ce siècle, travaillait là, au profit de la science, le moine Werembert, autrefois élève du grand Raban-Maur de Fulde. Il avait une telle expérience et une telle habilité dans tout ce qui était relatif à la musique et à la poésie, que, sans compter d'autres monuments de son talent extraordinaire, il composa et livra au public des chants et des hymnes à la louange de Dieu (1). Après lui la culture de la science et de l'art acquirent beaucoup d'éclat et de grandeur.

De 840 à 865 on préposa à l'école interne du cloître, Ison, homme doué de connaissances distinguées, qui forma d'excellents élèves tels que Ratpert, Notker le Bègue et Tutilon (2). Ce professeur était aussi très-habile dans la musique. Mais ce qui activa plus encore la gloire et l'éclat de cet établissement, ce fut l'arrivée d'un nouveau professeur supérieurement formé, nommé Mongal, et plus tard, celle de Marcelle. Irlandais de naissance, ce dernier était venu à Saint-Gall avec son oncle l'évêque Marcus à son retour de Rome, et avait pris la résolution de travailler dans ce monastère. Excessivement instruit dans les sciences ecclésiastiques et profanes, il prit plus tard la direction de l'école intérieur du cloître, pendant qu'Ison fut promu au grade de professeur et de supérieur de l'école externe; puis, il fut quelque temps après appelé comme professeur au cloître du Granval, au pied du Jura, où il mourut l'an 831, après quelques années de travaux fertiles en résultats. Sous ces deux hommes, l'école de Saint-Gall arriva à une splendeur qu'elle avait à peine atteinte jusqu'alors. Parmi leurs élèves, à côté des Ratpert, Notker et Tutilon, se distinguèrent aussi par des travaux et des progrès supérieurs, les Hartman, les Waltram et les Salomon, qui, élevés au rang d'artistes, se posèrent plus tard soit comme excellents professeurs, soit comme gardiens et surveillants de la pureté du chant romain. Par leurs nouvelles compositions poétiques et musicales, ils formèrent et perfectionnèrent les saintes hymnes soit dans la mélodie, soit dans le texte, avec un haut degré de supériorité et de fini, et, par l'influence de leur position, ils donnèrent en général un grand essor à l'art musical sacré. Marcelle, qui instruisait ses élèves dans les sept arts libéraux, mais particulièrement dans la musique, forma et initia au perfectionnement de cet art les trois élèves précédemment nommés; il en fit des musiciens tels, que leurs noms plus tard n'était prononcé au loin qu'avec un respect profond (3).

(1) Contigit domnum imperatorem de Italia redeuntem nostrum intrare monasterium; ubi cum *maxima laudum honorificentia* cunctorumque non parva lætitia fuisset susceptus, et ipse lætus triduo ibidem permansit.
(*Ratpert*, *Casus S. G.*).

(2) Les chants de cette espèce se nommaient Louanges (*laudes*); c'est peut-être de ce mot quo dérive la vieille expression allemande « Lioth. »

(3) L'auteur du présent ouvrage a cru devoir changer les mots *orientis artes* donnés par Canisius (*Antiq. Lect. Tome V*), en ceux-ci : *orientis partes*, parce que, parmi ces parties de l'Orient se trouvait alors le pays des Francs de l'Est, et il estime que par *quadrati arvi-summa velima*, il faut comprendre toute l'étendue du royaume des Francs.

(1) Tritthemius.

(2) [Voir, sur Tutilon, l'*Histoire littéraire de la France*, tome V, p. 671-681. TH. N.]

(3) Qui in divinis æque ac humanis potens septem liberales eos ad artes duxit, maxime autem ad musicam.
(*Ekkehard*, in Casibus).

# CHAPITRE V

Rivalité entre Saint-Gall et Metz : Romain et Pierre. — Ouvrages musicaux des deux chantres. — Le plain-chant romain à Saint-Gall depuis 800 à 850. — Fêtes extraordinaires. — Réception solennelle des rois accompagnée de chants, à Orléans, à Reichnau. — Louis le Germanique à Saint-Gall. — Réception du roi Charles le Gros. — Activité d'Ison et de Marcelle : comme professeurs de chant, ils produisent d'admirables résultats.

Cependant Salomon, savant élève d'Ison, avait vu croître en lui les germes d'un grand avenir, et sa jeunesse avait été cultivée de façon à le rendre célèbre. Suffisamment doté des biens de la fortune, il avait déjà, sous l'abbé Hartmuoth, et de ses propres deniers, commencé la construction, près du cloître de Saint-Gall, d'un temple en l'honneur de la Sainte-Croix, temple qui en avait la forme et qu'il fit terminer plus tard, à une époque où il était déjà promu à la dignité d'abbé de Saint-Gall et en même temps à l'épiscopat de Constance. Le patron de la nouvelle église devait être saint Magnus qui, d'Irlande, était venu autrefois avec saint Gall dans cette contrée. Après la mort de ce dernier, Magnus fut mis à la tête des jeunes gens qui restaient et fit bâtir plus tard (665) le monastère de Füssen, aux pieds des Alpes Juliennes. Rempli du plus ardent désir d'orner son église de Sainte-Croix et de la doter de pieuses reliques, Salomon s'adressa à Adalbéron, évêque d'Augsbourg, qui, acquiesçant avec plaisir aux vœux du suppliant, détacha le bras de saint Magnus du cloître de Füssen et l'accompagna en personne à sa nouvelle destination (1).

Le jour de la réception et de la translation de ces restes vénérables dut être un jour de fête et de triomphe à Saint-Gall ; pour donner à cette fête plus de pompe et de solennité, on fit naturellement des efforts extraordinaires et l'on mit à contribution tout ce que l'art du chant et de la poésie avait de plus séduisant. Dans la procession solennelle, au milieu de la jubilation du peuple et du chant des hymnes de circonstance, tous les moines vinrent jusqu'à une certaine distance, au-devant des précieuses reliques (1). A la vue des restes vénérés du saint, le chœur des chantres se fit l'écho des sentiments de tous les fidèles dans les chants et les transports de jubilation exprimés par l'hymne qu'on va voir :

INVITATIO S. MAGNI (2).

Miles ad castrum properes novellum,
Pridem et notos repetas locellos,
Perside terram tibi præparatam ;
Jam comes Galli, sociare illi.

Nos sua, Magne,
Pignora Gallus
Miserat ad te,
Teque venire
Oppido poscit.
Miles ad castrum, etc.

(1) Salomon incipit ecclesiam in honorem et modum sanctæ crucis ædificare, in quam ad unguem perductam, sancti Magni brachium, Adalberone episcopo dante et prosequente, de Faucibus sumptum, *magnis hinc inde velut triumphi tripudiis* intulit, et in honorem eam sanctæ Crucis et ejusdem sancti patroni nostri dedicavit.
(*Ekkehard*, in casibus.)

(1) On possède encore deux chants faits exprès pour cette circonstance, dont l'un vraisemblablement était destiné à l'arrivée, l'entrée, et l'autre pour le retour, la sortie; il servait de salut et de congé. Le premier commence par ces paroles :

« Carmina nunc festis psallamus rite choreis,
« *Obvia* lætantes pectora qui ferimus, *etc.*

Le trajet était-il plus long? voici la version qui le signifiait :

« *Obvius* hinc proprios Gallus producit alumnos,
« *Longius occursu* approperans rapido.

L'auteur de ce chant paraît être Hartman ; toujours est-il qu'on y rencontre huit vers absolument les mêmes et tels qu'on les lit dans les litanies : *Humili prece*, qui portent son nom. Nous donnons cette pièce à la page suivante.

(2) Manuscrit 381 de Saint-Gall, noté en neumes. L'auteur de cette hymne n'y est pas spécifié.

Nunc studet ille
Rus laquearque
Te veniente
Comere laute,
Nil remoreris.
Miles ad castrum, etc.

Sexus uterque,
Vir mulierque,
Turba pedestris,
Cœtus equestris
Vociferantur :
Miles ad castrum, etc.

Te, pater, ætas
Expetit omnis,
Ut veniendo
Cuncta mederis ;
Et modulantur :
Miles ad castrum, etc.

Quando parata
Ingrediaris
Tecta, Pátrone,
Nos famulantes
Ipse tuere.
Miles ad castrum, etc

Ad tua quisquis
Limina stratus
Te sibi poscat,
Sancte, favere ;
Esto misertus.
Miles ad castrum, etc.

Igne nocivo,
Grandine, morbo,
Dæmonis astu,
Marte, fameque
Protege cives.
Miles ad castrum, etc.

Corporis ut qui
Reliquiarum
Condere partem
Promeruerunt,
Juveris illos.
Miles ad castrum, etc.

## DE SANCTO MAGNO.

Carmina nunc festis psallamus rite choreis,
Obvia lætantes pectora qui ferimus.
Aurea jam resonent redimitis carmina bombis,
Quæ variis mixtim vocibus, aura ferat,
Nil sic perspicuum paterit vox clara referre,
Ut decet in toti nunc patris obsequio.
Sic devota tamen pandamus ora, canentes,
Pectore de puro hos referendo sonos.

Istuc jam propera, Domini dilecte, propinqua,
Quo tibi condigna corporis Aula nitet.
Hic tibi perpetuis resonent concentibus ædes
Ossibus et sacris semper habetur honos.
Dum læte famuli celebrant hic festa benigni
Laudibus instantes nocte, dieque tuis.
Lætus ab hoc nostras blandusque invisito fines,
Atque pius servis auxiliare tuis.

Jam nunc servitiis famulùm consuesce tuorum
Prosper et hunc vultum flecte serene tuum.
Dirige corda pius, et tempora dirige nostra,
Atque dies lætos ducere da famulos.
Ut semper valeant tibimet cantare quieti,
Tu quoque cœlesti cernere luce poli.
Sternere supplicibus isthæc modo patria notis,
Et venerans tanti suscipe membra viri.

Ipsa omnigeno decorans cum flore plateas
Lumina perpulchris obvia lampadibus.
Adveniunt pariter, necnon comitantur eumdem
Perspicui fratres, angelici proceres.
Qui sancti feretrum circumvolitando beatum
Alarum expansu undique membra tegunt.
Inde, *Colombanus* noster Pater atque Magister,
Alpibus excursis aëriisque viis.

Hic aderit præsens, alacrisque ad gaudia tanta
Agmina conjungit consociata simul.
Conjunguntur ei celeres, gressusque fatigant
Tres quoque Francorum Scotigenæ pariter,
Quos volitans fama alciscens ad gaudia tanta,
Unitos tulerit dulcibus obsequiis.
Obvius hinc proprios Gallus producit alumnos,
Longius occursu approperans rapido.
Hunc circum medium numerosis cœtibus auctus
Densatur nitidus Cœlicolum populus.

Omnes qui pariter sancta de voce salutat
Et proprios Lares, *Magne*, subire rogat
Ut quos æthereci retinet communio templi,
Hic quoque consortis jungat honoris amor.
Interea Othmari præstabit cura Beati,
Mansio constructa quoque parata fiat.
Ut nihil displiceat venietis hospitis ori,
Omnia splendenti sed niteant facie.

Le cortége solennel se dirigea, avec les reliques, vers la basilique du monastère où vraisemblablement elles furent placées dans la chapelle de Saint-Othmar d'où elles furent plus tard transportées avec pompe dans l'église de Saint-Magnus (1). Comme c'était dans cet endroit que l'évêque et abbé Solomon avait fondé une prévôté avec la charge de chanter perpétuellement au chœur, le monastère voisin dut, pendant des siècles, soigner et conserver le germe d'une école de chantres, à qui incombât la noble obligation d'honorer, par des accents de dévotion, Dieu et saint Magnus (2).

Manifestement, l'hymne que nous avons citée était destinée à la réception des reliques, et elle fait allusion au nouvel établissement, quand elle dit :

« Viens, bien-aimé du Seigneur, précipite ton

(1) Voici du moins ce qu'on lit dans l'hymne citée :

« *Interea* Othmari præstabit cura beati
« Mansio constructa quoque *parata* fiat. »

(2) A peu près de cette époque datent cinq différentes hymnes sur saint Magnus qui proviennent toutes des moines de Saint-Gall et dont quelques-unes ne pouvaient absolument servir que pour l'église de Saint-Magnus.

« arrivée dans la ville où, pour ton corps saint, « s'élève une digne demeure. Cette maison retentira sans fin des chants du chœur, ton ossement « sacré participera à cet honneur éclatant, car une « multitude fidèle célèbre avec joie tes fêtes, et te « voue nuit et jour la piété de ses chants. » C'était avec une espèce de prédilection que l'évêque et abbé Salomon pensait au bien et au progrès de son établissement. L'an 898, il le fit authentiquement confirmer par le roi Arnoul, et, peu d'heures avant sa mort (920), il le recommanda même avec instance à la protection et au soin des religieux voisins de Saint-Gall. Pendant plus de six siècles, ce temple retentit journellement des chants primitifs et si beaux du choral antique jusqu'au temps du Protestantisme qui imposa silence aux chanoines (1).

Parmi les hommes qui, à cette époque, se vouèrent à Saint-Gall à l'art du chant, Ratpert mérite une mention toute spéciale. Issu d'un sang noble dans le territoire de Zurich, il entra en religion après 850, et se voua, sous les professeurs Ison et Marcelle, à l'étude des sciences. Ses progrès furent si éclatants, que plus tard il devint prêtre et professeur de chant, et fut préposé à l'école externe. Il avait étudié la musique avec ses deux amis intimes Notker et Tutilon sous le professeur Marcelle. et laissa à la postérité des preuves nombreuses de son habileté dans la musique d'alors. Comme professeur, il se livra avec un zèle particulier à l'étude des sciences; ni le soin de son bien-être corporel, ni les prières réitérées de ses amis ne purent l'en détourner. Il quittait si rarement le cloître que, dans le cours d'une année entière, il n'usa pas même à moitié la chaussure qu'on donnait à chacun des moines. Parmi les ouvrages de musique qu'il nous a laissés, plusieurs se distinguent des autres par un caractère particulier. La première strophe de ces chants paraît en effet divisée en deux parties à peu près égales, dont l'une, après chacune des strophes suivantes, était répétée comme refrain (2).

Vraisemblablement, quelques chantres d'élite alternaient dans l'exécution avec l'ensemble du chœur; aussi, cette espèce de chant s'adaptait-elle merveilleusement aux marches en prières, à ces offices religieux où l'on prétendait à peine à l'attention des chantres et où le chœur pouvait chanter de mémoire sans difficulté. Aux chants de cette espèce appartenait cette litanie de Ratpert pour la procession des dimanches ordinaires; elle commence de cette manière (1) :

« Ardua spes mundi, solidator et inclyte cœli,
Christe exaudi nos propitius famulos.
Virgo Dei genitrix rutilans in honore perennis,
Ora pro famulis sancta Maria tuis. Christe, etc.
Angele summe Dei, Michael, miserescito nostri,
Adjuvet Gabriel, atque pius Raphael. Ardua, etc.
Aspice nos omnes clemens Baptista Joannes,
Petreque cum Paulo nos rege doctiloquo. Christe, etc.
Cœtus apostolicus sit nobis fautor, et omnis
Ac patriarcharum, propheticusque chorus. Ardua, etc.
Pascere nunc Stephanum studeamus carmine summum,
Ut cum martyribus nos juvet ipse pius. Christe, etc.
Inclyte Laurenti qui flammas exsuperasti,
Victor ab æthereo nos miserate choro. Ardua, etc.
Splendide Silvester, Gregori ac sancte Magister,
Nos quoque cum sociis ferte juvando polis Christe, etc.
O Benedicte, pater Monachorum, Galique frater
Cum reliquis sociis nos refovete polis. Christe, etc.
Maxime de Suevis, superis conjuncte catervis,
Sancte Othmare tuum lætifica populum. Christe, etc.
Inclyte Magne tuam clemens nunc respice plebem
Auxilio tutos undique redde tuos. Ardua, etc.
Virgineos flores, Agnes, Agathesque ferentes
Auxilio vestris addite nos sociis. Christe, etc.
Innocuos pueros resonemus laude peractos
Qui modo nos pueros dant resonare melos.
Omnes ô Sancti nostræ succurrite vitæ,
Perque crucem sanctam salva nos Christe redemptor.
Ira deque tua clemens nos eripe Christe,
Nos peccatores audi, te Christe rogamus. Christe, etc.
Ut pacem nobis dones, te Christe, rogamus.
Crimen ut omne tuis solvas, te Christe, rogamus.
Aure ut temperiem dones, te Christe, rogamus.
Ut fruges terræ dones, te Christe, rogamus,
Ut populum cunctum salves, te Christe, rogamus.
Ecclesiamque tuam firmes, te Christe, rogamus,
Fili celsi throni, nos audi te rogamus.
Agne Dei patris nobis miserere pusillis.
Christe exaudi nos, O Kyrie eleyson. Ελεησον. »

Il est évident que Ratpert est le poëte du texte de ce chant qu'il composa pour l'usage de l'église de Saint-Magnus et pour la circonstance d'un pèlerinage pieux, d'une procession à cette même église, puisqu'on y trouve mentionné, outre le nom de ces patrons, celui de la Sainte-Croix.

A ce dernier chant est semblable celui des litanies pour la circonstance du baptême de Pâques et de Pentecôte : « *Rex sanctorum angelorum.* » Cette hymne, écrite pour l'église de Saint-Gall, et, comme la précédente, adoptée par le pape Nicolas III pour l'usage de l'Église, fut aussi chantée pendant plusieurs siècles; de plus, à l'époque du changement de la notation ancienne, elle fut transcrite dans les ouvrages en notation

(1) Multum rogans nostrates, quatinus ecclesiam ab eo in loco sancti Galli in honore sanctæ Crucis sanctique Magni constructam et sub regiæ auctoritatis privilegiis dotatam tuerentur; ibique servitium canonicorum minui non paterentur. (*Ekkeh.* in Casibus).

(2) C'est à l'instar du chant composé par l'évêque Théodulphe : « *Gloria, laus et honor* » que l'Église catholique a encore l'habitude de chanter à la solennité du dimanche des Rameaux.

(1) Voir le manuscrit de Saint-Gall, n° 381, en notation neumatique ou usuelle.

nouvelle (1). Quiconque est tant soit peu familiarisé avec l'esprit de l'ancien chant, n'aura pas de peine à reconnaître les différentes beautés de cette mélodie. On l'a donnée avec le texte dans les *Exemples*, sous le n° 4 (2).

On doit surtout mentionner le chant de Ratpert pour la communion : « *Laudes omnipotens,* » qui, d'après sa forme extérieure, a une grande ressemblance avec le premier, et qui appartient aux plus anciens chants faits sur un tel sujet. En voici le texte tout entier :

« Laudes omnipotens ferimus tibi, dona colentes
Corporis immensi, Sanguinis atque tui.
Tangimus ecce tuam, rector sanctissime, mensam :
Tu licet indignis propitiare tuis. Laudes, etc.
Propitiare pius, peccata absolve benignus,
Possit ut invictis appropiare sacris. Corporis, etc.
Angelus æthereis sanctus descendit ab astris,
Purificans corpus, cor pariterque pius. Laudes, etc.
Hæc medicina potens cœli nos ducat in arces,
Interea terris dans medicamen opis. Corporis, etc.
Quod colimus fragiles Salvator respice clemens,
Summeque pascentes, protege pastor oves. Laudes, etc.
Protege quas recreas, hostis ne proterat illas ;
Consolidans dono nos sine fine tuo. Corporis, etc.
Nam sumus indigni, quos omnes munere tali
Tu pietate tua rex rege castra tua. Laudes, etc.
Hoc pater omnipotens cum Christo perfice clemens,
Spiritus atque potens, trinus et unus apex. Corporis (3). »

Sans refrain, et par là même, quant à la forme extérieure, un peu différent de ces trois morceaux, le chant de Ratpert pour la fête de Saint-Gall : « *Annua, sancte Dei, celebramus festa diei,* » servait vraisemblablement pour la procession du jour de la fête de ce saint (1). Il en est de même de son hymne de saint Magnus : « *Mire cunctorum Deus et creator,* » qui compte quinze strophes saphiques.

Ratpert composa aussi en patois allemand une hymne en l'honneur de saint Gall ; il la destina au peuple qui devait la chanter à l'église. Comme preuve de la popularité de ce morceau musical, il nous suffira de dire qu'il survécut plus d'un siècle dans la bouche du peuple. La mélodie en était d'un agrément et d'une grâce si extraordinaire, qu'Ekkeard IV, à l'époque où cette pièce menaçait de vieillir et de tomber dans l'oubli, ne put résister au désir d'en traduire le texte en latin aussi fidèlement que possible, afin que des cantilènes si douces pussent revivre et être encore au moins chantées dans cette langue (2).

D'après la traduction d'Ekkehard (3), cette hymne débute ainsi :

« Maintenant, je veux commencer un cantique plein des accents de la joie et de la jubilation. Il ne vécut point d'homme aussi pieux, aussi céleste que saint Gall. L'Irlande nous a envoyé un fils, c'est un père de la Souabe qui lui a donné son nom (4). »

Malheureusement, le texte primitif de ce chant s'est perdu depuis longtemps.

Enfin Ratpert paraît être le musicien et le poëte d'une hymne de réception à l'impératrice. C'était sans doute à l'épouse de Charles le Gros qu'il adressait les paroles suivantes qui, dans le manuscrit, porte le titre *Ad reginam suscipiendam:*

« Aurea lux terræ, dominatrix inclyta, salve,
Quæ domibus nostris nunc benedicta venis.
Larga maneto tuis semper clarissima servis,
Qui tibi mente canunt, carmen et ore ferunt.
Plus hodie solito radiat sol clarus in alto,
Cumque serena venis nubila cuncta teris.
Floribus arva nitent, quia te nos visere cernunt,

(1) Dans le manuscrit de Saint-Gall, n° 381 et dans plusieurs autres, même avec le nom de l'auteur et avec des neumes.

Nous donnons les quatre premiers vers en *fac-simile* (Voyez Monumenta, n° 29).

(2) Cette mélodie est d'après le manuscrit de Saint-Gall, n° 392 du XIIIe siècle, avec notes et portées. Elle s'accorde parfaitement avec les signes des anciens neumes, à l'exception de quelques libertés dans la modulation.

Que le chant de la pièce ait été usité aussi ailleurs dans l'Église, c'est ce que prouve le manuscrit 58 de Reichnau, manuscrit qui s'harmonise en grande partie avec la manière de lire et d'écrire citée plus haut.

(3) Manuscrit de Saint-Gall, n° 379, avec neumes. Le chant porte ce titre : *Ad Eucharistiam sumendam,* et compte neuf distiques :

Laudes omnipotens ferimus tibi, dona colentes
Corporis immensi, Sanguinis atque tui.
Tangimus ecce tuam, rector santissime, mensam :
Tu licet indignis propitiare tuis. Laudes.
Propitiare pius, peccata absolve benignus,
Possit ut invictis appropiare sacris. Corporis.
Angelus æthereis sanctus descendit ab astris,
Purificans corpus, cor pariterque pius. Laudes.
Hæc medicina potens cœli nos ducat in arces.
Interea terris dans medicamen opis. Corporis.

(1) Manuscrit de Saint-Gall, n° 381, noté en neumes.

(2) Ratpertus monacus, Notkeri, quem in Sequentiis miramur, condiscipulus, post sancti Galli historiam, et alia multa quæ fecit insignia, fecit et carmen *barbaricum* de sancto Gallo cantitandum, quod postea fratrum quidam, cum rarescere, qui id saperent, videret, ut tam dulcis melodia latine luderet quam proxime potuit, transferens, talibus operam impendit :

Nunc incipiendum et mihi magnum gaudium
Sanctiorem nullum quam sanctum unquam Gallum, etc.
(Manuscrit de Saint-Gall, n° 393).

(3) Dans un autre manuscrit, Ekkehard IV dit lui-même : « Quod nos multo impares homini, ut tam dulcis melodia latine luderet, quam proxime potuimus in latinum transtulimus. »

(4) Jetzt will ich beginnen — ein Lied in frohem Jubelschall,
Frommer lebte keiner — als einst der heil'ge Gall.
Irland hat den Sohn gesandt — Schwaben Vater ihn [genannt.

Fœtibus atque solum germinat omne bonum.
Gloria magnificæ rutilans celsissima Romæ,
Atque Italos radiis comis amœna tuis,
At tibi se famulam præbet Germania fidam
Sæpius et facie te cupit aspicere.
Cæsaris ipsa decus, populorum dirigis actus,
Pluribus et validis imperitans populis.
Nunc sine fine vale, miserans et nostra tuere,
Sit tibi magna salus, laus, honor atque decus.

Il nous est démontré, par la fin de la vie de Ratpert, combien furent bénis et fertiles en résultats son action comme professeur et ses travaux comme musicien, combien sa mémoire fut gardée et vénérée par ses élèves. En effet, lorsqu'il était sur son lit de mort, il reçut en même temps la visite de quarante ecclésiastiques qui, autrefois ses élèves, se trouvaient alors dans le cloître où ils étaient venus pour assister à la fête de saint Gall; par reconnaissance, chacun d'eux promit d'acquitter, après sa mort, trente messes pour le repos de son âme.

Neuf jours après, le 25 octobre de l'an 900 environ, cet homme plein de mérites rendit son âme à Dieu.

La réputation que Notker, l'ami intime du précédent, obtint dans la musique, fut beaucoup plus étendue. Cet homme célèbre était né dans la première moitié du IX^e siècle à Elk, appelé autrefois, dans le langage du peuple, *Heiligove* (en latin *Sacer pagus*), localité située dans l'ancien Thurgau, à présent dans le canton de Zurich. Ses parents étaient de race noble, puisqu'ils descendaient des Carolingiens et des anciens rois saxons, d'où sortait la maison impériale des Othons (1). Ils conduisirent l'enfant, dès sa première jeunesse, au cloître de Saint-Gall, auquel présidait alors l'abbé Grimoald; il fut confié aux professeurs Ison et Marcelle qui lui apprirent le latin, le grec, la poésie et la musique. Il était, comme l'indiquent quelques circonstances de sa vie, né avec un défaut de prononciation qui le fit appeler *Balbulus* (bègue); au contraire, son talent et son zèle eurent pour effet de le faire demander plus tard comme professeur. Mais c'était surtout en poésie et en musique que son talent brillait avec plus d'éclat. Promettant déjà beaucoup comme élève, il s'essaya dans la composition de plusieurs morceaux ecclésiastiques et religieux, que ses professeurs Ison et Marcelle trouvèrent si dignes de louanges, qu'ils les proposèrent à l'imitation de leurs élèves et les leurs firent exécuter.

Comme déjà, dans sa jeunesse, Notker avait remarqué avec quelle facilité les mélodies prolongées et trop diffuses échappent à la mémoire, il réfléchit souvent en silence sur la manière dont il pourrait les accompagner d'un texte ou de paroles afin de les soustraire ainsi à l'oubli (1). Cependant un certain prêtre de Gimedia, cloître français qui, un peu auparavant, c'est-à-dire en 851, avait été dévasté par les Normands, était arrivé à Saint-Gall (2); il apportait avec lui un antiphonaire où les vers étaient modulés sur la mélodie des séquences, c'est-à-dire où les paroles conduisaient successivement l'harmonie et le chant dans plusieurs modes avec beaucoup d'agrément et de correction. Autant Notker s'était réjoui à leur première inspection, autant il se sentit froissé dans son goût, lorsqu'il remarqua les vices de leur modulation. Telle fut la première occasion par laquelle l'entreprenant jeune homme se sentit porté et excité à composer des séquences, d'après le mode et la manière qu'il trouva dans l'antiphonaire cité. Son premier essai fut *Laudes Deo concinat orbis universus, qui gratis est redemptus*, puis : *Coluber Adæ male suasor* (3).

Lorsqu'il fit voir ces pièces à son maître Ison, celui-ci fut heureux de se prononcer publiquement sur les premiers essais de son élève; il le félicita du travail qui avait réussi, il corrigea ce qu'il y avait de fautif, d'après ce principe « que, sur chaque mouvement de ton, sur chaque modulation et chaque note, il faut qu'il y ait une syllabe particulière. »

C'est d'après cette règle que Notker s'efforça de conformer aux lois de la séquence la mélodie qui correspond aux versets alléluiatiques de la messe; il corrigea avant tout les tons et les mots relatifs à la syllabe *ia* du mot *alleluia ;* mais, dans les commencements, la division lui parut impossible aux syllabes *le* et *lu ;* après quelques tâtonnements, il surmonta toutefois cette difficulté, notamment dans les mélodies : *Dominus in Sina* (4) et *Mater* (5). Après s'être formé de plus en plus par l'enseignement et l'exercice, il fit une seconde

(1) Ekkehard V, *in Vita Beati Notkeri.*

(1) « *Quonam modo eas potuerim colligare* » (præfatio Notkeri ad Seq., Ms. de Saint-Gall, n° 381, d'Einsiedeln, n° 121. L'expression *colligare* a évidemment le sens précité; c'est ainsi que parle Ekkehard : « *Notker jubilos quibus videmus verbis* ligabat, » — ce qui signifie l'action de *lier* un chant avec les paroles d'un texte.

(2) Gimedia (Gimeticense monasterium) maintenant *Jumièges*, situé à 19 kilom. O. de Rouen, dans une presqu'île formée par la Seine, fut dévasté par les Normands en 851.

(3) *Laudes Deo concinat* est la séquence pour le vendredi après Pâques où l'on rencontre aussi les paroles : *coluber Adæ male suasor.*

(4) Tel est le titre qui est donné à la mélodie pour la séquence : *Christus hunc diem*, sur la fête de l'ascension de N.-S.-J.-C., (Manuscrit d'Einsiedeln, n° 121, du X^e siècle).

(5) *Mater* est le nom de la mélodie de la séquence *Congaudent angelorum chori*, pour l'assomption de Marie; plusieurs autres mélodies furent faites d'après le modèle de celle-là.

correction de la séquence : *Psallat Ecclesia mater illibata* (1), et présenta ces poésies musicales à son maître Marcelle qui les rassembla avec joie en rouleau et les distribua à ses élèves pour les exécuter. Quoiqu'il eût été déjà depuis longtemps engagé par ce savant professeur à réunir toutes ses compositions en un volume et à les dédier à quelque haut personnage, Notker ne le fit que plus tard; sa modestie s'y refusait; mais il se laissa gagner par les prières du frère Othar qui lui demanda en grâce de dédier un de ses ouvrages à l'évêque Luitward de Vercelles, archichancelier de l'empereur Charles le Gros. Cela arriva même avant l'année 887, puisqu'il fit parvenir à cet évêque et prince de l'Église romaine (lequel avait différents rapports heureux avec Saint-Gall), son *petit* et *insignifiant* livre, comme il l'appelle dans sa dédicace (2).

Notker tira le tissu mélodique des séquences de 50 différentes formules festivales (*Jubilos*) qu'il marqua chacune d'un titre particulier, soit pour éviter l'erreur et la confusion, soit pour la commodité des chantres (3). Ces marques, ces écritures placées au-dessus du texte pour l'exposé des mélodies, il les tira : 1° des noms qui désignaient la patrie ou la demeure de leurs auteurs; 2° des lettres initiales du verset qui, dans le graduel, suivait immédiatement cet *alleluia*, d'après la mélodie duquel il formait la séquence ; 3° enfin, de chants, de noms, d'occasions, de motifs qui étaient connus de son temps, mais qu'à présent on s'efforcerait en vain de vouloir découvrir, car nous n'avons aucun moyen d'arriver à leur connaissance.

A la première espèce de ces inscriptions appartiennent les cinq titres suivants de mélodies : 1 *Romana*, attribuée au chantre Romain ou venant de Rome, sa patrie ; 2 *Occidentana*, venant de la contrée de Notker ; 3 *Metensis major*, parce que c'était la plus longue mélodie de Metz, où Pierre, compagnon de Romain, avait séjourné ; 4 *Metensis minor*, parce que c'était la plus courte mélodie de Metz ; 5 *Græca*, parce qu'elle venait de l'Église grecque.

Dans la seconde espèce d'inscriptions empruntées aux versets des alleluia, il faut compter les suivantes : 6 *Deus judex* ; 7 *In te Domine speravi* ; 8 *Qui timent* ; 9 *Exultate Deo* ; 10 *Confitemini* ; 11 *Adducentur* ; 12 *Lætatus sum* ; 13 *Vox exultationis* ; 14 *Te Martyrum* ; 15 *Justus ut palma minor* ; 16 *Dies sanctificatus* ; 17 *Beatus vir, qui suffert* ; 18 *Dominus regnavit* ; 19 *Obtulerunt* ; 20 *Justus germinavit* ; 21 *Beatus vir qui timet*; 22 *Nimis* ; 23 *Adorabo*; 24 *Dominus in Sina* ; 25 *Laudate Dominum* ; 26 *Pretiosa est* ; 27 *Mirabilis* (1).

Tous ces titres apparaissent dans les missels du IXe et du Xe siècle comme les premiers mots de ces versets dont les *alleluia* servaient d'intonation pour les mélodies dont nous avons parlé (2).

A la 3e espèce appartiennent les dénominations : 28 *Cignea* ; 29 *Filia matris* ; 30 *Sinfonia* ; 31 *Duo tres* ; 32 *Organa* ; 33 *Frigdola* ; 34 *Aurea* ; 35 *Concordia* ; 36 *Yaturma* ; 37 *Amœna* ; 38 *Captiva* ; 39 *Mater* ; 40 *Trinitas* ; 41 *Puella turbata* ; 42 *Virgo plorans* ; 43 *Justus ut palma major* ; 44 *Planctus serilis* ; 45 *Fidicula* ; 46 *Virguncula clara* ; 47 *Nostra tuba* ; 48 *Pascha* ; 49 *Te martyrum minor* , 50 *Hypodiaconissa* (3).

A l'exception des *Metenses*, *Romana* et *Amœna*, toutes ces mélodies sont, quant à la musique, des créations de Notker ; et, chose remarquable, celles même qu'il conforma, qu'il modela d'après l'*alleluia* des graduels, n'ont conservé de la mélo-

(1) *Psallat Ecclesia* est le texte de la séquence pour la fête de la dédicace des églises dont la mélodie a pour titre : *Lœtatus sum*.

(2) La dédicace commence dans le ms. de Saint-Gall, n° 381, par ce titre : « Dignissimo successori Abbatique cœnobii Sanctissimi Columbani ac Defensori cellulæ discipuli ejus mitissimi Galli nec non et Archicapellano gloriosissimi imperatoris Karoli Notkerus Cucullarius St-Galli novissimus. »

(3) Les mélodies festivales étaient déjà appelées séquences avant que Notker les dotât d'un texte ; tel est aussi le nom qu'on leur donne dans l'ancien *Ordo romanus* : « Sequitur jubilatio quam *Sequentiam* vocant. » — Si Ekkehard fait monter, par deux fois, à cinquante le nombre des séquences de Notker, cet exposé se rapporte *aux mélodies* qui, par la comparaison des manuscrits et de la notation, atteignent en effet ce nombre : circonstance qui, à ma connaissance, n'avait pas encore été remarquée.

(1) Dans quelques manuscrits, on la voit aussi sous le titre de *Te Martyrum*, dont la notation toutefois ne correspond pas à l'*alleluia* du graduel.

(2) Ces *alleluia* ne se trouvent qu'en très-petit nombre dans les anciens graduels mêmes, encore y sont-ils à la fin des chants de la messe. Il en est ainsi dans le manuscrit de Saint-Gall, n° 359, et d'Einsiedeln, n° 121. Le verset, auquel le titre de la séquence a été emprunté, suit immédiatement l'*alleluia*.

(3) Sous le titre de *Te Martyrum*, on trouve deux mélodies (n° 14 et n° 49), qui sont entièrement différentes. Nous avons marqué la plus courte par le mot *minor* (plus petite). Plusieurs auteurs ont cherché à expliquer les particularités de ces titres. On a écrit, par exemple, que *Frigdola* ou *Frigdora* doit se prendre pour *phrygico-dorien* et s'appliquer au premier et au troisième mode ; cette explication est cependant insuffisante, car, d'un côté, aucun des séquentiaires n'autorise à lire *Frigdora*, mais ils marquent tous : *Frigdola*. L'expression prêtée à Ekkehard, dont le plus ancien manuscrit ne date que de la fin du XIIe siècle, le seul manuscrit d'ailleurs où l'on trouve *Frigdora*, prouve évidemment que c'est une faute d'écriture ou de copiste; d'un autre côté, il suit du parfait accord de toutes les traductions que cette mélodie n'appartient ni au premier ni au troisième mode, mais au huitième.

die du prolongement musical de l'*alleluia*, que le mode et les notes initiales : le reste ne concorde plus avec la mélodie de l'*alleluia* et paraît être en conséquence l'œuvre propre de ce musicien (1).

Celui-ci donna à ces pièces un attrait particulier en les divisant en thèmes mélodiques d'une courte étendue et dont chacun possède une finale, une chute satisfaisante et propre d'ailleurs à contenter l'oreille. Par là, les chantres avaient un point de repos souvent répété, ce qui leur était d'un grand secours et leur donnait plus de facilité : on pouvait alors faire chanter le morceau par deux chœurs s'alternant comme cela arrivait d'ordinaire, ou par un seul. A la première et à la dernière phrase, Notker donna toujours une mélodie spéciale et indépendante qui ne se répétait jamais dans les phrases du milieu.

C'était souvent un tout autre système dans la manière d'arranger et de traiter les phrases du milieu, puisque, pour la plupart des séquences, il leur donna une mélodie qui se répétait de deux en deux phrases, de telle sorte que le second thème s'accordait parfaitement avec le troisième et le quatrième avec le cinquième. Cependant, parmi ces dernières pièces, on trouve que les variations sont fréquentes et de différente nature, et même, dans beaucoup de séquences, on ne rencontre pas de répétitions ; c'est pourquoi on ne peut accepter ni invoquer celles-ci comme un principe et une règle absolue.

Cette forme et cette division de phrases mélodiques, on la trouve déjà observée dans la curieuse collection de Saint-Gall (nº 484, de la page 258 à 295), collection d'extraits manuscrits qui, jusqu'à présent, n'avait pas encore été remarquée ni jugée selon sa valeur, et qui, vraisemblablement, appartient au IXe siècle. Elle contient les ébauches et les essais mélodiques de Notker, mais sans aucun texte qui les accompagne.

Chose étonnante, on est obligé d'y lire les mélodies écrites en neumes ordinaires, non de haut en bas, mais au contraire de bas en haut. On y trouve toujours le titre de la mélodie ajouté à l'*alleluia* (A E U A). La finale de la phrase est marquée par un F rouge (*finis*, terme). Le moyen et la méthode de lire la mélodie dans ce manuscrit s'accordent si parfaitement (en observant la manière indiquée) avec les autres anciens séquentiaires de Notker, qu'on n'y trouve pas une fois une variante de quelque importance. On verra, au nº 26 des *Monuments*, un fac-similé de ce manuscrit, le seul de son espèce, avec la deuxième séquence tout entière de l'original. Elle comprend la mélodie intitulée : « *Concordia* », pour laquelle Notker composa deux morceaux, l'un de textes, savoir, pour saint Étienne : *Hanc concordi famulatu*, et l'autre pour les saints apôtres Pierre et Paul : *Petre summe Christi pastor* (1). Au-dessus, au titre *Concordia*, commence l'*alleluia* qui se continue de ligne en ligne en montant.

Le premier thème va jusqu'au premier F ; le deuxième et le troisième ont la même mélodie ; pareillement, les autres phrases s'accordent généralement jusqu'au dernier morceau placé en haut qui se termine et finit toujours par une mélodie propre. Le manuscrit contient quarante-quatre de ces ébauches mélodiques dont les inscriptions sont contenues dans la table qui le précède ; il n'y manque que les mélodies *Dominus regnavit*, *Justus germinavit*, *Nimis honorati sunt*, *Pretiosa est*, *Armœna* et *Virguncula clara*, mélodies que Notker ne composa vraisemblablement que plus tard (2). Quant à la question de savoir si ce remarquable monument de l'original des ébauches appartient ou non aux séquences de Notker, nous

(1) Qu'on veuille comparer là-dessus les Monuments nos 7, 8, 9 et 10. Le nº 7 donne le chant du graduel *alleluia* au verset : *Qui timent*, et cela, d'après le manuscrit de Saint-Gall, nº 359. Le nº 8 offre le même morceau, d'après celui d'Einsiedeln, nº 121. Le nº 9, tiré d'un séquentiaire d'Einsiedeln du XIIe siècle, montre comment Notker employait cette mélodie pour celle de la séquence : « *En regnator* » du 3e dimanche après Pâques, et le nº 10 en donne la traduction en notation moderne, traduction où l'on a adapté et ajouté les mots qui commencent la séquence, absolument comme Notker le faisait en disposant ces initiales. Notker avait seulement emprunté ces neuf premières notes à l'*alleluia* ; le reste est son ouvrage. Toute la séquence qui se rapporte à la question qui nous occupe, est donnée au nº 18 des Exemples.

(1) Comparez le nº 26 des Exemples où cette mélodie est donnée d'après le manuscrit 546 de Saint-Gall. Elle s'accorde avec la notation neumatique (Monuments, nº 26) ; seulement, elle traduit, par suite d'un usage postérieur, la *Tramea*, l'*Epiphonus*, etc... par une seule note ou *son principal*, et omet la note complémentaire.

(2) Voici l'ordre dans lequel le manuscrit les range : 1. *Dies sanctificatus* (pag. 258), 2. *Concordia* (pag. 259), 3. *Hypodiaconissa* (pag. 260), 4. *Romana* (pag. 261). 5. *Justus ut palma major* (pag. 262), 6. *Cignea* (pag. 263), 7. *Trinitas* (pag. 264), 8. *Planctus sterilis* (pag. 265), 9. *Filia matris* (pag. 266), 10. *Symphonia* (pag. 266), 11. *Nostra tuba* (pag. 268), 12. *Frigdola* (pag. 269), 13. *Mater* (pag. 270), 14. *Obtulerunt* (pag. 272), 15. *Græca* (pag. 273), 16. *Duo tres* (pag. 273), 17. *Organa* (pag. 274), 18. *Pascha* (pag. 275), 19. *Virgo plorans* (pag. 276), 20. *Deus judex justus* (pag. 276), 21. *In te Domine speravi* (pag. 277), 22. *Qui timent* (pag. 277), 23. *Exultate Deo* (pag. 278), 24. *Captiva* (pag. 278), 25. *Dominus in Sina in sancto* (pag. 280), 26. *Confitemini* (pag. 280), 27. *Occidentana* (pag. 281), 28. *Justus ut palma minor* (pag. 282), 29. *Adducentur* (pag. 283), 30. *Laudate Dominum* (pag. 284), 31. *Lætatus sum* (pag. 284), 32. *Adorabo* (pag. 285), 33. *Vox exultationis* (pag. 285), 34. *Beatus vir qui timet* (pag. 286), 35. *Metensis minor* (pag. 288), 36. *Beatus vir qui suffert* (pag. 288), 37. *Aurea* (pag. 288), 38. *Puella turbata* (pag. 290), 39. *Metensis major* (pag. 291), 40. *Te martyrum* (pag. 293), 41. *Mirabilis* (pag. 294), 42. *Eia turma* (pag. 295), 43........, 34. *Fidicula*.

devons à peine nous arrêter de nouveau pour décider ce point ; quoi qu'il en soit, le manuscrit paraît n'en être qu'une copie respectable, et cela est déjà d'une grande importance, puisque par là se trouve fortifiée l'opinion que Notker n'a d'abord fait que donner le plan des mélodies, et que ce n'est qu'après qu'il a adapté aux mélodies les paroles d'un texte. Ce fait résulte d'ailleurs clairement de la préface que mit Notker à son Recueil ou à sa Collection.

Par la forme mélodique et la division, on déterminait aussi la forme et la division du texte dans les séquences. Puisqu'il était admis comme règle et comme principe fondamental que, sur chaque modulation et sur chaque mouvement diatonique, il devait y avoir une syllabe (1), il s'en suivait naturellement et directement que, dans ces séquences où les couplets ou strophes avaient deux à deux la même mélodie, il s'en suivait, dis-je, qu'il devait y avoir aussi le même nombre de syllabes. On peut pareillement dire que c'est en cela qu'on faisait uniquement consister la forme métrique du texte, forme qui, comme on l'a déjà fait observer, se trouve variée, mêlée dans beaucoup de morceaux. Aussi, les mélodies intitulées : *Duo tres*, *Qui timent*, etc., ont-elles des thèmes, des passages ou membres broyés, comme des chaînons de phrases de différente longueur, et, partant, d'un nombre inégal de syllabes. De même les couplets, les sections du texte appelés par Notker *versettons* (2), ne doivent pas être considérés comme des strophes qui se composent de vers séparés et isolés, quoiqu'on pourrait le croire au premier abord par l'inspection des anciens séquentiaires ; car Notker ne choisit cette division du texte en petites lignes de trois ou quatre mots que pour mettre en exécution cette pensée et ce principe, qu'en employant ces mots courts, le chantre pouvait plus commodément trouver la mélodie qui s'y rapportait et était jointe à ces paroles, syllabes par syllabes, mélodie qui devait par conséquent s'exécuter sur chaque syllabe du texte, puisqu'à côté des lignes il y avait exactement le même nombre de notes que de syllabes. Comparez, aux Monuments, les n$^{os}$ 27 avec le n° 28, et le n° 30 avec les exemples n° 11. Il faut aussi remarquer et

(1) « *Singulæ motus cantilenæ singulas syllabas debent habere* (Præfatio Notkeri ad Sequentias). » Les signes musicaux de la *Virga*, du *Punctum*, de la *Tramea*, de l'*Epiphonus*, de la *Gutturalis*, et, çà et là, le *Pes* même, n'étaient considérés que comme une seule et même modulation ou mouvement acoustique. De la règle ci-dessus étaient exceptées les premières syllabes de la séquence, aussi loin qu'allât la mélodie de l'*alleluia* ; de telle sorte qu'une syllabe portait alors quatre notes et même davantage.

(2) Ibidem.

expliquer ici que, déjà, dans les plus anciens manuscrits, les paroles du texte apparaissent divisées en lignes d'une manière différente et arbitraire ; on devait seulement faire accorder ces paroles dans les endroits où une alternative de chœur devait se retrouver, ce qui d'ailleurs était toujours indiqué par une lettre initiale rouge (1).

D'après les quelques explications qui précèdent, il devient évident que la séquence de Notker, eu égard à sa construction métrique, tient le milieu entre la prose libre et le vers proprement métrique. Elle est toujours enchaînée, non par la longueur ou la brièveté des syllabes, mais par leur nombre (2). La règle et la direction de sa construction dépend de la mélodie à laquelle elle devait s'adapter et dans le moule de laquelle la séquence devait se fondre pour être chantable. L'harmonie musicale du texte demandait souvent un plus libre placement des mots et une plus large transposition, ce qui donnait aux séquences, sans préjuger toutefois le mérite de leur contenu respectif, mais seulement de leur forme extérieure, ce qui leur donnait, dis-je, l'air d'une effusion, d'un épanchement poétique, et c'est pour cela que, même dans les temps les plus reculés, on les appelait « hymnes » (3).

(1) C'est ce qu'on voit aussi dans Mone qui, en son ouvrage intitulé : « Hymnes du moyen âge, » admet et fait entrer beaucoup de séquences de Notker ; il s'est laissé, comme il paraît, entraîner par la manière d'écrire précitée, à l'opinion et à la supposition de strophes et de versets ; mais plus on sonde attentivement le sujet, plus il devient clair que cette opinion n'est pas suffisamment prouvée, puisque le plus grand nombre des séquences, dans leurs sections et divisions, ne correspondent pas aux endroits séparés et pris isolément, et que, par conséquent, elles ne se laissent ranger sous aucune espèce de forme métrique. C'est ce que devait saisir et comprendre ce collecteur d'ailleurs attentif, et avec lui Reale, dans Daniel (*Thesaurus hymnol.* V. *Epistola critica*), puisqu'eux-mêmes donnent plusieurs fois ces libertés métriques, (Mone, page 213), où il fallait nous avertir que la manière de lire le texte est fautive (Reale, dans Daniel, pages 12, 13, et suiv.). Ce dernier cas doit cependant, et avec raison, arriver très-rarement, puisqu'en général, pour pouvoir corriger un texte, il faut que celui qu'on possède soit en contradiction, non-seulement avec la teneur des mots de tous les anciens manuscrits, mais encore avec les règles de la métrique désignée et marquée par la mélodie. Nous croyons, de cette manière, ou établir la vraie mesure des vers des séquences, ou avoir droit de demander si l'on connaît une autre espèce de mesure poétique, de rhythme, qui remplace celle à laquelle doivent s'adapter et appartenir les séquences qui correspondent aux mélodies : *Duo tres*, *Organa*, *Dominus regnavit*, *Græca*, *Obtulerunt*, *Amœna*, *Virgo plorans*, etc... — Daniel (Vol. II et V) a justement et régulièrement divisé et classé les séquences de Notker.

(2) De là l'expression de Notker et d'Ekkehard IV : *Ligare*, *verbis ligare*.

(3) Les plus anciennes collections de Saint-Gall et d'Einsiedeln portent ce titre : *Liber Ymnorum Notkeri*. Metzler dit dans sa préface : « Minimam hanc et veluti extremam

« partem, *hymnos* videlicet sacros ex innumeris, quæ anti-« qui Patres S. Galli Monachi sapienter dixerunt et sua-« viter decantaverunt, vel ideo descripsi ut et mihi mnemo-« synon aliquod conficerem, *etc...* — Unde nihil penitus « huc intromissum est, quod non esset, jam olim venerationis « titulos consequutum, vel ex auctoris sui fama, vel ex « bonitate et antiquitate sua. Certe ipsos codices, ex quibus « descripta sunt ista, ante annos 500, 600, 700 et 800, esse « descriptos scimus, *etc.* » Voici la dédicace de Notker à l'évêque Luitward :

« Pars, Luitwarde, prior finitur colle sub arto,
Commotam cane post terram, miserumque profundum,
Lætitiæque melos, sanctique decens habitâclum,
Atque oculos Regi meditare intendere cœli ;
Hierusalem donec merearis scandere celsam,
Qua deridebis quondam cedentia flagra,
Et cum Rege tuo gaudebis hic crucifixo,
Posterior pratis renitet cum floribus amplis. »

[Voir ce que nous avons dit de Notker dans nos *Études sur la restauration du Chant Grégorien au XIX^e siècle*, pp. 82 et suiv. — TH. N.]

# CHAPITRE VI

Dénombrement et liste des séquences qui appartiennent à Notker. — Exemples de ses poésies. — Sa séquence de minuit. — Séquences sur saint Étienne, les saints Innocents, la fête de Pâques, la sainte Vierge, saint Maurice, saint Gall, saint Othmar, les Martyrs et les saintes Femmes. — Exécution de ces pièces.

Quand on parcourt l'histoire des séquences, on arrive à la conviction qu'aux mélodies de Notker des poëtes postérieurs ont ajouté des paroles, et que, dans les Recueils anciens, on n'a pas seulement inséré celles de Notker, mais encore d'autres que, dans le cours du xe siècle, ses confrères mirent en poésie et brodèrent. Puisque leurs noms n'y sont pas donnés, cette circonstance rend un peu difficile la ligne de démarcation exacte entre les pièces qui appartiennent à Notker et celles qui ne lui appartiennent pas.

Et d'abord, nous devons lui attribuer avec une pleine sécurité celles *que lui-même a désignées comme étant de lui*. C'est ce qu'il a fait dans sa préface et dans les vers à Luitward, qu'on trouve entre la première et la deuxième partie de son Recueil (1). Dans cette préface, il se donne comme l'auteur des séquences : *Laudes Deo concinat* où l'on rencontre les paroles *Coluber Adæ* , *Christus hunc diem*, sur la mélodie *Dominus in Sina*, *Congaudent angelorum*, *Omnis sexus et ætas*, *Laudes Christo redempti* sur la mélodie *Mater;* — enfin, *Psallat Ecclesia*.

Dans les vers à Luitward, il paraît, sans qu'on puisse s'y méprendre, comme l'auteur des dix premières séquences qu'il avait destinées au temps d'hiver depuis la messe de minuit jusqu'à Pâques. De plus, on doit les lui attribuer aussi , parce que *d'autres écrivains de Saint-Gall* , *d'un temps postérieur*, *les lui ont attribuées également*. Sans compter les plus anciennes poésies contenues dans les mélodies *Metensis*, *Romana*, *Amœna*, *Frigdola* et *Occidentana*, se présentent spécialement comme son ouvrage les séquences *Sancti spiritus adsit*, *Natus ante sæcula*, et en général, les plus anciens textes consacrés aux fêtes de l'année où il était convenable, usité, qu'il y eût une séquence à chanter (1). Enfin, on doit aussi, avec justice, regarder comme l'ouvrage de Notker les pièces que *les écrivains étrangers du passé lui attribuent*, telles que *Clari sanctorum* et *Congaudent angelorum*, qu'on trouve dans les plus anciens Recueils des œuvres de Notker, en tant du moins que cette opinion ne contredit pas l'œuvre certaine d'un autre auteur (2). C'est d'après ces données et ce critérium qu'on énumère ici la liste des séquences de Notker.

La première colonne marque le jour de la fête à laquelle chacune d'elles étaient destinées; la

(1) « Cœpi scribere : *Laudes Deo concinat* ; et infra : *Coluber Adæ*... Testes sunt : *Dominus in Sina* et *Mater*. Hocque modo instructus, secunda mox vice dictavi : *Psallat ecclesia mater illi beata* (Præfatio Notkeri ad Seq.) » Dans les plus anciens manuscrits de Saint-Gall et d'Einsiedeln, Notker désigne les séquences pour la partie d'hiver (pages 1 à 11), comme étant ses œuvres; c'est ce qu'il exprime dans les vers qu'il adressa à l'évêque Luitward en lui dédiant son ouvrage : « *Pars, Luitwarde, prior finitur calle sub arto*, etc... (Voyez cette pièce en note, à la page 40)

(1) Jubilos... *Metenses*... *Romana* et *Amœna*,.. quos post Notker *quibus vidimus verbis* ligabat ; *frigdoræ* (*frigdolæ*) autem, et *occidentanæ*, quas sic nominabat, jubilos, illis animatus etiam ipse de suo excogitavit (Ekk. IV. in Casibus). « *Sancti Spiritus... Natus ante sæcula*, et *quod quemque diem festum decuit*, » homo vociferavit (Ekk. Rhythmi de sancto Othmaro,. D'après l'expression d'Ekkehard, Notker aurait donc composé des séquences pour toutes les fêtes de l'année où cette espèce de chant était convenable; c'est pour cela qu'on doit au moins lui attribuer, parmi les séquences destinées à chaque fête en particulier, la plus ancienne qu'on rencontre dans les Recueils si souvent mentionnés.

(2) Domnus Notkerus de Apostolis : *Clare Sanctorum senatus apostolorum* composuit ; de Assumptione sanctæ Mariæ : *Congaudent angelorum* fecit (Godeschalcus monachus sec. XI, dans Gerbert : *De Cantu*, II, page 27).

deuxième offre le commencement du texte ; la troisième, le titre de la mélodie ; la quatrième, le document qui les attribue à Notker ; la cinquième, enfin, le numéro où l'on doit chercher et trouver, parmi les Exemples, la mélodie qui correspond au texte.

| Jour de Fête. | Commencement du texte. | Titre de la Mélodie. | Source d'Authenticité. | Mélodies dans les exemples. |
|---|---|---|---|---|
| 1. Minuit. | Natus ante sæcula. | Dies sanctificatus. | Ekk. IV. Rhyth. de S. Othmar. | 5 |
| 2. Saint Étienne. | Hanc concordi famulatu. | Concordia. | » | 26 |
| 3. Saint Jean. | Joannes Jesu Christo. | Romana. | Ekk. in Casibus. | 2 |
| 4. Saints Innocents. | Laus tibi Christe qui sapit. | Justus ut palma major. | Ekk. Rhythmi. | 25 |
| 5. Octave de Minuit. | Gaude Maria Virgo. | Cignea. | » | 7 |
| 6. Epiphanie. | Festa Christi omnis christ. | Trinitas. | » | 8 |
| 7. Octave de l'Épiphanie. | Iste dies celebris. | Planctus sterilis. | » | — |
| 8. Fête d'une sainte Vierge. | Virginis venerandæ. | Filia matris. | » | 35 |
| 9. Purification. | Concentu parili. | Symphonia. | » | 10 |
| 10. Sam. de la Septuagésime. | Nostra tuba regatur. | Nostra tuba. | » | — |
| 11. Paques. | Laudes Salvatoris. | Frigdola. | Ekk. in Casibus. | 11 |
| 12. Lundi de Pâques. | Is qui prius. | Dominus regnavit. | Ekk. Rhythmi. | — |
| 13. Mardi de Pâques. | Christe Domini lætifica. | Obtulerunt. | » | — |
| 14. Mercredi de Pâques. | Agni paschali esu. | Græca. | » | 12 |
| 15. Jeudi de Pâques. | Grates Salvatori. | Duo tres. | » | 13 |
| 16. Vendredi de Pâques. | Carmen suo dilecto. | Amœna. | Ekk. in Casibus. | 3 |
| 17. Samedi de Pâques. | Laudes Deo concinat. | Organa | Præfatio Notkeri in Seq. | 14 |
| 18. Octave de Paques. | Hæc est sancta solem. | Virgo plorans. | Ekk. Rhythmi. | 15 |
| 19. 2e dim. après Pâques. | Judicem nos. | Deus judex justus. | » | 16 |
| 20. 3e » » | Laus tibi sit o fidelis. | In te Domine speravi. | » | 17 |
| 21. 4e » » | En regnator cœlest. | Qui timent. | » | 18 |
| 22. 5e » » | Læta mente. | Exultate Deo. | » | 19 |
| 23. Invention de la Ste Croix. | Hæc est sancta solem. | Virgo plorans. | » | 15 |
| 24. Ascension. | Summi triumphum. | Captiva. | » | 20 |
| 25. Dim. après l'Ascension. | O quam mira. | Confitemini. | » | 22 |
| 26. Pentecôte. | Sancti Spiritus. | Occidentana | Ekk. in Casibus. | 23 |
| 27. Octave de la Pentecôte. | Benedicto gratias. | Planctus sterilis. | Ekk. Rhythmi. | — |
| 28. Saint Jean-Baptiste. | Sancti Baptistæ. | Justus ut palma major. | » | 25 |
| 29. Saints Pierre et Paul. | Petre summe Christi pastor. | Concordia. | » | 26 |
| 30. Saint Eusèbe (1). | Rex regum Deus. | Justus ut palma minor. | Eusèbe était le patr. de Verceilles. | 29 |
| 31. Saint Laurent. | Laurenti David. | Romana. | Ekk. in Casibus. | 2 |
| 32. Assomption. | Congaudent Angelorum. | Mater. | Ekk. Rhyth. Godesch. Præf. | 27 |
| 33. Nativité. | Stirpe Maria regia. | Adducentur. | Ekk. Rhythmi. | 28 |
| 34. Saint Michel. | Magnum te Michaelem. | Græca. | » | 12 |
| 35. Saint Gall. | Dilecte Deo Galle perenni. | Justus ut palma minor. | » | 30 |
| 36. Dédicace des Églises. | Psallat Ecclesia mater. | Lætatus sum. | Præfatio Notkeri. | 31 |
| 37. Toussaint. | Omnes sancti Seraphim. | Vox exultationis. | Ekk. Rhythmi. | 32 |
| 38. Saint Martin. | Sacerdote Christi Martin. | Beatus vir. | » | 33 |
| 39. Saint Othmar. | Laude dignum sanctum. | Metensis minor. | Ekk. in Casibus. | 1 |
| 40. Saint André. | Deus in tua virtute. | Nimis honorati sunt. | Ekk. Rhythmi. | — |
| 41. Nativité des SS. Apôtres. | Clare sanctorum senatus. | Aurea. | Ekk. Rhyth. ; Godesch. | 34 |
| 42. Nativité des SS. Martyrs. | Agone triumphali. | Vox exultationis. | Rhyth. | 32 |
| 43. Fête d'un Martyr. | Quid tu Virgo mater plorans. | Virgo plorans. | » | 18 |
| 44. Nat. de saintes Femmes. | Scalam ad cælos. | Puella turbata. | » | 9 |
| 45. Saint Maurice. | Omnis sexus et ætas. | Mater. |  | 27 |
| 46. Noël | Eja recolamus laudibus | Eja turma. | Codices cum nomine auctoris | 36 |
| 47. Saint Étienne. | Christi Domini militis. | Hypodiaconissa. | » | — |
| 48. Saints Innocents. | Salvete agni. | Justus ut palma minor. | » | 30 |
| 49. » | Laus tibi Christe patris. | Te mart. mirabilis. | » | 37 |
| 50. » | Laus tibi Christe, qui humil. | Te martyrum. | » | 6 |
| 51. » | Laus tibi Christe, qui hodie. | Virguncula clara. | » | 38 |
| 52. Octave de l'Épiphanie. | Hunc diem celebret. | Symphonia. | » | 9 |
| 53. Purification. | Exultet omnis ætas. | Romana. | » | 2 |
| 54. Sam. de la Septuagésime. | Cantemus cuncti. | Puella turbata. | » | 9 |
| 55. Paques. | Laudes Christo redempti. | Mater. | » | 27 |
| 56. SS. Gordien et Épimaque. | Nos Gordiani. | Metensis major. | Ekk. in Casibus. | — |
| 57. Ascension du Sauveur. | Christus hunc diem. | Dominus in Sina. | Notkeri Præfat. in Seq. | 21 |
| 58. Sainte Afre. | Laudes Deo perenni. | Fidicula. | Ekk. Rhythmi. | — |
| 59. Dédicace des Églises. | Tu civium Deus conditor | Adorabo. | Codices antiq. | — |
| 60. Fête des SS. Anges. | Angelorum ordo sacer. | Laudate Dominum. | » | — |

Avec moins de fondement et de certitude, mais toutefois avec probabilité et vraisemblance, on doit attribuer à Notker les séquences suivantes, puisqu'on les trouve déjà dans les plus anciennes collections et avec le nom de l'auteur :

| | | | |
|---|---|---|---|
| 61. Saint Étienne. | Festa Stephani. | Justus ut palma minor. | 29 |
| 62. » | Protomartyris Domini. | Hypodiaconissa. | — |
| 63. Saints Innocents. | Blandis vocibus. | Amœna vel Pascha. | 3 |
| 64. Octave de saint Jean. | Cantemus Christo regi. | Filia matris. | 35 |
| 65. Paques. | Pangamus creatoris. | Mater. | 27 |
| 66. Nativité de Marie. | Ecce solemnis dies festa. | Puella turbata. | 9 |
| 67. Saint Gall. | Christe sanctis unica spes. | Dies sanctificatus. | 5 |
| 68. Saint Othmar. | Eja fratres chari. | Eja turma. | 36 |
| 69. Fête des saints Martyrs. | Tubam bellicosam. | Duo tres. | 13 |
| 70. Paques à vêpres. | Laudantes triumphantem. | Romana. | 2 |
| 71. Mardi de Paques. | Ecce vocibus carmina. | Hypodiaconissa. | — |
| 72. Mercredi » | Eja harmoniis sociis. | Eja turma. | 36 |
| 73. Jeudi après Pâques. | Laudum quis carmine. | Symphonia. | 10 |
| 74. Samedi » | Deus qui perenni. | » | 0 |
| 75. Saint Maurice. | Sancti belli celebremus. | Metensis minor. | 1 |
| 76. Saint Léger. | Solemnitatem fratres. | Metensis major. | 0 |
| 77. Saint Michel. | Ad celebres rex. | » | 29 |
| 78. Saint Maurice. | Hanc pariter omnis. | Hypodiaconissa. | 0 |

Si l'on veut que chaque mélodie fasse son impression, il faut surtout faire attention au contenu du texte d'où dépend beaucoup l'effet à produire. Ce qui fit croître d'une manière extraordinaire,

(1) « Dignissimo Luitwardo, incomparabilis viri *Eusebii Vercellensis episcopi* dignissimo successori, » dit Notker dans sa dédicace ; la séquence n° 30, sur ce saint patron de Verceilles, ne devait naturellement pas manquer.

dans les séquences de Notker, le germe de leur diffusion, et ce qui leur donna un attrait exceptionnel, ce fut justement cette fidélité, cette exactitude, cette dignité qu'il eut le talent de conserver aux paroles du texte. S'adressant au cœur de chaque fidèle, Notker a peint d'une manière saisissante, dans ses séquences, aux yeux du prêtre et du peuple, ce qu'il y a de plus saillant dans chaque fête de l'Église. Chacun de ses cantiques respire la piété et l'édification, une participation filiale à la joie et à la jubilation de l'Église, la confiance dans le secours de Dieu et la protection de ses saints ; soit qu'il emploie un style figuré, riche, affectueux et touchant, il s'en tient toujours fidèlement et fermement à la doctrine de la révélation et à l'enseignement catholique. Il sait dévoiler tantôt les plus profonds mystères de notre religion ou les actions divines de Jésus-Christ, tantôt la grandeur et l'élévation de sa sainte Mère, ou le combat héroïque des apôtres et des martyrs, tantôt enfin la victoire des vierges ou la dignité des saintes femmes.

A la grande fête de minuit, il annonce au peuple chrétien la naissance éternelle et temporelle ou terrestre du Fils de Dieu, l'éloignement des ténèbres et le lever du nouveau soleil ; il supplie le nouveau-né, au nom du peuple rassemblé, de nous octroyer secours et miséricorde :

« Le Fils de Dieu, dit-il, engendré de toute éternité (1), qui est invisible et sans fin, par qui le « ciel et la terre et tout ce qui existe ont été créés, « par qui le jour et le cours des heures passent et « reviennent ; celui que les anges, dans le séjour « bienheureux, louent éternellement, avec les « chants les plus harmonieux, s'est revêtu de notre « faible corps quoiqu'exempt de toute faute originelle ; il le prit, lui vierge, dans le sein de la « vierge Marie, pour effacer la faute de notre premier père Adam et la concupiscence de notre « mère Ève.

« Le jour glorieux et si éclatant d'aujourd'hui « nous témoigne qu'autrefois le Fils de Dieu, le « vrai soleil, dissipa les anciennes ténèbres du « monde par les rayons de sa lumière. Maintenant la nuit brille de la lumière de cette nouvelle étoile qui, autrefois, étonna le regard des « Mages qui connaissaient le secret du ciel. Et « voilà que cette annonce brille aux bergers, eux, « qui furent comme aveuglés par l'éclat majestueux des habitants des cieux. O Mère de Dieu ! « réjouis-toi ! Tu es servie, à la naissance de ton « Fils, par des légions d'anges qui chantent la « gloire divine. O Christ ! toi le Fils unique du « Père, qui, pour nous as revêtu la nature humaine, oh ! soulage les tiens qui te supplient ! O « Jésus ! écoute favorablement les prières de ceux « que tu as daigné recevoir, pour les rendre, ô « Fils de Dieu, participants de ta divinité et de « ton trône ! »

(1) Natus ante sæcula Dei Filius.

Ce n'est pas avec des paroles moins pieuses et moins touchantes qu'il invite les chrétiens à célébrer les vertus héroïques de saint Étienne : —

« Chantons d'une voix unanime le combat du « héros du Christ, notre Seigneur, le combat du « valeureux martyr (1) ; élevons-le jusqu'aux étoiles « dans nos chants. Ce fut lui qui, autrefois, avec « un courage intrépide, porta les drapeaux guerriers, et qui, de sa main vigoureuse, foula à « terre toute la puissance du diable. Le démon « croyait vaincre avec des pierres le combattant « de notre Seigneur ; mais, vaincu par lui, il est « obligé de retourner dans les antres de l'enfer. « Et celui qui, autrefois, rendit Saül coupable à sa « mort, tremble maintenant devant Paul, la « grande lumière de l'Église et de sa doctrine. Et « lorsque sur le corps du patient on fit de toutes « parts pleuvoir une grêle de pierres ou qu'on mit « en lambeaux ses membres sanglants, voyez-le « souffrir avec contentement et joie toutes les « cruautés qu'on peut exercer sur un corps, comprenez son amour pour le Rédempteur, entendez « les paroles qu'il profère, admirez la générosité de « son pardon.

« *Puissant Rédempteur, maître du monde, je* « *vous en prie, ne leur imputez point cette faute !* « Il parla ainsi, et quitta ce monde en remettant « son âme entre les mains du Tout-Puissant. Mais « nous, chargés de péchés, nous t'implorons, « vaillant combattant de Dieu ! Délivre-nous du « poids de nos crimes, obtiens-nous le pardon, « rends-nous purs de péchés, afin que par tes prières, exempts de tout châtiment, nous goûtions « avec toi les joies dans l'éternité des récompenses célestes. O Étienne, qui portes la bannière « des martyrs, ô toi martyr invincible ! »

C'est avec une prédilection spéciale que Notker s'étend sur les louanges des saints Innocents ; il chante en leur honneur cinq cantiques pleins de la grâce la plus douce et des charmes les plus attrayants : —

« Salut, légion choisie d'agneaux, qui souffrez « pour la couronne de l'innocence, et que la cruauté « d'Hérode fait entrer dans le royaume des cieux ! « Le bourreau écume de rage, parce qu'il voit « souffrir humblement le Seigneur. Cependant le « malheur est le sort fâcheux du méchant ; au « contraire, les fleurs du Christ revêtent la gloire. « Nous te prions, Seigneur, de la voix la plus

(1) Christi Domini militis martyrisque fortissimi prælia voce pari canamus.

« humble ! écoute notre pieuse supplication, et, en « vertu de leurs prières, efface favorablement nos « péchés. Avant de pouvoir le faire avec la bou- « che, ils témoignèrent pour toi de leur sang ; « mais maintenant tu les as récompensés de la « perte de leur sang par une couronne éclatante « dans le ciel ; elle ne s'effacera point et brillera « toujours du plus vif éclat. O Christ, envoie-nous « ta main avec cette couronne en nous récompen- « sant comme ceux pour la louange desquels nous « ouvrons les lèvres. Vois comme notre cœur s'é- « lève ainsi que notre voix pour chanter éternelle- « ment tes louanges (1). »

Bien plus que l'époque de Noël, celle de Pâques donne lieu à l'épanchement du cœur et de la joie la plus grande dans le Seigneur : c'est le temps particulier de l'allégresse et de l'*alleluia*. C'est pourquoi Notker fit une séquence particulière pour chaque jour de l'octave et pour chacun des dimanches suivants, jusqu'à la Pentecôte et son octave. Dans la séquence consacrée à la fête des fêtes, il commence avec l'expression de la plus grande joie et invite dès le principe chaque bouche chrétienne au chant de la louange et de la piété. Il rappelle les principales circonstances de la vie du Seigneur ressuscité, depuis son incarnation jusqu'à la fin, et conclut par ces paroles : —

« Il n'a pas dédaigné de se laisser élever sur le « bois de la croix et d'y être frappé ; mais le « soleil, ne voulant pas être témoin d'un déicide, « ne jeta pas sa lumière sur la terre à l'instant de « sa mort. — Le jour que le Seigneur a fait a « brillé ; il a vaincu la mort, et, plein de vie, il « se montre, la palme de la victoire à la main, à « ses fidèles serviteurs, à ses amis, d'abord à Ma- « rie, puis aux apôtres ; il explique les Écritures, il « découvre le fond de son cœur afin de leur faire « comprendre clairement tout ce qu'il leur avait « enseigné en énigme et tout ce qui était obscur « touchant sa personne ; maintenant tout va au- « devant du *Ressuscité* avec des transports de « joie ; les champs ensemencés fleurissent et por- « tent dans leur sein des fruits d'une nouvelle « vie ; maintenant l'oiseau fait gracieusement « retentir l'air de sa chanson, là où la neige, la « triste neige vient de disparaître. Un soleil bril- « lant nous éclaire, la lune prodigue ses rayons, « deux astres qui viennent de porter le deuil de la « mort du Christ ; la terre reverdit et manifeste « son allégresse de voir le Seigneur ressuscité, « cette terre qui, lorsque son auteur se mourait, « tremblait sur ses bases et menaçait de s'affais- « ser. Ainsi, faisons tous éclater nos transports « en ce jour où Jésus-Christ, par sa résurrection, « nous a ouvert le chemin de la vie. Que le ciel, « la terre et la mer se mêlent à notre jubilation, « et que tous les chœurs louent au ciel le Dieu en « trois personnes et fassent retentir les voûtes cé- « lestes de l'éternel *Sanctus*, *Sanctus*, *San-* « *ctus* (1) ! »

Dans les jours qui suivent immédiatement, il chante la puissance du Fils de Dieu dans sa glorification, puis son épouse la sainte Église ; car c'est dans ces jours qu'il se la donne pour épouse. Vient ensuite la fête de la communion de Pâques, la délivrance du genre humain par la rédemption, la gloire et la puissance de l'Église qui en distribue les mérites. Il invite, par les paroles excellentes qui suivent, les chrétiens à participer dignement à la manducation de l'Agneau pascal : —

« Que chaque chrétien se prépare par la pureté « du cœur à une digne réception de l'Agneau pas- « cal. Le Pontife des pontifes s'est offert à Dieu « en sacrifice pour laver nos péchés, il a oint de « son sang nos portes et nos fronts, comme autre- « fois furent teintes du sang de l'agneau les portes « des Hébreux ; nouveaux Israélites de la grâce, « vous êtes préservés et délivrés du gouffre de « l'Égypte ; votre cruel ennemi est tombé enseveli « dans les flots de la mer. Oh ! puissent vos reins « se ceindre fortement de la ceinture de pureté, et « que, bien chaussés, vos pieds soient à l'abri des « serpents, et qu'avec l'appui de l'Esprit-Saint « vous lui déclariez un combat affreux et intermi- « nable, afin qu'ainsi vous puissiez suivre l'A- « gneau pascal, le Christ, qui est sorti du tom- « beau, victorieux et glorieux. Voyez la terre : elle « semble ressusciter avec son auteur et se couvrir « d'un éclatant manteau ; elle nous avertit que le « chrétien fidèle et courageux, après sa mort ou « son dépouillement terrestre, se réjouira aussi de « sa victoire dans les splendeurs des cieux (2). »

Ce sont surtout les fêtes de Marie que Notker célèbre avec toute l'harmonie de ses chants. Il est, de fait, le premier chantre de la nation allemande qui ait proclamé l'élévation, la dignité de la Vierge par le charme de l'art musical et poétique. Pénétré de l'incomparable suréminence de Marie, il en considérait la vie comme étroitement liée à celle de son divin Fils, et c'est pour cela qu'il en signale d'une manière distinguée toutes les actions remarquables. Déjà, pour le huitième jour après la naissance du divin enfant, il dédie une hymne particulière à la très-grande et très-élevée mère : « Marie, vierge-mère de Dieu, réjouis-toi, tu as « cru dans une sainte attente à l'annonce de Ga- « briel (3). » C'est avec des paroles d'une piété

(1) Salvete agni electa turba, quæ innocentes patimini pro corona.

(1) Conclusion de la séquence : *Laudes Salvatoris.*

(2) Agni paschalis esu potuque dignos.

(3) *Gaude Maria Virgo* (à l'octave de Noël).

cordiale qu'il la salue à la fête de sa Purification : « Marie, vois le peuple qui t'honore ici dans ses « chants harmonieux (1). » Il l'accompagne d'hymnes d'un charme supérieur à la fête de son Assomption, dans le plus sublime des Cieux : « Le chœur des anges, poussant des cris d'allé- « gresse, chante la Vierge qui reçoit tous les hom- « mages dus à son élévation (2). » Au jour de la naissance de la Pleine de grâces, il célèbre hautement et dignement les titres glorieux de Marie ; il commence ainsi : —

« Chantons en ce grand jour de fête, en ce jour « où Marie, pierre précieuse, la puissante et su- « blime Marie fait son entrée terrestre en ce monde « et naît pour la joie commune de l'Église mili- « tante (3). »

C'est particulièrement dans les mélodies suivantes, mélodies sublimes et d'une grâce merveilleuse, que Notker a versé toute la piété de son âme ; elles retentirent des millions de fois en ce jour de fête : —

« Marie, ô toi issue de sang royal (4), mère de « Jésus notre roi, oui, tu es bien digne de recevoir « toute la sublimité des louanges de tous les « chœurs bienheureux. Oh ! envoie du ciel un « regard d'amour sur les pécheurs qui t'implorent « ici dans leur piété. Les mœurs pures de tes pères « brillent en toi d'un vif éclat, mais tu les dé- « passes ; la sagesse de ton père Salomon jette ses « rayons en toi. En toi brille éternellement, sans « ombre, la vertu du juste roi Ezéchias. La crainte « du Dieu de Josias seule remplit toute ton âme « Tu parais richement ornée de la foi d'Abraham, « le grand patriarche. Et pourquoi faisons-nous « ici mention de ces héros de vertus ? car ton Fils « efface, dans son éclat, et leurs vertus et celles « de tout l'univers. O vierge envoyée comme la « lumière du monde pour lui octroyer et réfléchir « sur lui la lumière du ciel, conserve-nous ; tu « nous vois en ce jour rassemblés pour chanter tes « louanges. »

Parmi les saints que Notker célébrait dans ses chants, il choisit avec raison et avec intention ceux qui, autrefois, dans un rayon plus ou moins étendu de son pays, avaient vécu ou travaillé, et qui, par conséquent, étaient déjà de son temps, parmi le peuple, l'objet d'une grande vénération. Au nombre de ces derniers, il faut compter saint Maurice et les compagnons de son martyre. Il leur consacra la belle hymne suivante : —

« Que chaque âge et chaque sexe célèbrent au- « jourd'hui, dans un enthousiasme réciproque, la « fête des saints de la légion thébéenne (1). Ces sol- « dats formant à eux seuls une courageuse légion, « refusent aux faux dieux leur sacrifice et leur « encens. Alors l'empereur donne l'ordre de les « décimer. Les voilà qui combattent avec l'arme « de la foi les combats de Notre-Seigneur contre « la fureur de leurs ennemis. Maurice, leur saint « chef, les harangue. Sur un signe, ses compa- « gnons se vouent tous à la mort. Ce fut Maurice « le premier qui vainquit par les armes de la foi « et de l'amour de Dieu. Le vaillant Exupère était « capitaine ainsi qu'Innocent, le bien-aimé de « Dieu ; Foronimus était chef de la milice, et Can- « dide, un sage membre du Sénat et estimé de « Jésus-Christ ; il fut aussi compté parmi ces hé- « ros. Après leur mort arriva Victor pour gagner, « lui aussi, la palme du martyre. C'est à Augune, « entre un fleuve et des rochers, que le saint roi « Sigismond a daigné, en sa bonté, faire renfer- « mer dans un tombeau les restes sacrés des con- « fesseurs : là, sur leurs reliques, il a fait de ses « deniers bâtir un temple qui a toujours été glo- « rifié par la puissance merveilleuse de Dieu. O « héros saint Maurice, sois propice, avec tes com- « pagnons de martyre, à tous ceux qui prennent « aujourd'hui part à ta fête. Jésus-Christ t'a en- « voyé dans cette partie de l'Europe, afin que tes « supplications nous recommandassent à la bonté « du Seigneur, ô martyr du Christ ! »

Dans un de ces épanchements particuliers du cœur qui attirent, il salue les grands patrons de son monastère. A la fête de saint Gall, la séquence suivante de Notker fut chantée pendant bien des siècles : —

« O Gall, aimé de Dieu, du Dieu éternel, des « hommes comme des anges (2), toi qui, pour « suivre strictement le conseil du Seigneur, renon- « ças à la fortune de ton père comme à l'amour « d'une mère, à la sollicitude d'une épouse et à la « joie paternelle; tu suivis pauvre, le Seigneur, ton « maître pauvre, et préféras la croix aux joies « trompeuses du siècle. Cependant Jésus-Christ « t'a rendu ces joies au centuple, comme le prouve « ce jour qui nous réunit tous dans la plus douce « jubilation, et nous fait jeter à tes pieds comme « tes fils chéris. La Souabe, ô Gall, te nourrit de « son lait, et tu adoptas notre pays pour ta patrie « privilégiée. Te voilà maintenant, dans le ciel, « réuni au chœur des apôtres, occupant un siége « de juge des nations. Nous te supplions, ô Gall, « du plus profond de notre cœur, de nous obtenir « la grâce et la miséricorde de Jésus-Christ. Rem- « plis des bénédictions de la paix les retraites où « repose ton divin corps, réjouis les tiens qui

(1) Concentu parili hic te Maria.
(2) Congaudent angelorum chori.
(3) Ecce solemnis diei canamus festa.
(4) Stirpe Maria regia.

(1) Omnis sexus et ætas festa Thebæorum martyrum.
(2) O Galle Deo dilecte.

« t'implorent ici et fais-leur le don d'une con-« science en paix et d'une sérénité continuelle, afin « qu'en tout temps, ils soient dignes de célébrer « avec joie les louanges que tu mérites. »

Voici le chant affectueux et solennel de Notker en l'honneur de saint Othmar, second fondateur du cloître : —

« Allons, aimés frères, célébrons la fête de notre « saint Père Othmar dans des transports de joie et « dans l'esprit du Seigneur (1). Que la Souabe fasse « hautement, devant Dieu, retentir les accents de « sa joie et de son bonheur d'avoir produit un tel « enfant! Que la contrée de Coire se réjouisse « aussi, elle qui, autrefois, l'a nourri comme son « élève! Cet enfant de bénédiction fut, durant sa « vie, un prêtre selon le cœur de Dieu ; il suivit « fidèlement sa loi et réconcilia les hommes avec « le ciel. O frères! placez cette lumière sur un « chandelier d'or, afin que, du haut des cieux, « elle jette sur la terre les plus éclatants rayons « d'amour, et que, par sa splendeur, les ténèbres « du démon se dissipent au loin, et qu'elle montre « ainsi au peuple des croyants le chemin du ciel! « Le bienheureux Othmar était vraiment un soleil « d'amour et de vertus : rempli de l'esprit du Sei-« gneur, la grâce lui fit choisir une cellule, une « grotte en Écosse, au sein de laquelle il voulut « imiter la vie monastique de saint Gall, et res-« sembler au bienheureux Benoît sur le Mont-« Cassin. Oui, ce fut lui qui, dans ce séjour où nous « vivons, conserva le dépôt des sciences, et ré-« pandit autour de lui, par la pureté de sa vie et « l'éclat de ses exemples, l'odeur de Jésus-Christ « et de ses prodiges. Oui, ce fut lui qui, par les « armes de sa sainteté et l'étendue des sciences « humaines, résista avec le zèle du Christ aux « loups qui dévastaient le troupeau du Seigneur et « déracinaient le christianisme. Il devint prison-« nier, exilé dans une petite île du Rhin, et long-« temps tourmenté. Enfin, le voilà sorti de la pri-« son de cette vie; il s'est élancé vers le royaume « des cieux, et, du haut du céleste séjour, il fait « descendre la paix sur les *siens* qui le prient. « Puisse-t-il nous recommander éternellement au « Seigneur ! »

Parmi les séquences de Notker, celles qui ont peut-être le plus grand mérite poétique, sont les pièces qu'il destina en général aux saints Martyrs et aux Vierges. Il y peint souvent les combats des héros du christianisme avec les couleurs les plus fines, les plus vives et les plus tranchantes. Dans une hymne à un saint martyr (hymne qui a presque une forme dramatique), il nous représente Jésus-Christ comme Jacob, la sainte Église éplorée comme Rachel, la synagogue comme Lia, le martyr comme Joseph et les fidèles comme les autres fils de Jacob : —

« Pourquoi te lamentes-tu, ô Vierge-Mère, comme « Rachel à la vue de laquelle Jacob se réjouit (1) ? « Quoi ! l'œil lamentable d'une ancienne sœur « doit-il donc le divertir ? Essuie tes pleurs, ô « mère! Quoi! on voit les larmes tracer des sillons « sur tes joues ! Malheur ! malheur ! malheur ! « Pourquoi me représentez-vous comme versant « des larmes inutiles, puisqu'on m'a enlevé mon « fils qui seul aurait pu me soutenir dans ma pau-« vreté, qui n'aurait pas abandonné aux ennemis « les étroites limites que Jacob m'a acquises, et qui « aurait été utile aux faibles frères d'Israël? Hélas ! « j'en ai beaucoup mis au monde pour ma dou-« leur et mon chagrin! — Mais est-il vraiment « digne d'être pleuré, celui qui, en possession du « royaume des cieux, s'enivre de la joie des élus, « et qui, répandant perpétuellement ses prières « devant Dieu, couvre de son bras puissant la « faiblesse de ses frères en douleur ! »

La séquence que fit Notker pour le jour de la mort de plusieurs saints Martyrs, n'est ni moins attrayante ni moins touchante : —

« La mort héroïque des combattants de notre très-« puissant roi vit aujourd'hui avec une nouvelle « force dans le souvenir du peuple de Dieu (2). « Ils se tinrent éloignés des joies de ce monde « et portèrent chaque jour la croix, cette croix « autrefois couverte d'injures et d'affronts. Aucune « force humaine ne put les séparer du Christ; ils « s'élancèrent vers lui à travers mille angoisses « mortelles. Ni la prison, ni les fers ne ramol-« lirent la force de leurs cœurs chrétiens, ni la « morsure empoisonnée des bêtes féroces ne put « anéantir l'héroïsme de leur courage; le glaive, « tiré au-dessus de leurs têtes, n'effraya pas leur « bravoure. Cachés maintenant dans le sein de « Dieu et sous l'égide de sa main puissante, ils « méprisent la fureur des tigres qui les poursui-« vaient autrefois, et ils distribuent les consolations « du ciel au peuple du Christ, qui doit lutter avec « ce temps qui passe et lui déclarer une guerre à « outrance. O martyrs du Christ ! rappelez-vous « les faibles d'ici-bas, et, par l'ardeur de vos « supplications, rendez-nous propice le Juge éter-« nel ! »

La dignité des saintes femmes et des vierges, la grandeur de leur combat contre le monde et la gloire de leur éclatant triomphe, voilà ce que Notker a aussi chanté dans plusieurs cantiques; mais aucun, parmi eux, ne brille par autant d'ornements de langage, de richesses d'images et de tableaux que le suivant : —

« Figurez-vous une échelle qui monte de la terre

(1) Eia fratres chari festivitatem sancti Othmari patris agamus.

(1) Quid tu, Virgo mater, ploras Rachel?

(2) Agone triumphali militum Regis summi.

« au ciel (1), environnée tout autour d'instruments de souffrances, de tortures ; échelle « aux pieds de laquelle un dragon guette sans « cesse, échelle dont, avec l'épée tirée, un éthio- « pien défend l'accès et menace de mort quiconque « veut avancer. Au sommet de l'échelle, un jeune « homme, entouré d'une lumière céleste, paraît « avec une branche de laurier dans les mains. « Eh bien ! telle était l'échelle que l'amour de « Jésus-Christ proposa à gravir à cette multitude « de femmes, amour qui leur donna un courage « au-dessus de leur sexe, amour qui fut si fort, « qu'après avoir été écrasées du pied comme des « vers de terre, elles trouvaient encore assez de « force pour s'élancer, à travers l'épée de l'éthio- « pien et au milieu des tortures, vers le séjour « céleste, pour y recevoir, des mains du roi des « rois, la branche de laurier dorée. Que te sert-il, « ô serpent infernal, d'avoir vaincu une femme, « puisqu'une Vierge a enfanté le Fils de Dieu fait « homme ? Ce fut lui qui t'arracha ta proie et te « passa au cou une chaîne invincible, afin de « rendre des jours de liberté aux enfants d'Ève « autrefois destinés à te servir d'esclaves. Vois-tu, « maintenant, envieux, comme les vierges te « terrassent, comme les femmes forment des en- « fants agréables à Dieu ! En même temps, tu dé- « plores la fermeté de la foi de leurs maris, et toi, « dont les conseils d'autrefois tendaient à faire « abjurer aux vierges la loi du Seigneur, vois « comme les femmes se mettent à la tête pour mar- « cher au combat contre toi, et avec quelles in- « stances leurs fils les excitent à la victoire ! Oui, « ton propre domaine, les âmes impures, le Sei- « gneur les purifie et daigne les introduire dans « un temple brillant de pureté. O justes et pécheurs, « louons maintenant le Seigneur et remercions-le « de ce bienfait. Il fortifie ceux qui le prient « et donne la main à ceux qui tombent, afin qu'a- « près la chute, nous ressuscitions aussitôt à la « vertu. »

Quelque évidente que soit la pensée de Notker, quelque affectueuse que soit l'intention qui brille dans ses paroles, le véritable effet de la séquence ne peut cependant être apprécié par la seule poësie. Ce n'est que lorsque les paroles et les sons réunissent leurs forces pour agir sur le sentiment et sur le cœur, qu'on peut plus facilement en saisir l'impression et en reconnaître la puissance, la grandeur, la grâce. C'est pourquoi, afin de contenter la légitime envie de l'ami et du connaisseur du chant sacré, nous avons inséré dans notre ouvrage une suite de morceaux de notre vénérable compositeur, morceaux que le lecteur pourra juger par lui-même. Il les trouvera parmi les exemples des nos 5 à 39 avec l'exposé des sources d'où ils ont été tirés. Quant à leur exécution, dès la plus haute antiquité, elles ont presque toujours été chantées par deux chœurs, rarement par un seul, et cela, en vertu de la nature même de leur mélodie ou de leur texte (1). Le chœur était-il trop peu nombreux ? deux chantres seulement qui s'alternaient, pouvaient encore au moins suffire. Déjà, à partir du temps de Notker, on a des traces très-claires et des documents qui prouvent que les chœurs d'hommes alternaient quelquefois avec les chœurs d'enfants pour l'exécution des séquences. La séquence pour le samedi avant la Septuagésime invite les chantres à s'alterner : « Maintenant, « compagnons, chantons avec joie *alleluia*, et « vous, ô enfants, répondez toujours *alleluia;* « maintenant chantons tous ensemble *alleluia.* » Les chœurs de femmes alternaient même avec les chœurs de prêtres (2) : il était encore de règle traditionnelle, en 1260, qu'à la fête de Sainte-Foi, dans le monastère de femmes de Zurich, un vers de la séquence fût chanté par les dames du couvent et l'autre par les chanoines.

Notker voulait que le chant fût l'écho de la pureté du cœur.

Voici ce qu'il écrit sur la psalmodie :

« Si quid voce sonat, fido mens pectore promat,
« Nec clamor Domini tantum sublimis ad aures,
« Quantum vox humiles, placido de corde propinquat. »

(*Fragmentum Carminis S. Notkeri de Psalmodia*, Apud Canis., *Lect. antiq.*, tom. III.)

(1) Scalam ad cœlos subrectam.

(1) Sequentias si cantamus, sive alternatim, sive una simul, concentu parili voce consona finiatur (*Instituta Patrum St-Gallensium*).

(2) Gerbert, *de Cantu*.

# CHAPITRE VII

Sensibilité et douceur de sentiment de Notker. — Origine de sa séquence pour la Pentecôte. — Son *Media vita*. — Chant de Pâques, *Cum rex gloriæ*. — Son hymne de tous les Saints. — Ses rapports avec des hommes célèbres. — Il dédie à l'archevêque de Metz ses quatre cantiques sur saint Étienne. — Notker, considéré comme professeur de chant d'après l'Antiphonaire authentique. — Sa mort et sa célébrité. — Tutilon, ami de Notker. — Ses tropes. — *Hodie cantandus*. — Usage d'accompagner le chant religieux avec des instruments. — Instruments de Titulon. — Son talent et son goût d'artiste.

Notker Balbulus était d'une sensibilité extrêmement douce. Son âme, profondément impressionnable, pouvait lui inspirer la composition des chants les plus merveilleux par des événements ordinaires aussi bien que par les plus extraordinaires. Il y avait dans le voisinage de son monastère un moulin dont la roue n'était mue que par un filet d'eau, et ne produisait ainsi qu'un craquement aigu et vibrant accompagné de certains sons. Un jour, s'arrêtant un peu dans le dortoir des moines, Notker entend ce son étrange; il se sent aussitôt poussé à la composition de cette prose qui eut au loin un grand retentissement : *Sancti Spiritus adsit nobis gratia*, prose dans laquelle la chute mélodique de chaque phrase paraît être en effet une harmonie imitative du mouvement circulaire et lent de la roue (1). On peut voir cette prose au n° 23 des exemples.

Une autre fois, jetant un regard dans la fondrière profonde du gouffre de Saint-Martin, précisément lorsqu'on avait l'idée de bâtir un pont sur le précipice à un endroit excessivement dangereux, il fut à l'instant profondément impressionné dans son âme; puis, considérant à quel danger de mort étaient exposés les ouvriers, il composa et mit en poésie le cantique chanté plus tard dans toute l'Europe : *Media vita in morte sumus*, chant qui ne fut pas seulement à l'usage du clergé dans les églises, mais encore du peuple dans les différents dangers de mort (1). Le n° 39 des Exemples donne ce chant.

Il y a un autre morceau musical qui fut très-répandu et chanté même dans les contrées lointaines jusqu'au XVII<sup>e</sup> siècle, et qu'on attribue à Notker Balbulus : c'est l'ancien chant de Pâques : *Cum Rex gloriæ Christus* (2). Il était usité dans toute la contrée et dit avant les Matines du jour de Pâques. Un fait qui témoigne de l'époque reculée de ce chant, c'est qu'on le trouve déjà dans les livres et dans les Antiphonaires du X<sup>e</sup> siècle à l'office du temps de Pâques, et qu'à cette période liturgique on l'employait souvent dans les processions. On trouvera ce rare monument antique au n° 40 des Exemples; il est reproduit fidèlement d'après une traduction qui date de l'an 1300 environ, et qui concorde parfaitement avec les plus anciens manuscrits notés en neumes.

Il faut encore attribuer au même auteur d'après les manuscrits anciens, une hymne moins connue sur la fête de tous les Saints. La voici tout entière. Elle porte le titre de : *D. P. N. Notkeri Balbuli hymnus de omnibus Sanctis cantari solitus*.

(1) Erat molendinum juxta vicinum, cujus rota tarde volvebatur propter penuriam aquæ garriens quosdam dabat quodammodo vocum sonos; quod audiens homo Deo dignus, statim fuit in spiritu, et illud elegans dictamen edidit... sequentiam dico : Sancti Spiritus adsit nobis gratia.

(*Ekkeh. V, in vita B. Notkeri*).

(1) « Sequentis Lamentationis prosam fecit S. Notkerus, « cum in Martinsdobel pons in loco præcipiti et periculosis- « simo ædificaretur... Descripsi ex vetustissimo codice ; ubi « cum modernis etiam notis est (Metzlerus, apud Canis. *Antiq. Lect.* P. V). » — Nous donnons le morceau dans les exemples, d'après le manuscrit n° 546 de Saint-Gall.

(2) Ipse (Notkerus) est, qui victoriam æterni regis per martyrium crucis sub triumpho hujus cantici deprompsit, dicens : Cum rex gloriæ Christus, etc. (*Acta Canonizationis B. Notkeri apud Canis. VI*).

Omnes superni ordines,
Quibus dicatur hic dies,
Mille milleni millies,
Vestrôs audite supplices.

Primum Virtutes igneæ,
Mox repletæ scientiæ
Exin juvate nos prece
Sessiones Dominicæ.

Dum nos cœlestes Domini,
Et principes prævalidi,
Potentiaque præditi
Estote nobis placidi.

Hinc ditati virtutibus,
Vosque tremendi nutibus
Et fulgurosi vultibus,
Christi favete plebibus.

Omnes quos Dei gratia
Ab hac exemit patria,
Bona donate cœlestia,
Nostra laxate crimina.

Tu pater assis Abraham,
Claram regens prosapiam,
Cum ipsis necessariam
Nobis precanda veniam.

Tandem David hymni dicis
Hinc inde stipatus choris,
Pulcher coronis regiis.
Cunctis succurre miseris.

Sacer adesto flagitans
Cœtus futura prædicans,
Nobis Christum concilians,
In cœlo jam tripudians.

Omnes, dum carnem induit,
Quos Christus presens docuit
Quosque absentes imbuit,
Erigite, qui corruit.

Nostros supreme claviger,
Et novæ pacis legifer,
Omnisque Christi crucifer,
Actus mundate pariter.

Nunc omne sacerdotium
Primus ordo Pontificum
Clerum ducendo subditum,
Fletum tergite supplicum.

Nunc posce nobis Genitrix
Omnisque carnis domitrix
Ut cesset culpa perditrix.
Ut et plebs solvatur debitrix.

Istud concede Trinitas,
Et indivisa unitas,
Domus regens pacificas
Ætates per interminas. Amen.

Le nom de Notker était déjà, de son vivant, connu au loin; c'est ce qui explique pourquoi les hommes les plus savants et les plus renommés de son temps recherchaient son amitié. Il était en relation, en commerce scientifique, avec le célèbre écrivain teutonique, le moine Ottfried de Weissenbourg, avec l'archevêque Robert et d'autres personnages distingués de Metz, avec le moine Baltharius, qui lui dédia la *Vie de saint Fridolin*, avec l'archevêque Luitward de Vercelles, avec les chapelains de la cour impériale, avec les savants moines de la cour de Paris, avec ceux de Reichnau et de Bobbio, dans le Milanais (1).

L'archevêque Robert de Metz, rechercha l'amitié de l'humble moine de Saint-Gall, qu'il avait peut-être connu personnellement, et le pria de faire quelques hymnes sur la Vie et les merveilleuses actions du premier martyr saint Étienne, en l'honneur duquel il y avait une église à Metz. Notker composa en effet, en vers saphiques, les quatre hymnes désirées et les dédia à l'éminent prélat. A la fin du quatrième cantique, il dit : « Moi, l'indigne Notker, malade et bégayant, « plein de défauts, j'ai, sur les instances du pieux « prélat, chanté d'une langue souillée le triom- « phe de saint Étienne. Puisse Robert qui, « malgré la fleur de la jeunesse, possède le cœur « d'un vieillard plein de mérites, puisse-t-il « atteindre un âge très-avancé (2). » Le désir de Notker fut parfaitement rempli. Robert régna plus de trente-trois ans sur le siége épiscopal de Metz. Ainsi les rapports noués déjà par le chantre Romanus entre Saint-Gall et Metz, reçurent, du temps de Notker, un nouvel accroissement et une nouvelle vie.

C'est dans l'étroite enceinte du cloître et dans une petite communauté que Notker travailla comme professeur, et ses travaux furent bénis. En classe, il enseignait et instruisait d'après la notation usuelle ou neumatique et d'après l'Antiphonaire authentique de saint Grégoire, qui, de son temps, était encore entre les mains des moines, et, comme on l'a remarqué, conservé à côté de l'autel des Apôtres (3). Quant à la signification des lettres de Romain qui, de son temps, étaient en plein usage, il en instruisit par écrit ses amis et nommément Lantpert qui l'avait prié de lui en donner un éclaircissement. Notker écrivit aussi un livre musical intitulé : *De Musica et Symphonia*, qui était encore connu dans les

(1) Bobbio n'est pas dans le Milanais actuellement, il fut cédé par l'Autriche au roi de Sardaigne en 1743. Manuscrit de Saint-Gall n$^{os}$ 561 et 446, pages 50, 70 et 728.

(2) Æger et balbus, vitiisque plenus
Ore polluto Stephani triumphos
Notker indignus cecini, volente
Præsule sancto.

Flore Ruodbertus juvenale qui nunc
Cor senum gestans, senium beatus,
Ac piis plenus meritis, videre
Promereatur.

(3) Cantum correxit secundum usum, juxta exemplaria beati Gregorii in scolis docuit et instituit.
(*Ekkeh. V. in Vita B. Notkeri*).

XIe et XIIe siècles et usité dans l'enseignement de la musique, mais qui maintenant se trouve perdu (1). Notker n'avait pas seulement pour but de produire des sons matériels, mais d'élever, par leur moyen, l'esprit de l'homme et de le porter aux choses divines. C'est ce qu'il dit formellement en parlant de la psalmodie. D'après lui, le chant doit élever un cœur pieux qui a la foi ; car, ajoute-t-il : « Ce n'est pas un cri vide qui pénètre jusqu'aux oreilles de Dieu, mais c'est le chant humble qui part d'une poitrine pacifique et remplie de charité (2) » ; et ailleurs, il dit encore : « Notre cantique plaira à Dieu, si notre chant « n'est pas seulement exécuté par la voix, mais « avec les accords d'une bonne conscience (3). »

Comme Notker, pendant sa vie, se distinguait comme artiste, il se distinguait aussi comme saint. Celui qui autrefois frappa si durement le diable du bâton, l'a aussi vaincu ; brillant par les exemples de la vie pieuse qu'il avait menée, il mourut dans un âge avancé, l'an 912, en odeur de sainteté, le 6 avril, jour où l'on fait l'office de sa fête à Saint-Gall et dans les églises qui dépendent de ce monastère. (Cf. GODESCARD.) Ses chants spirituels, approuvés de bonne heure par les papes et adoptés pour l'usage de l'Église, réjouirent et réchauffèrent encore après sa mort des millions de cœurs (4).

Les accents funèbres de Notker (*Media vita in morte sumus*) retentirent dès lors à Saint-Gall, non-seulement aux prières publiques, et aux processions qui se renouvelaient chaque année dans des pèlerinages sur les hauteurs et les montagnes voisines, mais encore aux jours anniversaires et commémoratifs des morts et principalement à l'époque des grandes calamités (1). Comme beaucoup d'autres, cette composition se répandit de Saint-Gall dans toutes les autres contrées ; on la chanta dans les différentes frayeurs causées par la mort ; elle retentit dans les tempêtes et sur les navires ballottés par les vagues des mers et des lacs, et les guerriers l'exécutaient pendant les batailles sanglantes. Ce cantique si connu traversa le moyen âge jusqu'au XIIe siècle et fut généralement chanté par le peuple. On lui attribua même une puissance, une action superstitieuse, en prétendant qu'il pouvait garantir de la mort et la procurer à son adversaire. C'est pour cela que le concile de Cologne, en 1316, se vit obligé (Can. 21) de défendre de chanter contre qui que ce fût le *Media vita*, sans la permission de l'évêque diocésain.

Aux XIVe et XVe siècles, il était généralement répandu et popularisé dans une traduction allemande et le *Plenarium* de Bâle ou livre des Évangiles, *Evangelibouch*, partie d'été et d'hiver (Bâle, 1514), nous l'a conservé comme étant un chant alors usité avant la prédication et le sermon sous la forme suivante : « Au milieu des « jours de notre vie, nous sommes sous les « étreintes de la mort. Qui chercherions-nous « pour venir à notre secours et nous faire obtenir « miséricorde, si ce n'est vous seul, Seigneur, « vous seul, qui, à cause de nos péchés, mani« festez votre juste courroux. Seigneur, Dieu « saint, Seigneur, Dieu fort, saint et miséricor« dieux, Dieu Sauveur, fais que nous traversions « avec courage et force la dure nécessité de la « mort (2). »

(1) Comparez les textes du Traité de Musique de Jean Cotton, dans Gerbert (*Scriptores* II, page 231), où cet écrivain rapporte une lettre à l'évêque Fulgence dans laquelle il est dit : « *De Martiali, Ottone, Notkero, quorum libros tu utpote in hac arte probatissimorum diligenter perpercisse diceris.* »

(2) Sequentias si cantamus sive alternatim, sive una simul, concentu parili voce consonia finiatur. (Instituta patrum St. Gallensium.)

(3) « Nostra laus erit accepta voce si quod canimus canat « pariter et pura conscientia (Notker, dans la séquence : *Nostra tuba*).

(4) Venerandus Apostolicæ sedis Pontifex (Nicolaus) ea, quæ vir sanctus, Spiritu S. annuente, dictaverat, sancivit, atque sanctæ Ecclesiæ Christi per mundi clymata in laudem Dei colenda instituit; et non solum ea, quæ B. vir Notkerus dictaverat, verum etiam ea, quæ socii et fratres ejus in eodem monasterio S.-Galli composuerant, omnia canonizavit, videlicet hymnos, sequentias, tropos, letanias, omnesque cantilenas rithmice, metrice, vel prosaice, quas fecerant, et disciplinas, quas docuerant, totum authenticavit ac divulgavit in laudem S. Trinitatis et B. Mariæ, omniumque sanctorum S. Matris Ecclesiæ.

(*Ekkeh. V. in Vita B. Notkeri*).

(1) Sequens pulcherrima Antiphona cum versibus *posterioribus*, scilicet *In te*, *Ne*, *ve* sanctorum antiquorum monachorum Sancti-Gallensium nostrorum. Statuerunt quoque eam annuatim cantari feria secunda rogationum... Cantaturque in *magnis tribulationibus omnibus*. Sed Antiphona hæc cum his sequentibus versibus tribus „ potest cantari in die omnium fidelium defunctorum post Responsorium : *Libera me Domine*, ad beneplacitum (*Nota ex Cod. St-Gallensi* 546). Dans les exemples on a omis ces versets ou strophes, parce qu'elles sont d'une origine postérieure.

(2) « In Mittel unsers Lebens zeit
Im tode seid wir umbfangen,
Wen suchen wir der uns Hilfe geit,
Von dem wir Huld erlangen,
Dann Dich Herr alleine
Der umb unser Missethadt
Rechtlichen zürnen tust.
Heiliger Herre Got,
Heiliger starker Got
Heiliger und barmherziger Heilmacher Got,
Lasz uns mit Gewalt tun des bittern Todes Not. »

Ces pieux épanchements du cœur de Notker, ces échos respectables et commémoratifs de la mort et de l'éternité se font entendre encore de nos jours. Dans le XVIe siècle, l'Église d'Angleterre les avait insérés dans son *agenda*, et, dans la traduction allemande, on les trouve même parmi les chants luthériens. Jusqu'à ces derniers temps, on les exécutait dans l'église cathédrale d'Augsbourg et, tous les jours, à midi et à minuit, le carillon de l'église du monastère de Solmansweiler, reproduisait, il y a très-peu d'années, la mélodie du chant allemand. Dans l'ancienne contrée qui forme le domaine du prince-abbé de Saint-Gall, on les chante encore de temps en temps pendant l'office divin, du moins dans quelques localités.

Ce fut surtout son remarquable recueil de séquences qui valut à Notker une gloire immortelle, recueil qui fut reproduit dès sa première apparition et répandu par plusieurs copies, recueil dont les morceaux faisaient l'ornement des fêtes du moyen âge dans toute l'Allemagne et la France, comme dans une partie de l'Angleterre et de l'Italie. Ce qui prouve que ces chants remarquables étaient très-estimés ou très-répandus, c'est qu'on les considérait comme les principaux de chaque fête.

Dans le Xe siècle, les couvents allemands avaient l'habitude, soit à l'office de la nuit pendant le *Te Deum*, soit à l'office du jour pendant la séquence, de sonner, à chaque grande fête, toutes les cloches ou au moins les deux plus considérables (1). Le prêtre ou chanoine-chantre devait, en assemblée de chapitre, demander à l'abbé quelle séquence il fallait chanter, parce qu'alors on en avait déjà plusieurs pour les mêmes offices (2). Le nom du personnage qui avait autrefois composé ces chants et qui les avait exécutés pour la première fois était, dans le même siècle, célébré par les élèves qui lui succédaient comme l'ornement et la gloire de leur école, et, qui plus est, il était prononcé avec respect dans les assemblées, par de grands princes de l'Église.

(1) In summis festivitatibus ad *Te Deum laudamus*, omnia signa, *similiter ad Sequentiam in die* vel duo principalia percutiantur (De consuetudine Monachorum, Cod. sæc. X. Einsiel.).

(2) Diebus solemnitatum in capitulo interrogetur Abbas a Cantore quæ cantanda sit Sequentia... (*Ibidem*).

(3) Ils annoncent déjà les louanges de Notker, ces vers dont on faisait à Saint-Gall, au Xe siècle, précéder sa collection :

Optans misceri Notkerus in æthere plebi,
Cujus *dulcisonis vox nunquam cessat ab hymnis*,
Gaudia dum licuit crucis hoc in carmine lusit
Quod Domino laudi, *Galloque studebat honori*.

La plupart des anciens chants de l'Église traversèrent plusieurs siècles et conservèrent la même force et la même fécondité, parce que l'on était pleinement convaincu qu'ils tiraient leur origine d'une âme remplie de l'esprit de Dieu; on faisait le même honneur aux séquences de Notker et on leur donnait une semblable origine. Ces chants élevés avaient une force si merveilleuse sur le cœur des auditeurs qu'un siècle à peine après la mort de leur auteur, on exprima l'opinion, le sentiment que Notker les avait écrits d'après une inspiration céleste (2). Dès lors grands et petits les chantèrent avec amour et bonheur, et on les écoutait avec édification et piété. S'il est vrai que, dans les simples églises des localités éloignées du pays, ils ne sortaient que de la bouche d'un seul ou d'un petit nombre de prêtres, ils étaient exécutés par des chœurs de chantres savants, sous les dômes magnifiques et dans les églises richement parées de l'établissement et du cloître. Leur réputation s'étendit si loin et traversa si avant l'autre côté des Alpes, qu'elle parvint jusqu'à la capitale du monde chrétien où plusieurs d'entre eux furent incorporés aux séquenciaires et même *lus* avec étonnement par le chef suprême de l'Église. C'était en 1215 que l'abbé Ulrich de Saint-Gall séjourna à Rome pour les affaires de son empereur, et que la séquence pour la Pentecôte de Notker « *Sancti Spiritus adsit nobis gratia* » fut chantée devant le pape Innocent III. Elle produisit sur le sentiment de ce grand prince de l'Eglise une impression si pro-

(1) Voici ce qu'on raconte des six évêques et des six abbés qui, en 966, visitèrent le cloître de Saint-Gall :

Quidam fratrum ecclesiam egressus, sequentiarium manu ferebat; quem illi (Episcopi et Abbates) assumentes, in sequentia dici *Notkerum Balbulum laudant*.

*Ekkehard*. in Casibus).

(2) Dans le siècle suivant, Notker Labeo avait dicté à ses élèves des vers qu'Ekkehard IV, à une époque postérieure, corrigea et accompagna d'explications; c'est là qu'on exprime un respect et une vénération profonde pour Notker et ses hymnes. Voici quelques-uns de ces vers :

*Pneumate testante a.* sacer pangit orbi carmina Notker;
*b.* Hic Abrahæ pactum *c.* modulavit carne subactum, *d.*
Et quemque diem *c.* decuit, homo vociferavit.
Insolito rore pneuma pluit ejus ab ore. *f.*

Les explications qu'Ekkehard lui-même ajouta à ces vers, sont les suivantes : *a*, Spiritu sancto procul dubio inspirante; *b*, presbyter sequentias 50 cum *Sancti-Spiritus*; *c*, promissum; *d*, natus ante sæcula: c'est aussi le commencement de la séquence de Minuit; *e*, festum, et sur les séquences de Notker appropriées à chacune des fêtes principales d'alors; *f.* in 50 suis sequentiis *Jubelco Dei*, maxime autem in *Sancti-Spiritus*.

(3) Inquisitus (Abbas Uodalricus V) ab apostolico de B. Notkero, an magnæ penes Alamannos esset auctoritaris, dignum cum judicavit canonizatione Catholica.

*(Conradus de Fabaria in Casibus)*.

fonde et si durable, qu'aussitôt après que l'office fut terminé, il fit appeler l'abbé et l'interrogea sur les dernières circonstances de la vie de leur auteur, et c'est tout au plus s'il ne lui fit pas des reproches de ce que son cloître ne faisait point d'instances ni de démarches pour obtenir la canonisation d'un si grand homme (1).

Ekkehard V, dans les passages suivants, nous a dépeint la dignité et la piété, la force et l'édification qu'on attribuait à ces chants quelques années seulement après qu'ils eurent été faits :

« Dieu donna à saint Notker le don de ces chants « angéliques qui stimulent la piété dans l'âme de « l'homme lorsqu'il les entend, qui agrandissent « son cœur, qui élèvent l'esprit au-dessus de lui-« même et l'éclairent. Quand Élisée ne se sentait « pas encore possédé de l'esprit prophétique, il « faisait venir un chantre dont les accents le rem-« plissaient aussitôt de la force et des inspirations « des *voyants*. C'est un fait (et nous en sommes « convaincus d'ailleurs) qu'une agréable harmonie « a coutume de réjouir l'âme et de l'exciter à s'éle-« ver intérieurement. Plus la charité s'empare puis-« samment d'une âme, plus elle est impression-« née profondément par l'harmonie extérieure et « rappelée à cette harmonie spirituelle et inté-« rieure qui élève l'âme de l'auditoire à la joie la « plus sainte. On peut donc dire que c'est au « moyen de la psalmodie et des cantiques que le « Seigneur se prépare, se fraie en nous ce che-« min, cette voie du cœur par laquelle il désire « arriver à nous dans la révélation merveilleuse « de ses mystères ; oui, c'est en chantant avec la « joie de l'âme les saints cantiques......., que le « Très-Haut est attendri et qu'il voit l'expression « de nos plus profonds remerciements. C'est par « les mélodies des psaumes, c'est par cette har-« monie spirituelle que l'âme qui médite s'exerce « dans les règles de la beauté éternelle, qu'elle se « sent élevée à Dieu par un transport inexprima-« ble et qu'elle fait pénétrer ses regards dans les « profondeurs du sanctuaire éternel. — Telle « était l'espèce d'art, le génie céleste dont l'esprit « divin remplit le bienheureux Notker, son vase « d'élection (1). »

Pendant plus de six siècles retentirent dans nos temples ces chants vénérables et solennels ; ils réjouirent, élevèrent et édifièrent prêtres et peuples, pasteurs et ouailles. Quelques-uns d'entre eux furent traduits en allemand pour servir en même temps de chants populaires. C'est ce que Louis Moser, chartreux et maître ès-arts à Bâle avant la fin du XV$^{e}$ siècle, fit par rapport à la séquence de Notker : *Congaudent angelorum chori*, sur la sainte Vierge, tout en conservant la mélodie primitive (2). L'estime que l'on avait, quarante ans plus tard, pour la sequence Notkérienne de la Pentecôte, ressort des paroles de Glaréan, connaisseur et amateur célèbre du chant religieux ; c'est un morceau qu'il qualifie de *chef-d'œuvre* d'une profondeur inexprimable ; le compositeur y a mis en œuvre, dit-il, la plus grande variété de modulation, quoiqu'il fût gêné par les limites et les entraves d'un seul et même mode, et a su allier de la manière la plus douce le texte et la mélodie (3).

(1) Bene hic ponendum est, quod *nostris temporibus* evenit colloquium de beato viro apud sedem Romanam. Venerabilis Abbas S.-Galli Uodalricus V... in legatione Regis Friderici secundi, postea Cæsaris, venit Romam ad Innocentium Papam III missus. Accidit missam celebrari ante Apostolicum de sancto Spiritu cum sequentia *Sancti Spiritus adsit nobis gratia*, præsente Abbate. Fecerat et ipse idem Papa sequentiam de S. Spiritu (videlicet : *Veni Sancte Spiritus*). Peractis missis et orationibus, convenerunt iterum ad confabulandum, et inter cætera requisivit Papa Abbatem dicens : Quis fuit Notkerus tuus, an quomodo agis diem aniversarii ejus? Erant enim *Romæ aliqua scripta de eo* in libris Sequentiarum, quæ ipse Papa legerat. Respondens Abbas simplicem Manachum cum fore... Valde sciolum et sanctum ; ad quem Papa : Agisne festivitatem ejus? cui ille : Non Domine, scimus quia sanctus est, privatim tantum agitur de eo, sicut pro alio defuncto. His verbis Papa commotus : O nequissimi, inquit, malo vestro tanti viri, qui erat plenissimus Spiritu Sancto, quod hujus festivitatem non celebratis, infelices eritis (*Ekk. V.* in Vita Beati Notkeri).

(1) *Ekkeh.* in vita B. Nokeri.

(2) Manuscrit de Saint-Gall, n° 546. Elle commence ainsi : « *Congaudent angelorum chori gloriosæ Virgini*, texte patois allemand : *Sick mit frowend der englen chor, der hocwirdigen junckfrowen*, etc. La traduction présente, phrase pour phrase, le même nombre de syllabes que l'original. (Voyez le n° 27 des Exemples). La conclusion de cette pièce, à partir de la phrase : *Quam splendida stella maris rutilat*, doit témoigner de sa popularité :

« Wie überluchtens der merstern glæntzet im himel,

« Der das liecht allen sternen und mentschen und gais-« tern so schon wirdiklichen geboren hat.

« Dich kungin der himlen dis demutig volt mit andechti-« gem hertzen lobet.

« Mit singen in froden dich mit allen englen uber die him-« len uffüret.

« Dict junkfrow singend alle propheten bücher, der chor « jubiliert aller priester, die apostel und Christi martirer « dich labent.

« Dir alles volk, man und frowen flissig nachfolgent, die « das junkfrowlich leben habent, himelsfürsten in küns-« cher liebe sich gesellent.

« Darum die christenlich kilchen dich mit herzen, die mit « lobgesang allzit eret.

« Dir offenbart sich flissiklich ir gros andach mit demüti-« gen betten dich anrüffend maria.

« Das du ir hilf bewysert by christo unserm heren in zit « und in allen noten. Amen. »

Nous ne donnons ici la pièce que comme monument; pour le sens, voyez le texte latin du n° 27 des Exemples.

(3) Habet hæc prosa miram modestiam, inenarrabilemque gravitatem, in qua operæ pretium est videre authoris ingenium, quam varias in uno modo invenerit formulas, quam

Pendant le moyen âge, Notker fut vénéré par le clergé de la contrée comme par le peuple, et enfin béatifié par le pape Jules II, au commencement du XVIe siècle.

Dans la remarquable congrégation de Saint-Gall, il y eut un troisième personnage qui fut l'ami intime de Ratpert et de Notker. Comme ces deux derniers, il était ancien élève de Marcelle. Il se nommait Tutilon, et son génie universel s'éleva au-dessus de beaucoup de ses devanciers et de ses contemporains. Profondément instruit dans toutes les sciences, il était également distingué par son éloquence, par son habileté dans la sculpture, la peinture, l'architecture, la dorure et l'orfèvrerie. Ainsi que ses deux contemporains, il était très-expérimenté dans l'art musical (1). Comme Notker par ses séquences, Tutilon se fit, par ses tropes, un nom impérissable dans l'histoire de la musique au moyen âge.

Au IXe siècle, la coutume s'était répandue d'ajouter aux chants de la messe, et en particulier aux introïts des plus grandes fêtes, d'ajouter, disons-nous, des *prothèses*, de charmantes *paragoges* en texte et en mélodie, pour orner les morceaux liturgiques, pour les allonger et les revêtir d'une sorte de brillant manteau (2). Ces prothèses ou amplifications s'appelaient *tropes* (tropi). Vraisemblablement leur usage, de même que celui des séquences, s'était introduit dans l'école romaine et avait passé de Saint-Gall dans l'Église, où il s'est conservé sous différentes formes jusque vers le XVIIe siècle. Tutilon paraît être le premier auteur connu de cette particularité dans le chant. C'est à lui qu'appartiennent, entre autres, les tropes de la messe de Minuit de Noël, qui furent exécutés dans tant de pays : *Hodie cantandus,—Omnium virtutum gemmis*, deux morceaux que le compositeur-virtuose envoya à l'empereur Charles le Gros (1). De plus, il écrivit pour le même monarque les tropes : *Quoniam Dominus Jesus Christus cum esset, — Omnipotens Genitor fons et origo,—Gaudete et exultate*. Les créations musicales de Tutilon se distinguaient de toutes les autres par leur phraséologie particulière, à tel point qu'Ekkehard IV nous fait remarquer combien il est facile pour un musicien de les reconnaître et de les distinguer des autres compositions (2).

limitibus modi coërcitum exhibuerit, quam eleganter verba numeris accommodarit.— Voilà ce qu'écrit Galéran dans son *Dodecachordon*., quoiqu'il n'ait jamais connu le nom de l'auteur de la séquence.

(1) Versus et melodias facere præpotens.
(*Ekkeh.*, *in Casibus.*)

(2) Par exemple, à la fête de l'apôtre saint Jean, on avait ajouté à l'introït les tropes suivants : « In medio ecclesiæ » : Quoniam Dominus Jesus Christus sanctum Johannem plus quam cæteros diligebat apostolos. *In medio ecclesiæ aperuit os ejus* ut sacramentum fidei et Verbum coæternum Patri scriptis pariter et dictis prædicaret, *et implevit eum Dominus* qui eum in vita tantum dilexit, ut in cœna sacratissima supra pectus suum eum recumbere permisisset, *spiritu sapientiæ et intellectus*, quo inspirante evangelizavit dicens : In principio erat verbum et verbum erat apud Deum, et Deus erat Verbum ; *stolam gloriæ induit eum*. Inde nos moniti peccata nostra confitentes tibi, Christe, sanctoque Johanni, psallimus dicentes Ps. *Bonum est*, cum *Gloria*. Quam Trinitatis gloriam dilectus Domini Johannes profundissime et intellexit, et excellenter pronunciavit. *In medio*, etc.

Tutilon eut souvent l'occasion de donner, même hors du cloître, des preuves de l'étendue de ses connaissances artistiques. Il se trouva souvent en voyage. Tantôt il était appelé à Constance pour orner le maître-autel du dôme et l'enrichir d'un tableau demandé à son pinceau, ou pour dorer la chaire d'une manière éclatante. Tantôt on le vit à Mayence pour les affaires de son cloître ; tantôt c'était à Metz, ville éloignée, qu'il sculptait des statues de saints, et leur donnait le cachet d'une grande élévation de travail et d'art. Comme il savait avec habileté, pendant son sejour dans le cloître, dénouer et démasquer les intrigues des méchants, de même il se présentait dans le monde avec beaucoup de souplesse et de tact. Un jour, au milieu d'une forêt solitaire, il fut assailli par quelques voleurs armés jusqu'aux dents ; son simple regard étincelant de flammes et les poings fermés qu'il leur montra, suffirent pour faire fuir ces téméraires. Sa conversation, comme sa conduite, était pleine de force et scintillante d'esprit, ce qui fit qu'un jour l'empereur Charles le Gros sembla reprocher à l'abbé Tutilon d'avoir couvert d'un froc un vrai spadassin de corps et d'esprit. Ses sculptures étaient d'une beauté rare, particulièrement celles qui représentaient la Vierge. La contemplation de ses statues de Marie remplissait ses contemporains d'un tel étonnement, qu'ils prétendaient que Marie elle-même lui avait dicté non seulement le dessin de son visage virginal, mais encore qu'elle avait dirigé son travail et guidé son ciseau.

Un jour que, dans la ville de Metz, il gravait l'image de la sainte Vierge, le bruit se répandit qu'une femme, brillant d'un éclat céleste, se tenait à ses côtés, et l'instruisait dans son travail. Lorsque le discours de ces gens parvint aux oreilles de Tutilon et qu'on vint lui représenter combien il devait être béni de Dieu, quelle haute faveur il lui faisait en lui fournissant pour l'exécution de son œuvre une telle directrice, il quitta aussitôt la ville et ne put désormais se résoudre à y exercer

(1) Quos tropos Karolo ad offerendam quam ipse rex fecerat, obtulit canendos (*Ekkeh.*, *in Casibus*).

(2) Istos proposuimus, ut quam dispar ejus melodia sit cæteris, si musicus es, noris (*Ibid.*).

de nouveau son art (1). On conserva religieusement et longtemps cette image de la Vierge. D'après l'opinion des témoins oculaires, en voyant cette image, on croyait voir une personne vivante (2).

La bibliothèque du couvent de Saint-Gall possède encore une remarquable sculpture de cet artiste : c'est une gravure qu'il avait faite sur une table d'ivoire pour l'archevêque Salomon, vers l'année 513. En haut, elle représente la sainte Vierge entourée de quatre anges, et en bas, saint Gall offrant un morceau de pain à un ours.

Sous le rapport musical, quelques monuments, quelques souvenirs de cet homme, de cet artiste, sont venus jusqu'à nous. Nous avons cité le plus connu des chants de Tutilon, son trope de la messe de minuit : *Hodie cantandus*. On le trouve encore noté en neumes à Saint-Gall dans plusieurs manuscrits du xe siècle; aussi est-ce du manuscrit n° 378, page 41, qu'on l'a tiré pour le donner ici en *fac-simile* (Monuments, n° 31). A l'époque du changement de notation, ce trope fut traduit en notation guidonienne, tel qu'on le voit au n° 41 des exemples (3). Ce morceau était très-répandu, et, chaque année, on le chantait à l'introït de la messe de minuit. Un second trope qu'on a de lui se voit parmi les exemples du n° 42; il était destiné au *Kyrie*, et, comme il est dit, composé pour l'empereur Charles le Gros.

Du reste, Tutilon brillait non-seulement comme compositeur, mais encore comme exécuteur habile et exercé. Ses mélodies étaient surtout fort agréables, quand il les accompagnait dans l'église avec le *Psalterium* ou la *Rota* (1). Cet usage d'accompagner le chant religieux avec des instruments de musique ne paraît pas avoir été alors chose nouvelle chez les moines de Saint-Gall. Leurs ancêtres, venant d'Écosse, leur avaient probablement raconté que les Anglo-Saxons chrétiens, dans le VIIe siècle, se servaient déjà du *Psalterium* et de la vielle à dix cordes pour accompagner le chant dans leurs églises. La Vie de saint Colomban fait évidemment mention de cet usage. On en trouve, même à cette époque, des vestiges en Allemagne.

A la réception solennelle de Charles le Chauve à Reichnau en 829, il est fait mention du *Nauplium* et de la flûte, de l'*organum* (orgue) et des *cymbales*, comme instruments d'accompagnement pour les chants religieux. Il pouvait, par conséquent, y avoir à Saint-Gall un usage, une expérience plus longue dans l'habitude d'accompagner le chant avec de tels instruments, à certaines fêtes. Le *Psalterium* à sept cordes était surtout l'instrument auquel les anciens moines de Saint-Gall donnaient le nom expressif de *Rota* (2) ; toutefois, dans les manuscrits de ce pays, on trouve ce nom donné aussi au *triangle*, à la *cithara* et au *carillon*. Notker Labeo (Labeus) en donne la description suivante dans son ouvrage allemand de musique : « La « vielle et la rota ont sept cordes également co- « lorées. Le psalterium, la rota, est une espèce « d'*organum*, un instrument à cordes, qu'on joue « des mains (3). La rota est faite comme le *Tin-* « *tinnabulum* et le carillon (4). » Le même auteur donne, dans ses Psaumes allemands, l'expression de *psalterium* comme équivalant à celle de *Rotum*, et dit qu'après que les musiciens et les joueurs de cet instrument l'eurent adopté pour leur usage, ils lui donnèrent une forme plus commode, lui mirent plus de cordes, et lui donnèrent le nom allemand de Rotta (5) et la forme mystique triangulaire de la Trinité. Le moine Ermenrick de Reichnau, avait, dans le milieu du

(1) Voici comment Metzler (*Lib. de illustr. viris S. Galli*) raconte la circonstance : « Pingebat aliquando in Metensium urbe imaginem B. Virginis, et ecce duo angeli ad ipsum in habitu peregrinorum accedentes eleemosynam petunt, qua accepta ad quemdam clericum sese convertunt, et aiunt illi : Domina illa, quæ illius radios ita ad manum dat, numquid illius soror est ? Stupens clericus (quia ibi consistens nihil simile viderat) appropinquat, et quod antea latuit, etiam illi fit palam. Unde se cohibere non valens, ait illi : Benedictus tu, Domine Pater, qui *tali magistra* uteris ad opera ! Qui cum ipsos quid dicerent nescire assereret, vehementer in illos invectus, ne cui tale quid dicerent, interminatus est. Statim peregrini transeuntes disparuerunt. — In planitie autem ipsa aurea cum reliquisset circulum vacuum, nescio cujus arte tales cœlati sunt apices :

Hoc panthema pia cælaverat ipsa Maria.

(2) Imago ipsa sedens, *quasi viva*, cunctis inspectantibus *adhuc hodie* est veneranda (*Ekkeh., in Casibus*).

(3) Ce trope se trouve noté en neumes dans le manuscrit de Saint-Gall, n° 378, page 41 et dans beaucoup d'autres recueils de tropes. C'est en notation nouvelle, et d'après les traits et les passages principaux de l'ancienne, qu'on rencontre ce trope dans le ms. d'Einsiedeln, n° 22, écrit vers l'an 1300, sous l'abbé Jean de Schwanden. Ce manuscrit donne en même temps la manière dont l'abbé et les ministres (*ministri*), les chantres (*cantores*) et tout le chœur s'alternaient dans l'exécution de ce morceau.

(1) Quæ Tuotilo dictaverat, singularis et agnoscibilis melodie sunt, quia per psalterium seu per rotam, qua potentior ipse erat, neumata inventa dulciora sunt.

(*Ekkeh., in Casibus.*)

(2) « Fanc diue sint an dero lirun unde an dero rotun siben sieten, unde sibene gelichu gevverbet (Gerberti *Scriptores*, 1er vol.); paroles attribuées avec raison à Notker « Labeo. »

(3) Psalterium Rotta est genus organi, ist ein Slat orgin sangis, so also Seitspil ist, das ruoret man mit Handen. Psalterium Rotta habet oben an buh, Cythara habet niden an buh (*Cod. St-Gall.*, 261; pag. 131).

(4) Rottum factitium est sicut tintinabulum et clocca.

(5) Le texte du manuscrit porte *Rottham* : *Textus habet Rottham*, dit Canisius.

IXe siècle, signalé l'abus du *psalterium*, puisqu'il dit dans une lettre : « Prends le *psalterium* à la « main, mais non celui d'un chanteur d'obscé- « nités, qui se tient dehors devant la porte, ni celui « d'un esclave qui danse (1). » Il demeure donc avéré par des dates sûres que, déjà dans le cours du IXe siècle, on se servait de temps en temps d'instruments pour soutenir le chant liturgique et fortifier ainsi le son des cantilènes.

Quoi qu'il en soit, c'était Tutilon qui exécutait ses tropes en les accompagnant lui-même ; il surpassa de beaucoup et laissa bien loin derrière lui ses contemporains en fait d'habileté et de perfection dans le jeu de tous les instruments usités alors, soit à cordes, soit à vent ; il en donnait des leçons aux enfants de la noblesse, dans une salle spécialement désignée à cet usage par l'abbé (2).

Tutilon, aimé et admiré comme moine, prêtre savant et artiste, mourut le 27 avril 915 (3). La chapelle de Sainte-Catherine, dans laquelle on l'inhuma, fut appelée plus tard chapelle de Saint-Tutilon (1).

(1) Tu psalterium arripe, puto non alicujus mimi ante januam stantis, sed neque Sclavi saltantis.

(*Epist. Erm. Cod.* 265.)

(2) Musicus sicut et socii ejus, sed in omnium genere fidium et fistularum præ omnibus ; nam et filios nobilium in loco ab abbate destinato fidibus edocuit.

(*Ekkeh. in Casibus.*)

(3) Le Nécrologe de Saint-Gall donne le jour de sa mort dans les termes suivants : « 5 kal. Maji Tuctilonis mon. atque presbyteri ; doctor iste insignis, cælatorque fuit. »

(1) Nous allons rapporter le texte de quelques autres tropes de Tutilon et son épitaphe :

(*Tropus de Nativitate*).
Laudemus omnes Dominum,
Qui Virginis per uterum
Parvus in mundum venerat
Mundum regens, quem fecerat.

(*Alius de S. Joanne evangelista*).
Dilectus iste Domini
Joannes est apostolus
Scriptis cujus et monitis
Pollet decus Ecclesiæ.

(*Alius de Epiphania*).
Forma speciosissimus,
Manusque potentissimus,
Ex Davidis origine
Natus Maria Virgine.

(*Fragmentum Carminis S. Tutilonis*).
Rex pie, rex regum, regnans ô Christe per ævum
Qui mare, qui terras, cœli qui sceptra gubernas,
Noxia depellens, culparum debita solvens,
Qui super astra sedes, patri Deitate cohæres,
Es quoque sermo patris summi, reparator et orbis,
Lux, via, vita, salus, spes, pax, sapientia, virtus,
Hic tibi laus resonet, chorus hic in laude resultet.

Mortuus est (Tutilo) opinione omnium sanctus, et sepultus in Monasterio in sacello S. Catharinæ (quod sicut et cæmeterium illi contiguum S. Tutilonis vocatur) ad dextrum altaris cornu hoc epitaphio :

Virginis almificæ pictor egregius Tutilo
Excellens meritis et pietate potens.
Nemo tristis abit, qui te colit et veneratur,
Fers cunctis placidam quippe salutis opem.

(Apud Canis., *Lect. antiq.*).

# CHAPITRE VIII

(IX)

Réception de l'empereur Conrad Ier. — Son séjour à Saint-Gall. — Le doyen Waltram et ses ouvrages de musique. — L'abbé Hartman : ses litanies pour les dimanches ordinaires, ses cantiques pour les saints Innocents. — Salut solennel au roi, son zèle pour le chant romain, fêtes annuelles et processions aux solennités de Minuit, fêtes des enfants au jour des Saints-Innocents, processions du dimanche, jour festival et processionnel au dimanche des Rameaux. — Fête de la résurrection au jour de Pâques, la semaine des prières et les processions avec les saintes reliques aux fêtes de saint Gall et de saint Othmar.

L'empereur Conrad Ier (de 911 à 918) se montra plus que tout autre monarque le protecteur et l'ami puissant du monastère de Saint-Gall. En 912, il se trouvait à Constance où il passa la fête de minuit auprès de l'évêque-abbé Salomon. Comme, pendant le repas royal, on vint à parler des processions magnifiques du soir qui avaient lieu chaque année à Saint-Gall pendant ces trois jours, le monarque manifesta aussitôt le désir de s'y rendre avec sa cour. A l'instant on prépara les bateaux nécessaires. Le lendemain, de bon matin, l'empereur, les évêques de la cour et le reste de sa suite étaient déjà partis à travers les ondes du lac, et, vers midi, ils gagnèrent les parages de Gall (1). Traversant la foule pleine de jubilation et d'allégresse, ils s'avancèrent vers le cloître dont les habitants, vraisemblablement avertis déjà d'avance de la prochaine arrivée de la cour, s'étaient pourvus de poésies nouvelles et de chants de réception et de salut (2). L'empereur parut. Les moines allèrent au-devant de lui en ordre et en habit religieux, et, devant le temple en dehors du cloître, on fit retentir aux oreilles du monarque béni et puissant, le cantique solennel de salut qui suit, et que l'on doit à la plume et au goût musical du doyen Waltram. La pièce portait primitivement en tête le nom de *Waldrammi Decani*.

Rex benedicte veni visens habitacula *Galli*,
*Othmari* tectis accipienda sacris.
Istud sanctorum concludit millia templum,
Quam subiens ædem, experiaris opem.
Jugiter ista suis te servet turba sub alis,
Cujus reliquias hæc tenet aula pias.
*Francia* te *Suevis*, o Rex, direxit alendis ;
Jam pecuare tuam pasce diu viduum.
Noricus, et Sclavus, Bemanus, Saxo, Toringus,
Corde manent alacri te dominante tui.
Occiduæ gentes, Hyspania, Gallia triplex
Se studeant propere sub tua sceptra dare.
Italiæ populus diverso sanguine mixtus
Ad te pigmentis, palliolisque ruat.
Ebrus, Thermoodon, Trax, Nuchul, Bosphorus, Ufens,
Sumant maxillis jam tua frena suis.
Hos inter populos nostri miserere Monarcha,
Commonitus fido a Salomone tuo (1).
Fias placatus nobis, maneasque misertus,
Quos stirps Scottorum suasit in hanc eremum.

Le manuscrit fait suivre immédiatement ce chant d'une autre pièce qu'on peut revoir à la page 32. Canisius dit de l'auteur du chant : « *Ejusdem forte* (*Waltrammi*), *immediate enim in manuscripto requiritur.* »

L'empereur Conrad passa à Saint-Gall trois jours et trois nuits, et fut très-content du séjour qu'il y fit; mais ce qui lui causa le plus de plaisir, ce fut la procession des élèves du cloître à la fête des Saints Innocents. D'après un usage très-ancien, les enfants de chœur des établissements et des cloîtres avaient, en ce jour, le privilége de diriger eux-mêmes les offices liturgiques, le chant et la procession; c'est ce dont l'empereur fut témoin à

(1) 912. Rex Chonradus in festivitate S. Stephani ad Vesperum venit ad monasterium S. Galli.
(*Hepidanni Annal.*)

(2) Rex (Conradus) littore nostrum attigit meridianus, et Sancto Gallo appropians *novis laudibus dictatis, in loco gloriosus susceptus est* (Ekkeh., *in Casibus*).

(1) « Commonitus fido *a Salomone tuo.* » Ce passage est décisif, relativement à l'usage de ce chant dans la circonstance précitée.

Saint-Gall. Dans cette circonstance, le monarque voulut éprouver d'une manière toute particulière la piété et la tenue religieuse des élèves. Il fit couvrir de pommes le sol d'un endroit à côté duquel la procession devait passer. Bientôt, au milieu de chants pieux et dans un ordre parfaitement tenu, les enfants s'approchèrent de l'endroit désigné. Quels ne furent pas l'étonnement et l'édification de l'empereur, quelle ne fut pas son admiration pour leur excellente éducation et leur discipline, lorsqu'il vit de ses propres yeux qu'aucun enfant ne se laissa séduire par l'appât d'une friandise, et que les plus petits d'entre eux évitèrent même d'étendre la main pour ramasser les fruits (1).

Pendant son séjour à Saint-Gall, l'empereur s'entretint avec les Pères du couvent; il le fit avec une affabilité bien rare, et mangea à la table ordinaire du réfectoire. De leur côté, les Pères mirent tout en œuvre pour procurer quelque plaisir à leur hôte royal et remplirent en ces jours les voûtes du réfectoire de chants d'une beauté extraordinaire (2). Avant le départ, grands et petits furent richement gratifiés, et, lorsque le monarque, vers le soir du troisième jour, se disposait à quitter Saint-Gall, le chœur des moines l'accompagna hors du monastère avec des larmes d'émotion et des chants d'adieu (3). Le jour suivant, l'empereur fit cette remarque à l'évêque Salomon, qu'il n'avait pas encore, de sa vie, passé d'aussi heureux instants qu'à Saint-Gall.

Dans ces circonstances et d'autres semblables, il ne pouvait pas manquer d'excitations et d'encouragements de diverse nature qui poussassent les moines à consacrer tous leurs talents à travailler avec ardeur au progrès du chant religieux, aux compositions poétiques et musicales. Il manquait encore moins d'hommes qui brillassent d'un éclat supérieur par rapport à la science, à l'exécution de la musique. Tel fut le doyen Waltram dont le talent musical est si célèbre dans les annales du monastère (4). Il commença, pour la fête de la Dédicace, une séquence qui débute par les mots *Solemnitatem hujus devoti filii ecclesiæ*, sur la mélodie *Fidicula* (5), avec le chant de réception à l'empereur Conrad, chant dont nous venons de parler. Il y en a un autre qu'on lui attribue avec probabilité, comme nous l'avons aussi fait observer et qui commence ainsi : *Imperatorum genimen*, etc. Toutefois, il devait l'avoir composé plus tôt. On ne connaît pas d'autres détails sur ce religieux. Il fut moine et doyen, sous l'abbé-évêque Salomon. Le décanat était alors une fonction importante dans le cloître.

Parmi les autres membres de ce corps savant, Hartmann se distingua par sa profondeur dans les sciences. Son habileté lui valut la charge de grand conseiller dans les circonstances les plus importantes de son cloître (1). Aussi, après la mort de Salomon en 920, fut-il choisi pour lui succéder comme abbé de Saint-Gall (2). Plusieurs des pièces dont il fit la poésie et la musique furent, après sa mort, chantées non-seulement dans le cloître, mais encore dans les pays environnants ; ils furent même empruntés à Saint-Gall par les papes pour l'usage de l'Église. Au commencement du XIIe siècle, on exécutait encore publiquement aux jours des Rogations ses litanies des dimanches ordinaires (3). Elles sont écrites en distiques dont le premier doit être répété après chacun des suivants. Elles commencent ainsi : *Humili prece et sincera devotione — ad te clamantes semper, exaudi nos*, etc.

Nous avons un travail non moins intéressant d'Hartmann : c'est son cantique *Sacra libri dogmata*, qui avait pour but de servir de chant avant l'annonce de l'évangile (4). Probablement ce morceau servait aussi avant le sermon, et, à cet égard, il doit être regardé comme le plus ancien qu'on possède en ce genre. Il est à regretter qu'on ne le retrouve plus en notation moderne. Au même auteur doivent être attribuées les deux belles hymnes pour la fête des Saints Innocents dont la première : *Salve lacteolo decoratum sanguine festum*, était destinée à la procession des enfants qui se faisait la veille, et la seconde : *Cum natus esset Dominus*, qu'on chantait le jour même de la fête. La première avait dans les deux premiers vers une mélodie propre, mais dans les vers suivants on répétait toujours celle qui avait été chantée au second distique. Enfin, parmi les compositions musicales de cet abbé, on trouve encore le chant de salut aux rois . *Suscipe clemen-*

(1) [De pareils détails n'appartiennent pas à l'histoire *sérieuse* de l'art. — Th. N.]

(2) Psallunt symphoniaci,
Numquam tale per se tripudium
Galli habuit refectorium (*Ekk., in Casibus.*).

(3) Discedit rex vespertinus, fratrum suorum *laudibus lacrimosis* prosecutus (*ibid.*).

(4) Waltrammus vero, cujus etiam melodiæ, quis fuerit, non celant (*Ekk., ibid.*).

(5) « Waltrammi sequentia : « *Solemnitatem*, etc., ne porte pas, en effet, son nom (Ekk. *ibid.*). Au contraire, son nom est marqué et spécifié dans le cantique à Conrad Ier.

(1) Hartmannus Consilio magnus (*Ekk., in Casibus*).

(2) Hartmannus et ipse doctissimus, Abbas cœnobii post Salomonem (*ibid.*).

(3) Has litanias nostris in diebus rogationum publice canunt (*Metzlerus apud Canis., Ant. Lect. IV*).

(4) Avec ce titre : Versus Hartmanni ante evangelium canendi.

*tem plebs devotissima regem*, dont le contenu toutefois ne dit rien qui puisse faire décider en quelle circonstance il a été exécuté. (Voyez ces vers un peu plus loin).

L'abbé Hartmann se distingua par l'activité qu'il mit à la propagation du chant grégorien. Il avait surtout à cœur de faire apprendre l'antiphonaire authentique de saint Grégoire le Grand et d'en conserver intactes les mélodies consacrées d'après les principes des chantres romains (1). Cet homme qui méritait si bien de l'école de Chant de Saint-Gall mourut en 924. A cette époque, outre le chant choral de chaque jour déterminé par l'année liturgique, il y avait beaucoup d'occasions d'exécuter d'autres cantilènes. Pour les processions et autres fêtes semblables qui arrivaient de temps en temps, le chœur de Saint-Gall avait un nombre plus que suffisant de pièces dont la poésie et la mélodie lui étaient propres, c'est-à-dire, dont les moines eux-mêmes étaient les auteurs.

Si, aux jours de Noël, les moines voulaient faire une procession, on chantait le cantique : *Salve mirificum semper Deus* (2).

Il y avait une fête particulière qui était, comme on l'a dit plus haut, celle des Saints Innocents.

Très-souvent, on célébrait les fêtes ecclésiastiques du moyen âge, comme des fêtes douces et sentimentales du peuple, et, en ces jours, l'Église établissait en principe, autant que l'édification et l'instruction du peuple le permettaient, que la doctrine et les vérités de la religion, et nommément les traits historiques de l'Évangile relatifs au sujet de la fête, fussent représentés et chantés de manière à les rendre populaires. Comme le peuple se réjouissait de cœur et d'âme aux brillantes processions, de même il s'édifiait et ranimait sa piété et sa dévotion à la vue de ces représentations religieuses et liturgiques qui lui étaient données par le haut et le bas clergé avec ses différents costumes sacerdotaux. L'un et l'autre avaient dans l'origine un caractère étroitement et absolument ecclésiastique, et eurent un rapport très-direct avec l'objet de la fête du jour.

Nous donnerons à la fin de la présente histoire les pièces *Humili prece*, *Salve lacteolo*, *Sacrata libri dogmata*, *Cum natus esset Dominus*, etc.

(1) « Maxime autem authenticum antiphonarium docere, et melodias romano more tenere sollicitus » (*Ekk.*, *IV. in Casibus*).

(2) Avec ce titre : Versus in Nativitate Domini canendi in processionibus (*Apud Canis.*, *Lect. antiq.*).

Voici les vers *ad suscipiendum regem* :

« Suscipe clementem, plebs devotissima, Regem,
Ducque canens Galli tecta sub alta pii.
Jam benedicte veni, rector dignissime mundi,
Dextera te Christi, protegat arce poli.
Actibus in cunctis tibi prospera cuncta superne
Proveniant, votis et sine fine piis.
Hoc nos instanter rogitamus pectore fido,
Hoc petimus omnes, nocte dieque simul.
Te nobis blandum dederat dilectio Christi,
Qui nosmet tanta sedulitate foves.
Insita te nobis bonitas et sancta voluntas
Ante dedit charum quam quoque visus eras.
Cernere nunc faciem liceat virtute nitentem,
Optio quod nostra sæpe cupita fuit.
Rex Dominus regum factor, rectorque potentum,
Qui te terrens prætulit imperio.
Hic te confortet semper, virtute polorum.
Et secum regno lætificet supero. »

Comme dans l'antiquité, les prêtres, au jour de la fête de saint Jean, et les diacres, à celui de la fête de saint Étienne, avaient des fonctions particulières, de même, d'après une coutume autrefois très-répandue et très-usitée dans les cathédrales et les cloîtres, les Saints Innocents étaient particulièrement le jour de fête des jeunes élèves qui, comme clercs, se vouaient au service de leurs églises respectives, et qui, par leur coopération au chant et aux cérémonies, apportaient leur contingent à la glorification de Dieu. Aussi ce jour, dès le IX$^{e}$ siècle, était-il célébré à Saint-Gall comme une charmante fête d'enfants.

On pouvait d'autant moins manquer de représentants de cet âge dans le cloître, que, d'après la coutume d'alors, les parents consacraient au Seigneur leurs enfants, pour la plupart encore dans l'âge tendre, et qu'ils les livraient aux religieux pour les élever. Ainsi la célébration d'une fête particulière de l'Église et les fonctions publiques des enfants devaient d'autant moins étonner le peuple, que déjà, depuis longtemps, il était accoutumé à leurs différentes participations à l'office divin.

Comme ces enfants étaient habitués à porter l'habit de l'ordre et à observer la règle du cloître, ils étaient de même initiés, d'après les prescriptions de Charlemagne toujours en vigueur, à la pratique de la psalmodie et à la lecture musicale ; aussi étaient-ils là pour porter continuellement secours aux moines dans l'exécution du chant ecclésiastique (1).

On ne se servait pas seulement du chœur des enfants pour le réunir à celui des hommes, mais on le faisait très-souvent agir et chanter seul, ou alterner avec ce dernier. Il n'était pas rare que les enfants chantassent, pendant la célé-

(1) Pueri psalmos, notas, cantus,.. per singula monasteria discant (*Conc. Germ.*, Tom. I, pag. 282).

bration de la messe, les tropes relatifs aux plus grandes fêtes ou ces parenthèses, phrases incidentes, ces entr'actes intercalés dans le texte de la fête, tandis que le grand chœur exécutait les paroles de la liturgie (1). Cet ancien exercice avait encore lieu dans les siècles où la population des cloîtres était moins nombreuse, avec cette différence toutefois qu'on joignait aux jeunes chantres des chapelains particuliers pour les soutenir.

On ne se servait pas moins souvent des enfants pour exécuter les séquences. Déjà à l'époque où Notker les avait composées, son maître Marcelle les fit chanter à ses élèves (2). Parmi plusieurs de ces séquences, il y a dans le texte des passages qui donnent sûrement à entendre que l'exécution se faisait avec chœur alternatif d'hommes et d'enfants, habitude qui se continua longtemps après (3).

On employait surtout le chœur d'enfants aux processions fréquentes d'autrefois et aux pèlerinages. Si la tenue extérieure des jeunes clercs et leur exécution mesurée devant le public étaient en état, dans ces circonstances, de contribuer beaucoup à l'embellissement du culte et à l'édification du peuple, leur coopération et leur mélange devaient fournir un secours, un soutien pour le chant en plein air, d'autant plus actif et d'autant plus puissant, que la voix des enfants lui donne un attrait singulier, une fraîcheur particulière et une grande variété. C'est pour cela qu'on s'en servait principalement dans les processions du dimanche autour du cloître; les enfants y chantaient le texte principal des litanies prescrites, et les hommes qui formaient ce qu'on appelait le grand chœur, en disaient le refrain (4). Vraisemblablement, c'est de cette manière qu'on exécutait la plupart des chants de cette nature (5).

Cette participation large et variée au service de l'Église occasionna dans Saint-Gall, dès la plus haute antiquité, la célébration d'une fête au jour où la sainte Innocence célèbre elle-même ses triomphes au ciel, et c'est en ce jour que la jeunesse du cloître, laquelle n'avait pas encore été souillée par les vices d'un âge plus avancé, devait être honorée et réjouie d'une manière spéciale. Grands et petits travaillaient de concert pour faire de cette journée une fête enfantine, cordiale et remarquable. Comme les premiers talents du cloître l'honoraient par leurs compositions musicales, les jeunes plantes se préparaient à donner aussi à la célébration de cette fête tout le brillant de leurs fraîches voix et des transports de la joie de leur âge (1).

Un mois avant cette fête, c'est-à-dire, le dimanche qui précède le jour de sainte Catherine, ils s'assemblaient et choisissaient parmi eux un *supérieur*: l'élu était celui qu'ils regardaient comme le plus appliqué, le plus moral et le plus sage. Il choisissait à son tour deux de ses électeurs pour *chapelains de cour*, montait avec eux sur un trône élevé, et là, tandis qu'on exécutait le chant : *Eia, eia, Virgo Deum genuit*, il se faisait rendre hommage par les autres enfants. Plus tard, le 13 décembre, il était accompagné dans l'église où l'on renouvelait cet hommage. La fête particulière d'honneur ne commençait qu'aux secondes vêpres de saint Jean, où, à l'exception des fonctions particulières attachées au caractère sacerdotal, tout le service divin était conduit et rempli par les enfants. La place de l'abbé était prise en ce jour par le directeur de ceux-ci; quand il avait fait son entrée dans le temple, il trouvait préparé un prie-Dieu magnifiquement orné. Dans le chant qui n'était exécuté que par les élèves, il avait toujours à dire pendant l'office ce qui n'appartenait qu'à l'abbé; puis, quand il retournait à l'église pour l'office du soir, il était accompagné de deux porte-flambeaux (2). La veille de la fête était célébrée par une brillante procession à laquelle toutefois ne prenaient part que les jeunes clercs.

Si cette procession ne manqua pas de causer l'émotion la plus profonde à l'empereur Conrad, ce devait être aussi pour le peuple quelque chose d'attendrissant et pour les adultes un grand sujet

(1) «Tres bene vociferati scolares canunt tropos, et chorus subsequitur» : *Kyrie eleison* (Rubrique du *Kyrie* avec le trope : *Firmator sancte firmamenti.* » — Manuscrit de Saint-Gall, n° 516, fol. 5).

(2) Quos versiculos cum magistro meo Marcello præsentarem, ille gaudio repletus, in rotulas eas congessit, et *pueris cantandos aliis alios insinuavit* (Notkeri Præfatio ad Seq.).

(3) Nunc vos, o socii, cantate lætantes alleluia
Et *vos pueroli respondete semper* alleluia
Nunc omnes canite *simul* alleluia.
(Notkeri Seq. in Sabbato ante Septuag.).

(4) Pour les litanies de Ratpert : *Ardua spes mundi*, on se servait évidemment des enfants, comme cela résulte du distique dédié aux Saints Innocents :

Innocuos pueros resonemus laude peractos
Qui modo *nos pueros* dant resonare melos.

(5) A cette espèce appartient aussi l'hymne de Théodulphe pour la procession du dimanche des Rameaux : *Gloria laus*. L'ancienne habitude de faire exécuter la première et les autres strophes de ce chant par l'alternative d'un chœur d'enfants et de prêtres s'est perpétuée dans plusieurs endroits jusqu'à nos jours.

(1) Notker composa six différentes séquences pour cette fête, et Hartmann, deux hymnes.

(2) Abarx (P. Ildeph.), *Histoire du canton de Saint-Gall*.

(3) Longum est dicere quibus jucunditatibus dies exegerit, maxime *in processione infantium*, (Ekk. *in Casibus*).

de joie, que d'entendre sortir les louanges de Dieu et la gloire des Saints Innocents de la bouche d'enfants sans tache, surtout quand en cette fête ceux-ci chantaient ces paroles solennellement émouvantes : « ô Père et Dieu, c'est toi-même que bénit la voix de ces petits enfants ; ils célèbrent d'avance, dans leurs louanges, ce saint jour qui va venir, jour où une multitude d'enfants se dévouent à une si bienheureuse mort ; jour où, avec la palme du martyre, ils s'élancent dans le royaume des cieux (1) !

Au jour même de la fête, comme nous l'avons déjà remarqué, l'ensemble du chœur se trouvait sous la direction des enfants ; ils avaient fonction aux heures canoniales et exécutaient les chants ordinaires pendant la célébration de la grand'-messe. Ce dernier office se célébrait avec le luxe et l'appareil des grandes fêtes de l'année. Pour relever encore la beauté de la fête, on intercalait dans le texte liturgique les tropes les plus gracieux. Ainsi on chantait au *Kyrie* : « Que la multitude des enfants fasse retentir sa voix, et exécute en l'honneur du Rédempteur des chants de louange et de jubilation, *Kyrie eleison*, etc. (2). » Puis avait lieu dans l'église une autre procession qu'on accompagnait d'hymnes faites exprès pour la circonstance. Ainsi, en l'honneur « des fleurs des martyrs, » on faisait retentir les voûtes du sanctuaire du chant de cette hymne qui peint si bien la prière enfantine : « Oh ! priez pour nous, enfants, pour nous qui vous adressons un pieux chant de louanges, priez afin qu'un jour, possédant votre joie céleste, nous puissions chanter éternellement avec vous (3). »

A la procession on ne manquait jamais de faire une station solennelle, où, à la conclusion de différents chants alternés, l'assistance recevait la bénédiction de l'abbé des enfants ; aux secondes vêpres, à ces paroles : *Deposuit potentes*, on lui enlevait la crosse d'abbé, et la fête enfantine était terminée. Celle-ci était aussi célébrée hors de l'église, car on mettait tout en œuvre, pour exciter les transports et les enchantements de la jubilation enfantine des élèves (1).

(1) Concinit ecce Deus tibimet grex iste pusillus
Festivum laude præveniendo diem
In qua morte pia puerorum maxima turba
Occidit, et victrix regna superba capit.

(2) Le manuscrit de Saint-Gall n° 546 renferme encore maintenant le trope qui, en ce jour, était chanté au *Kyrie* : « Puerorum caterva jubilando, voce sonora, offerat præconia Christo eja. Kyrie eleison. Sanctorum in honore concelebrat devote festum de pudio fantes eleison.

(3) *Nos vos* laudantes *pueros*
Semper juvate precibus,
Vobiscum uti jugiter
Possimus læte psallere.
(Conclusion de l'hymne d'Hartmann : « *Cum natus esset Dominus*). »

(1) Cette fête enfantine était célébrée de la même manière dans beaucoup de cathédrales et de cloîtres d'Allemagne et de France. Nous pouvons mentionner Mayence et Rouen. L'abbé Picard a fait la description de celle qui se passait dans cette dernière cathédrale, il tire son narré des monuments du XI$^e$ siècle. Nous en donnerons ici une analyse. La veille, immédiatement après la célébration de la fête de saint Jean, deux enfants de chœur en surplis et en soutane, la tête couverte d'un amict et tenant chacun à la main un flambeau allumé, se rendaient de la sacristie au chœur. Puis arrivaient dans l'église avec le même appareil les autres enfants et enfin celui qui avait été désigné d'avance pour porter en ce jour le titre et les insignes d'évêque, et recevoir les hommages de tous. Il s'avançait solennellement avec les ornements pontificaux, la mitre sur la tête et la crosse à la main. La suite des enfants se rendait ainsi à travers le chœur vers l'autel des Saints-Innocents. Pendant la marche, le chœur chantait des hymnes et des répons appropriés à cette fête. Alors, devant l'autel, on faisait en forme de station une halte solennelle vers la fin de laquelle on avertissait le peuple de s'incliner pour recevoir la bénédiction du jeune prélat ; l'avertissement était donné par ces paroles : *Humiliate vos ad benedictionem.*

Au jour même de la fête, les enfants étaient honorés avec la même distinction. A l'exception de la messe dite en leur présence par un chanoine, les enfants remplissaient toutes les fonctions du chœur avec pompe et solennité. D'après la rubrique ordinaire, cet office avait lieu selon le rit double (*duplex ritus*), mais les enfants avaient le droit de commander que ce rit fût *triple*, et on devait obéir à leur ordre : *Pueri voluntate faciunt illud* « triplex ». L'évêque commençait l'invitatoire et chantait la 9$^e$ leçon ; c'était le mode le plus solennel des Matines. Cela fini, il se rendait à la sacristie pour se revêtir des ornements pontificaux. Puis il revenait en procession comme la veille, suivi du même cortége et entonnait lui-même le *Te Deum laudamus.* On devait chanter aussi laudes et prime sous la présidence de l'enfant-évêque.

Pendant la messe, on laissait aux enfants la conduite du chœur : *Pueri regant chorum.* Eux seulement portaient la chape et exécutaient les différentes cérémonies. L'évêque commençait la séquence, l'offertoire, etc... Les enfants qui n'avaient aucun emploi particulier, occupaient les premières places du chœur. Aux vêpres, on rendait les mêmes honneurs à l'évêque qui avait les mêmes prérogatives. Cependant tout honneur finit par cesser. Au *Magnificat*, tandis que le chœur chantait ces paroles : *Deposuit potentes de sede*, on lui enlevait des mains la crosse épiscopale et on la conservait pour celui des enfants, qui, l'année suivante, devait revêtir la même dignité. Le chapitre rentrait dans ses droits, et le semainier achevait l'office (D'Ortigue, *Dictionnaire de Plain-Chant*). »

[ Le P. Schubiger aurait pu emprunter d'autres détails intéressants à une brochure intitulée : *Nouvelles recherches sur la Fête des Innocents et la Fête des Fous, qui se faisaient autrefois dans plusieurs églises et notamment dans l'église de Sens,* par M. Aimé Cherest, avocat, membre du conseil général de l'Yonne (Auxerre, 1853, in-8° de 78 pages). Le docte bénédictin connaissait ce bel opuscule par le compte-rendu que j'en ai donné, pp. 763-772 de la livraison de décembre 1856 de ma *Revue de Musique ancienne et moderne,* livraison qui a eu quelque retentissement à cause d'un article que le P. Schubiger y a fait insérer sous ce titre : *Le Père Lambillotte et ses travaux sur le chant grégorien*, pp. 721-729. — TH. NISARD.]

Les jours qui suivaient les fêtes de Noël avaient également leurs processions et leurs chants particuliers. A l'Épiphanie retentissait avec la même mélodie qu'à Noël, mais toutefois avec des variantes nombreuses de paroles, le chant de procession : *Salve mirificum.* C'est pendant cet exercice religieux qu'aux autels de Saint-Othmar et de la Sainte-Croix on chantait des versets destinés spécialement à la circonstance. Pour les processions des dimanches ordinaires, on était abondamment pourvu d'ailleurs de chants et d'hymnes, car on pouvait alternativement chanter les litanies d'Hartmann : « *Humili prece,* » ou celles de Ratpert : « *Ardua spes Mundi,* » ou celles qu'on attribue à Notker : « *Vatis supplicibus voces super astra feramus.* » Ces dernières litanies furent évidemment composées sous l'empereur Conrad, puisqu'elles renferment des prières qu'on adresse au ciel pour sa conservation et celle de son armée (1).

Pour le même but, on exécutait les litanies « *Christus ad nostras veniat camœnas* », qui probablement avaient été écrites pour l'usage de l'église de Saint-Magnus, puisqu'elles contiennent, outre l'invocation des saints anges, des apôtres, des martyrs, des confesseurs, des moines et des vierges, quelques paroles ayant directement et nommément pour but d'obtenir l'intercession de saint Magnus. Cette pièce est donnée à la fin du présent volume.

A cette époque, la procession du dimanche des Rameaux se faisait avec pompe et solennité; elle comptait une nombreuse assistance et avait un cérémonial tout particulier. Dans le cours des IX$^{e}$ et X$^{e}$ siècles, les cloîtres allemands avaient l'habitude de préparer avant l'aube du jour un brancard richement orné; on le décorait de différents objets et on y plaçait des urnes, des pyxides, le livre des évangiles, des reliquaires.

Avant prime, ce *portatorium* ou *feretrum*, comme on l'appelait, était placé publiquement dans l'église ou dans l'endroit d'où la procession devait partir. On préparait en outre tout ce qui était nécessaire pour cette fête, savoir : la croix, les chandeliers, l'encensoir, l'eau bénite, le livre des évangiles pour le diacre, des fleurs et des palmes. A l'office du matin où tous les moines devaient paraître en aube, le prêtre hebdomadaire bénissait avec la croix et l'eau bénite tous les ateliers et ouvroirs du cloître. Puis, ils se rassemblaient tous autour de l'abbé et se rendaient en ordre à l'endroit désigné en chantant des psaumes (2).

Après une courte prière, on chantait tierce, et chacun des moines ayant revêtu la chape, le diacre se levait et chantait l'évangile *Cum appropinquaret*, qui était suivi de la bénédiction des palmes et des fleurs par l'abbé. Après cette bénédiction, deux enfants chantaient les deux antiennes qui commençent par les mots : *Pueri Hæbreorum*, et le président distribuait les palmes. Après quoi, le prieur entonnait l'antienne *Collegerunt*, puis le chantre disait *Unus, autem*, avec les morceaux qui suivent.

Si la procession s'éloignait de la place désignée, tout devait se passer dans un ordre parfait. En tête marchait celui qui portait l'eau bénite, puis venaient la croix, les encensoirs, les chandeliers, l'évangile et enfin ce *portatorium* porté avec le respect le plus profond par l'abbé et un prêtre. Pendant la marche on chantait : *Cum appropinquaret... Cum audisset... Cœperunt... Ante sex dies... Occurrunt...* et *Hosanna*, selon la longueur du chemin. Le *portatorium* devenait-il trop lourd pour l'abbé, il pouvait le remettre aux prêtres. Quand la procession était arrivée à la porte de la cathédrale, elle s'arrêtait avec respect; on entonnait *Ave Rex noster*, et l'on entrait, lorsque ce chant était terminé, dans l'église dont la porte était alors aussitôt fermée. Alors on commençait avec joie et transport à chanter l'hymne de Théodulphe, qui était placée et ouverte exprès sur un pupitre de chantre, et les élèves répondaient alternativement du dehors : *Gloria laus* !!! La porte se rouvrait alors, et, suivi de l'eau bénite et de la croix, le *portatorium* se mettait de nouveau en marche.

Pendant l'entrée, les deux porte-bougeoirs, le thuriféraire, le porte-évangile, les diacres et les prêtres restaient en arrière et s'en allaient pour célébrer ensuite la messe. Le chœur des moines suivait ce brancard et le prieur commençait

(1) Ut rex noster Conradus, ejus et exercitus
Hinc et inde servetur, oramus, Christe audi nos.
(*Litania rhythmica Notkeri magistri*; voyez ces litanies à la fin.)

(2) « Cum moderamine et disciplina psalmos canentes. (*Consuetudines monachorum*, Cod. Eins. 235, sæc: x). » Ce manuscrit qui n'a pas encore reçu les honnneurs de l'impression, contient les usages et les statuts tels qu'ils étaient arrêtés et pratiqués au X$^{e}$ siècle dans le cloître de Saint-Émeran, à Ratisbonne. Qu'ils aient été destinés à ce cloître, c'est ce qui résulte des suffrages prescrits aux vêpres et aux laudes, où, après les commémoraisons des saints Apôtres, on en faisait suivre immédiatement une de saint Émeran C'est saint Guillaume, fondateur de la congregation des Hirsaugiens d'Eschil, nommé en la préface, qui bâtit le monastère de Saint-Thomas en un lieu que l'on appelle *Paraclet*, où les religieux vivaient selon la règle et l'institut de saint Augustin. Eschile se trouvait dans le diocèse de Roschild dont l'évêque Guillaume avait appelé en Danemark ce saint Guillaume dont il est ici question. « Postquam ego frater Wilhelmus Dei ordinatione, et fratrum Hirsaugiensium electione ejusdem loci *provisor* sum constitutus, indidi eis in primis, quas a puero didiceram in monasterio sancti Emmerani regularis vitæ *Consuetudines* (Hergott, *vetus disciplina mon.*, pag. 375).

d'une voix élevée l'antienne : *Ingrediente Domino*,

Au son des cloches, le maître des cérémonies entonnait alors l'introït de la messe : *Domine ne longe ;* le *portatorium* était solennellement placé sur l'autel où il restait exposé jusqu'après les vêpres.

C'est absolument de cette manière qu'on célébrait la fête des palmes dans le cloître de Saint-Gall. Là aussi le *portatorium*, orné de reliques et d'autres objets de piété, était porté en procession solennelle de la cathédrale dans l'église de Saint-Magnus, et, soit pendant l'aller, soit pendant le retour, le chœur des chantres exécutait les morceaux précités. Cet usage existait encore dans le xv<sup>e</sup> siècle avec cette seule différence qu'on mettait le Saint-Sacrement dans le Saint-Ciboire, et qu'on le portait en procession (1).

Comme dans la plupart des églises du royaume Franc, de même aussi dans celle de Saint-Gall, on célébrait devant le peuple la fête de la Résurrection avec des drames et des chants religieux (2). Les personnages représentaient Jésus-Christ, Pierre, Jean, deux anges, Marie-Madeleine, deux autres saintes femmes ; à ces acteurs se joignait tout le clergé. Les prêtres et les chantres, vêtus de différents habits sacerdotaux, prenaient seuls part à l'action. Voici comment on procédait. Le vendredi-saint, lorsque l'image ou la statue du Crucifié avait été enveloppée de draps mortuaires blancs et qu'on l'avait mise dans le saint-sépulcre, deux ou trois prêtres ou diacres se rendaient au tombeau, pendant la nuit de Pâques, avec la chape blanche et la tête couverte d'un *humérole* et munis d'un encensoir. Ils avaient pour but de figurer les trois saintes femmes qui visitèrent le tombeau du Sauveur le matin de Pâques. Pendant leur voyage ils chantaient d'une manière solennelle et avec une gravité soutenue l'antienne : « *Qui nous enlèvera la pierre de l'entrée du tombeau? Alleluia !* »

(1) Abarx, *Histoire du canton de Saint-Gall.*

(2) Au xv<sup>e</sup> et au xvi<sup>e</sup> siècle, le peuple terminait cette fête par les chants allemands que voici : « Jésus-Christ est res« suscité, et, telle est la sainteté de ce jour, qu'aucun « homme ne peut assez la célébrer par ses louanges, car le « saint Fils de Dieu, la sainteté même, a triomphé de l'enfer « et enchaîné le démon exécrable ; c'est par là que le Sei« gneur a délivré la chrétienté, et a toujours été le Christ « même : *Kyrie eleison* (ms. de Saint-Gall, n° 448, du 15e « siècle) (3).

(3) Voici les paroles allemandes :
Also heilig ist der Tag
Das ihn kein Mensch mit Lobe erfüllen mag,
Denn der heilige Gottes son,
Der die Hell überwandt
Und den leidigen Teufel darin bandt,
Damit erlost der Heer die Christenheit
Und war Christselber. Kyrie eleison.

Cependant, deux autres clercs, représentant les deux anges, ayant la dalmatique et la tête également couverte de l'*humérole*, gardaient le tombeau. Quand les deux premiers avaient terminé leur chant, les deux anges et les femmes commençaient ainsi le leur en alternant.

Les anges : *Qui cherchez-vous dans le tombeau, ô chrétiennes ?*

Les hommes : *Jésus de Nazareth crucifié, ô envoyés célestes !*

Les anges : *Il n'est pas ici, il est ressuscité. Alleluia ! Venez et voyez le lieu où l'on avait déposé le Seigneur. Alleluia, alleluia !*

Pendant la dernière antienne arrivaient les trois clercs qui représentaient les saintes femmes à cette place où était le crucifix qu'on avait déjà éloigné avant la fête de la Résurrection, et, après avoir encensé cet endroit, ils prenaient le linceul, l'étendaient entre eux, emportaient les parfums et retournaient au chœur en chantant à demi-voix :

Les saintes femmes : *Que les juifs disent comment les soldats qui gardaient le sépulcre ont perdu le roi, puisqu'il était couvert et fermé d'une pierre? Pourquoi ne gardèrent-ils pas la pierre de la justice? Puissent-ils ou nous rendre celui qui y a été enseveli ou adorer avec nous le Ressuscité et chanter : Alleluia* !

Puis, retournant vers les disciples du Christ, elles chantaient : *Nous vînmes au tombeau en pleurant et nous vîmes un ange du Seigneur qui s'assit là et nous dit que Jésus-Christ était ressuscité.*

A ce moment apparaissait à l'autel un prêtre en chasuble rouge tenant en main le drapeau de la résurrection, et représentant le Sauveur ressuscité, tel qu'il se fit connaître aux saintes femmes.

Toute la fête se terminait par les chants joyeux de Pâques et le *Te Deum* (1).

(1) Anciennement cette représentation était presque partout usitée de la manière et avec l'étendue que nous venons de décrire ; plus tard, on en augmenta considérablement les circonstances et les formes dans plusieurs endroits. Le manuscrit d'Einsiedeln, n° 300, du xii<sup>e</sup> siècle, manuscrit dans lequel les chants sont notés en neumes, nous la décrit ainsi : Acteurs, personnages et chantres, J.-C., un ange, Pierre, Jean, Marie-Madeleine, les deux autres femmes et le chœur tout entier des chantres. D'abord apparaissent les saintes femmes autour du tombeau ; elles déplorent la mort du Rédempteur par des chants émouvants. Puis vient le chœur alternant avec l'ange qui leur annonce la résurrection de J.-C. Alors les femmes reviennent du tombeau et racontent au chœur l'apparition céleste ; le chœur des Apôtres répond à ce récit. Ensuite Madeleine décrit dans un chant d'une certaine étendue comment elle est allée au tombeau et comment elle a trouvé la pierre enlevée. Alors le chœur commence l'antienne *Una sabbati*, pendant laquelle les femmes en silence retournent au tombeau où Madeleine cherche le Sauveur de tous côtés ; alors on commence par exécuter l'hymne : *Victimæ paschali laudes*. Avant ces

A la fête de Saint-Marc on allait avec des chants solennels à l'église de Saint-Magnus, et, si on plaçait les grandes processions dans la semaine des rogations qui suit la Sainte-Croix, si, pour se rendre à cette église on franchissait les hauteurs et les plaines, les champs et les bois, les collines et les vallées, tous, grands et petits, faisaient retentir les admirables et gracieux chants des moines de Saint-Gall. Dans ces processions ou excursions religieuses, la jeunesse du cloître passait la première; elle était suivie par les ecclésiastiques en fonction; puis venait le chœur des moines qui portaient les reliques de leurs églises dans des châsses, et enfin prenait place le peuple qui accompagnait la procession. Si, dans ces sortes de marches, on venait à porter les vénérables restes du père de leur pays, c'est-à-dire de saint Gall ou d'autres saints, on envoyait aux échos des montagnes et des vallées les chants qui suivent (1) :

Le cortége se dirigeait-il à travers les champs et la nature inculte, on conjurait le ciel, la terre et toute l'admirable création de chanter les louanges de l'Éternel :

Jamque cœlum jamque terra,
Jamque pontus laudibus
Plaudat, atque circumquaque
Vox emissa plebibus,
Auctorem patremque tanti
Tamque clari luminis.
Hinc exultent astra cœli,
Lacteusque circulus,
Signa tum bissena saltent,
Et corona nobilis
Ornatusque totus soli
Conditori cognitus.
Nos istorum semper
Clara sequenti musica
Sanctitati tantæ cantu
Personemus bombico,
Exaudire quod delectet
Cuncti plasten sæculi.
His inceptis assit alma
*Felix* et *Theotocus*.
Assit Petrus, hunc sequatur
Omnis atque apostolus,
Martyr et confessor,
Atque turba sancta virginum.
Nunc redemptor et creator,
Auctor veri gaudii,
Largiatur aptam vobis
Virtutis fiduciam,
Ut sibi valendo digna,
Captemus perennia.

C'est en exécutant les chants dont nous venons de parler et d'autres semblables qu'on se rendait le lundi des rogations à Saint-Gall, et, si la procession arrivait jusqu'à cet endroit de la vallée qui se trouve renfermé entre de hautes montagnes, endroit où trois ponts, éloignés les uns des autres de la distance d'un fort jet de pierre, transportent le passant au-delà du fleuve qui sort de la montagne, on chantait la célèbre antienne de Notker : *Media vita in morte sumus*, que répétaient les échos de la montagne et de la vallée (1).

Hymnum dicat, et serena
Partiatur dragmata,
Dulce pondus et beatum
In lectica deferens.

Scandens et descendens inter
Montium confinia,
Silvarum scrutando loca
Valliumque concava,
Nullus expers ut locus sit
Illius solaminis.

mots : *Dic nobis Maria*, J.-C. paraît tout à coup et se fait connaître à Madeleine en l'appelant trois fois par son nom.

Tandis qu'on poursuit alternativement l'hymne précitée, Madeleine tombe aux pieds de J.-C., adore le Sauveur et lui adresse cette triple invocation et exclamation : « *Dieu saint! père saint! saint immortel! ayez pitié de nous!* » Puis elle retourne vers le chœur en continuant les paroles de l'hymne pascale : *Surrexit sicut dixit*, etc., auxquelles le chœur répond : *Dic nobis Maria;* puis Madeleine dit à son tour : *Sepulchrum vidi*, etc., et le chœur : *Credendum est magis Mariæ veraci quam Judæorum turbæ fallaci. Scimus Christum surrexisse*, etc. Après que ce chant alterné est fini, Jean et Pierre accourent avec les saintes femmes au tombeau où Jean arrive avant les autres, tandis que le chœur chante l'antienne : *Currebant duo simul*, etc.; mais, comme dans le tombeau ils ne trouvent pas le saint dépôt, ils chantent avec joie et transport la fin des vers de l'hymne pascale de Notker : « *Ergo dic ista exultemus* », et : « *Astra, solum, mare.* » Enfin tout le chœur s'émeut et attaque les chants de joie : *Te Deum* et *Gloria in excelsis Deo*, avec ces phrases incidentes remarquables : *Qui pater est matris summi sapientia patris. Et in terra pax hominibus bonæ voluntatis, qui meritum veræ pacis non demeruere. Laudamus te, armiger invicte! Benedicimus te, leo magne, Deus benedicte! Adoramus te. Te tua plebs orat. Glorificamus te. Te laudat, adorat, honorat. Gratias agimus tibi propter magnam gloriam tuam. Gloria quidem magna creat et stirpat, beat idem. Domine Deus*, etc. On trouve ces caprices du chant de Pâques plus ou moins variés, aussi bien en notation neumatique que guidonienne, dans les manuscrits soit de Reichnau n° 59 (comme on le voit page 20, Note 2), soit d'Einsiedeln, frag. 1 noté en neumes sur des lignes; soit d'Engelberg 1 5/9 en neumes et 14/25 en notes chorales ou carrées s'accordant presque parfaitement avec le manuscrit que nous avons cité plus haut.

(1) Tirés d'un manuscrit de Saint-Gall avec ce titre : *Versus ad solemnem per campos et montes processionem de reliquiis St-Galli, ibi tum præsentibus* (Canisii Lect. ant.)

Jam fidelis turba fratrum
Voce dulci consonet,

(1) Statuerunt quoque (antiqui monachi S. Galli) hanc Antiphonam annuatim cantari feria secunda rogationum ad S. Ycorium, quæ hucusque, sicut statuerunt, cantatur in convallibus magnorum montium, infra quos tres pontes fluminis distant ad magnam jacturam lapidis ab invicem. (Manuscrit de Saint-Gall, n° 546, fol. 319.)

Pour de semblables circonstances on se servait encore d'une autre hymne qui, évidemment, avait été composée pour être exécutée aux processions solennelles avec les reliques de saint Magnus :

O rector invictissime,
Regumque sator inclyte
Nostras preces cum carmine
Intende nunc piissime,
Timenda res est denique,
Presumimus quam tangere
Artus est horum pangere
Quos tu beasti in æthere.
Absterge nostra quæsumus
Peccata, quæ commisimus,
Ut sancta membra tangere
Non pœna sit, sed premium.
Adest fides promptissima,
Spondens per ista munia
Nos adjuvari certius ;
Discedat hinc jam perfidus.
Nam Spiritus ex sidere
Hæc creditur revisere,
Gaudens honorem provehi
Quandoque reddendum sibi.
Nunc Magnus iste nomine,
Majorque Christi munere,
Defendat alma gratia.
Plebis viantis pectora,
Portamus ecce cernui.
Pignus decoris splendidi,
Nunc plane, nunc per ardua
Ad sedis apta culmina.
Hic civium cœlestium
Lux clara splendet obvia,
Ac compares fidissimi
Junguntur ore nobili.
Illinc parentis gloriam
Summique Nati gratiam
Cum claritate Spiritus
Lætis canamus vocibus.

Nous rapporterons ici une pièce de Ratpert sur saint Magnus, intitulée dans le manuscrit : *Versus Ratperti de Sancto Magno :*

Mire cunctorum Deus et creator,
Mitis et fortis, solidator orbis,
Vota servorum tibi subditorum
Aspice clemens.

Pangimus clarum cupidi triumphum,
Mente gaudentes, simul et precantes,
Sanctus ut præsens super astra gaudens
Nos benedicat.

Ille dum vita fruitur caduca,
Lucis æternæ radios videre,
Viribus cordis studuit sub imis
Fretus ab altis.

Nomen hic *Magni* reserando plebi
Viribus magnis, colitur celebris,
Auctus a *Gallo* superis amando
Dogmate largo.

Hostis immitem domuit furorem,
Pacis authorem comitando suavem.
Omnibus sanctæ placidæque vitæ.
Normula factus.

Ille post clarum remanens *magistrum*,
Ejus exemplis inhians beatis
Turbidum mundi reprobans honorem,
Terrea sprevit.

Spiritu pauper fuit hic minister
Hinc et in regno micat ille dexter,
Mitis exstabat, tenet atque terram
Viva gerentem,

Fervido planctu simul hic dolebat
Inde solatum Dominus coronat,
Tristibus spretis, lacrymisque tersis
Perpete regno. Mire.

Famis injustæ, pariter sitisque
Damna perpessus, fuit hic beatus,
Unde divinis dapibus repletus
Gaudet in astris. Mire.

Corde nam mundo fuit atque puro,
Hic Deum clare meruit videre,
Filius summi simul et vocari
Pacificer ipse. Mire.

Persecutorem toleravit iste,
Justa dum vovit, Dominoque reddit,
Inde cœlestem merito decorem
Possidet ipse. Mire.

Bis quater summis speciebus cere
Præditus splendet pater hic beatus
Omnibus nobis veniam benignus
Conferat idem. Mire.

Inde nunc cœli rutilans in aulam
Cujus æternæ sociusque turmæ
Nostra placatus pius et benignus
Crimina tergat.

Prostet hoc nobis genitor perennis.
Natus, et plenus patrii vigoris
Spiritus sancti moderante nostros
Lumine sensus. Mire.

Nous venons de parler des solennités des rogations ; abordons maintenant celle de la Pentecôte. Dès la veille, à la procession qui fait un entr'acte dans les cérémonies du renouvellement des fonts baptismaux, le temple retentissait du chant des litanies de Ratpert, intitulées : *Ad descensum fontis :*

Rex sanctorum angelorum
Totum mundum adjuva.
Ora primum tu pro nobis
Virgo mater germinis,
Et minister Patris summi
Ordines angelici.
Supplicate Christo regi
Cœtus apostolici ;
Supplicetque per magnorum
Sanguis fusus martyrum
Sancte Galle, pater alme,
Tuo fac oramine,
Quod dignetur his festivis
Interesse gaudiis.
Implorate, confessores
Consonæque virgines,
Quod donetur magnæ nobis
Tempus indulgentiæ.
Omnes sancti atque justi
Vos precamur cernui,
Ut purgetur crimen omne
Vestro sublevamine.

Hujus, Christe rector alme,
Plebis vota suscipe,
Qui plasmasti protoplastum
Ut genus gignentium,
Fac in terra fontis hujus
Sacratum mysterium,
Qui profluxit cum cruore
Sacro Christi corpore
Mitte sanctum nunc amborum
Spiritum paraclitum
In hanc plebem, quam recentem
Fons *baptismi* parturit.
Præsta Patris atque Nati
Compar sancte spiritus,
Ut te solum semper omni
Diligamus tempore.
Rex sanctorum angelorum totum mundum adjuva.

L'automne avait aussi ses belles fêtes, telles que celles de saint Gall et de saint Othmar. Dans ces solennités on faisait de brillantes processions, et les moines, sous l'inspiration de leur dévotion et de leur piété, chantaient ces belles paroles de Ratpert :

Annua, sancte Dei, celebremus festa diei,
Qua pater e terris sydera, *Galle*, petis.
Ecce dies populis micat hæc sanctissima nostris,
Quorum tu princeps auctor ad astra meas,
Finibus occiduis abiens, succedit evis,
Dans lucem plebis dogmatis igne tui.
Quæ tenebrosa fuit fidei nec luce refulsit,
Per te cœlestem cœpit habere diem;
Hic ubi nocticolæ tenuêre cubilia larvæ,
Ad laudem Christi psallit ubique chorus.
Hic fuit ecce feris statio gratissima sævis;
Nunc sedes sanctis te resonante manet.
Tu pater huc veniens, fers tecum pacis honores;
Hinc totum pellens quidquid adesse nocet.
Expuleras nocuum, complens dulcedine totum,
Quo corpus linquens, spiritus astra petit.
En hodie meritum tu post certamina palmam
Sumpsisti *Galli*, protege nos hodie.
Jam super astra nitens famulorum suscipe laudes,
Qui tibi devoto nunc jubilant modulo.
Aspice propitius venerantes nobile pignus,
Corpus præclarum, *Galle beate*, tuum.
Aspice quæ caninus, expugna corda benignus,
In rebus cunctis rector adesto tuis.
Hinc Domino trino læti pangamus et uno,
Qui nos nunc talem fecit habere patrem. Amen.

A la fête de saint Othmar, on chantait les paroles suivantes d'un auteur inconnu (1) :

Festum sacratum psallimus,
Christo canentes laudibus
Qui dat coronam testibus,
Nobis det indulgentiam.
*Othmarus* abbas vocibus
Orandus est concordibus,
Quem factor ipse cœlitus
Donavit hic virtutibus.
Hunc esse patrem patriæ
Lætetur omnis Suevia,
His natus, hos nunc confovet,
Placando Christum plebibus.
Hic donâ sancti Spiritus,
Accepit annis parvulus,
Ipsum datorem munerum
Spargens in oras exteras.
Omnes gradus hic presbyter
Orant beatis moribus,
Patri preces cœlestium
Votis litando munerum.
Communis hic vitæ sator
Seu magnus extat conditor ;
Prælatus abbas incolis
Hujus loci prænobilis,
Fit pauper hic pro paupere,
Cunctos egentes confovens,
Dum quod dat eis parvulis,
Christum respectat, fratribus.
Nunc gaudet in regno Dei
Functus corona præmii
Quam Christus illi reddidit,
Pro quo labores sustulit.
Gallo patri laudabili
Othmarus abbas jungitur,
Istum locum qui jugiter
Tutentur, et nos supplices.
Virtute semet vivere
Demonstrat hic credentibus,
Certum fide quod quærimus,
Præbet pater sanctissimus.
Effunde voces plebs Dei,
Commisssa defle noxia,
Astat rogator gratiæ,
Reddens æquum quod suscipit.
Absolve clementissime
Nexu ligatos criminis,
Delens malum quod respuis,
Addens bonum quod respicis.
Laus sempiterno sit Patri
Nec non perenni Filio,
Sanctoque sit Spiramini,
Per sæculorum sæcula.

Voilà comment, d'année en année, les chants et les fêtes ordinaires s'alternaient, dans ce célèbre monastère de Saint-Gall, avec les grandes solennités chrétiennes, et comment son école de chant pouvait se fortifier et s'approprier pour longtemps de nouveaux éléments de prospérité et de fraîcheur.

(1) *Festum sacratum psallimus*. Avec ce titre : *Versus ad processionem, in festivitate sancti Othmari*.

# CHAPITRE IX

Chants solennels exécutés en présence des empereurs et des rois.—Lütolf, fils d'Othon le Grand, à Saint-Gall. — Progrès de l'art.—Ekkehard Ier, ses séquences, ses hymnes et ses autres chants. — Ekkehard II, sa séquence sur saint Désiré. — Notker Physicus, ses chants sur saint Othmar et d'autres saints; son hymne à l'empereur. — Réception solennelle des évêques. — L'empereur Othon le Grand visite Saint-Gall; chant de salut. — Multiplication des livres destinés au chant romain. — Sintram, Godescalc, Kunibert, Hartker et Luiter écrivent des livres ecclésiastiques et copient les antiphonaires.

La coutume de prier et de chanter publiquement dans l'église pour le bonheur, la prospérité et le salut de l'autorité ecclésiastique et laïque ou pour la conservation de toute une communauté, d'un peuple, d'une nation, était déjà en vigueur à Saint-Gall dans le IXe comme dans le Xe siècle. Cela se faisait ordinairement en présence de hauts princes ecclésiastiques ou laïques, et consistait dans un chant alterné entre des prêtres et des clercs; le peuple aussi y prenait probablement part, ce qui était d'autant plus facile que ce chant n'était composé que de versets très-courts qui se répétaient plusieurs fois. D'anciens manuscrits donnent cette espèce de chant dans la forme suivante :

« Hunc diem. ℟. Multos annos.
Hunc diem. ℟. Multos annos.
Hunc diem. ℟. Multos annos.
Istam congregationem. ℟. Deus conservet.
Istam congregationem. ℟. Deus conservet.
Istam congregationem. ℟. Deus conservet.
Annos vitæ. ℟. Deus multiplicet.
Annos vitæ. ℟. Deus multiplicet.
Annos vitæ. ℟. Deus multiplicet.
Feliciter. Feliciter. Feliciter.
(Apud *Canisium*). »

Un autre chant d'exclamation était emprunté aux litanies du roi Louis et avait le refrain suivant : *Christus vincit*, *Christus regnat*, *Christus imperat*. Voici un exemple de ces litanies, outre celui qu'on peut voir à la page 30. Dans le manuscrit elles portent pour titre : *Litaniæ anonymi ejusdem P. S. Galli.*

Auxilium nostrum, XRS vincit.
Fortitudo nostra. XRS vincit.
Prudentia et temperantia nostra. XRS vincit.
Liberatio et redemptio nostra. XRS vincit.
Murus noster inexpugnabilis. XRS vincit.
Victoria nostra. XRS vincit.
Defensio et exaltatio nostra. XRS vincit.
Ipsi soli imperium, gloria et potestas, per infinita sæcula sæculorum. Amen.
Ipsi soli laus, honor et jubilatio, per infinita sæcula sæculorum. Amen.
Ipsi soli virtus et fortitudo et victoria, per omnia sæcula sæculorum. Amen.
XRS vincit, XRS regnat, XRS imperat. (*tribus vicibus*).
Christe audi nos. (*tribus vicibus*).
Kyrie eleison. Christe eleison. Kyrie eleison!

Souvent à cette époque, le monastère recevait des visites de princes qui lui fournissaient l'occasion de très-belles poésies et l'obligeaient à exécuter des chants d'accueil, de réception, de bienvenue. Il arrivait aussi que des visites de cette sorte surprenaient les moines. Dans ce cas, on se restreignait à des passages particuliers tirés de l'Écriture-Sainte, on les assemblait, on les arrangeait à cette fin. Tel est le chant de salut qui suit; il porte ce titre : *Versus ad regem suscipiendum.*

Salve proles regum invictissimorum :
Dominus Deus exercituum memoriale tuum. Salve.
Et tu ad Dominum Deum tuum converteris. Salve.
Misericordiam et judicium custodi. Salve.
Et spera in Domino Deo tuo semper. Salve.
Salve proles regum invictissimorum.

Lorsqu'en l'année 958, le jour de la fête de saint-Gall, Lütolf (1), fils de l'empereur Othon le Grand

(1) Liutolfus Deo carus et omnibus sanctis, filius Ottonis Regis, cum Heremanno Duce venit primitus ad monasterium Sancti-Galli in festivitate ipsius.
(*Hepidanni Annal.*, *ad annum* 948).

arriva pour la première fois à Saint-Gall, accompagné du duc Hermann, il fut probablement reçu avec le chant précédent ou peut-être avec celui-ci :

« Salut, ô jour solennel, jour digne de louan-
« ges, jour heureux où le Seigneur, du haut
« du ciel, jette un regard sur le serviteur, etc.....
« (1). »

Toutefois lorsque ce prince, après un séjour de deux jours, repartit, il fut accompagné hors du monastère au milieu des chants d'acclamation et de souhaits (2).

Quant aux progrès et à l'exaltation de notre saint art, disons qu'il y eut encore à Saint-Gall d'autres hommes renommés et savants qui s'y dévouèrent. Parmi ces derniers, se distingua le doyen Ekkehard.

Pendant sa vie, il accomplit le vœu qu'il avait fait d'aller à Rome, où sa science distinguée éveilla l'attention du pape à un si haut degré, qu'il le traita comme son plus intime ami et le retint longtemps auprès de lui. Après une maladie pendant laquelle le pape le visita plusieurs fois et lui fit prodiguer tous les soins, il revint dans son cloître, où, notamment, ses travaux sur le chant religieux lui valurent la réputation la plus méritée.

Parmi ses ouvrages on trouve la séquence à la sainte Trinité : *Prompta mente canamus;* celle de saint Jean-Baptiste : *Summum præconem Christi* sur la mélodie *Captiva;* celle sur le fondateur saint Benoît : *Qui benedici cupitis* sur la mélodie *Justus germinavit;* et enfin celle de saint Colomban : *A solis occasu*, sur la mélodie *Beatus vir* (3).

(1) Salve, festa dies, laudabilis atque beata,
Qua Deus in servum vidit ab arce suum.
Ecce redit princeps laudandus carmine nostro,
Gaudia sint, populo quod redit ille suo.
Vive diu, Princeps, post plurima prælia victor,
Undique deficiant, qui tua damna petunt.
Virtutum meritis tua vita refulget honesta,
Hinc te laude frui fecit in orbe Deus.
Infula sincerum nunc ornet splendida vultum,
Omnipotens tibi laus detur abinde Deus.
Invidia magna correptus præsul iniquus
Invidet, atque gemit quod Deus ista facit.
Nequiter intendens te vincere vincitur ille,
Concidit in foveam cujus et auctor erat.
Defensus meritis, in honore manens bone princeps,
Digne susciperis; psallimus inde tibi;
Nos tuus adventus condigne psallere cogit,
Sit tibi pax requies, sit benedicta dies. »
(Apud *Canisium*, avec ce titre : *In susceptione Principis.*)

(2) Liutolfus monasterio biduum immoratus... *fausta sibi clamantium vocibus prosecutus recessit.*
(*Ekkeh. in Casibus.*)

(3) Ekkehard, *in Casibus*. Nous donnons au lecteur, parmi les exemples du n° 43, la dernière des séquences citées d'Ekkehard Ier.

A ne considérer même que leur texte, ces séquences doivent être regardées comme l'œuvre exclusive d'Ekkehard, quoique leurs mélodies soient déjà contenues dans celles de Notker; toutefois, il ressort de ce travail où il a si bien compris la manière d'arranger les mots avec la mélodie, qu'il était habile dans l'art d'adapter le texte au chant. Ses poésies ressemblent tellement à celles de Notker Balbulus à qui on les attribuait dans les plus anciens manuscrits, qu'on les prendrait pour l'ouvrage de ce dernier, si Ekkehard IV ne nous avait conservé le véritable nom de l'auteur.

Voici le cantique d'Ekkeard Ier à la louange du grand fondateur saint Benoît :

« Celui qui désire la bénédiction de Dieu,
« qu'il accoure et implore le nom de saint Benoît.
« Ce vénéré patriarche méprisa les choses ter-
« restres et dirigea son esprit vers le ciel dont il
« nous a montré le chemin de la simplicité d'une
« vie pieuse qui peut seule nous y conduire. Déjà,
« dans la première fleur de la jeunesse, dans
« l'âge le plus tendre, il brillait par ses mœurs
« austères et réfléchies; surmontant les appats de
« la chair rebelle et sans frein, il se montra
« comme le vase du Saint-Esprit. Les nombreu-
« ses âmes qu'il a gagnées au Seigneur, l'Éternel
« seul les a comptées, et les plaintes de l'en-
« nemi des âmes sont une preuve que le saint a
« renversé, par le secours du ciel, les nouveaux
« artifices d'une puissance sanguinaire et cruelle.
« Par le signe de la croix, il brisa, comme une
« pierre fragile, le vase où écumait le poison du
« breuvage infernal. »

« A l'exemple du roi David, il déplore le malheur
« des persécuteurs, et, avec l'esprit prophétique
« d'Élisée, il annonce les événements. Ainsi que
« Moïse, il fait jaillir une source d'eau vive; il
« parle, et le fer surnage au-dessus des flots.
« Comme autrefois le Seigneur à l'égard de Pierre,
« il fait marcher Maurus sur la surface de l'eau,
« domptant par sa prière la nature de cet élément.
« Il essuie les yeux d'un père qui a été privé de
« son fils, et il appelle le mort à une nouvelle vie.
« La nuit, il voit toute la terre comme lorsque le
« soleil l'éclaire de ses rayons. Il annonce à ses
« chers frères l'heureux jour de sa mort, jour dont
« il savait d'avance l'heure précise.

« Lorsque ce jour tant désiré eut lui et que le
« saint se fut élancé vers sa demeure éternelle,
« quelques frères virent sur son chemin d'ascen-
« sion des rayons éclatants qui les émerveillèrent;
« ils entendirent des voix qui les charmaient et
« leur disaient : Voilà la voie par laquelle le père
« Benoît vient de monter au ciel. Puisse le Christ
« nous faire la grâce de l'y suivre ! »

A la prière de Lütolf, évêque d'Augsbourg, le doyen Ekkehard composa l'office de sainte Afre, martyre, savoir : les antiennes, la séquence et l'hymne *O martyr æterni Patris*, qui était aussi usitée pour les confesseurs, moyennant ce changement initial : *Confessor æterni Patris* (1). On doit de plus lui attribuer les chants : *Ambulans Jesus* et *Adoremus gloriosissimum*. Malheureusement, on a perdu une traduction latine qu'il avait faite de l'hymne allemande de Carloman, hymne dont il est impossible de retrouver le texte original et la mélodie. C'était évidemment un chant national que l'on exécutait à l'époque et à la louange de Carloman; il était semblable à l'hymne de Louis le Germanique, lequel était très-répandu : « Je connais un roi, qui s'appelle « Louis, je sais qu'il sert Dieu et qu'il lui obéit; « je sais aussi que Dieu le récompense, *etc.* « (2). »

Il paraît qu'on ne nous a conservé de l'hymne à Carloman que le commencement seul de la traduction renfermé dans ces paroles : *Mole ut vincendi, ipse quoque opponum* (3). Enfin la séquence, sur saint Constance, commençant par ces mots : *Christo regi regum virgo*, nous est encore donnée comme étant l'ouvrage d'Ekkehard.

(1) Scripsit doctus ille sequentias : Prompta mente canamus. Summum præconem Christi. Qui benedici cupitis. A solis occasu. De sancta Afra antiphonas, Luitolfo episcopo et sequentiam dictavit. Ymnum : O martyr æterni patris. Ambulans Ihesus. Adoremus gloriosissimum. (*Ekkeh, in Casibus*).

Voici le texte de l'hymne : *Confessor æterni Patris* avec ce titre : *Ekkehardi decani Hymnus de simplici confessore :*

Confessor æterni Patris
Invicte miles Filii
Athleta fortis Spiritus,
Nobis fove pascentibus.
Crucem Christi tu bajulas,
Christoque confixus cruci
Jocunda spernens sæculi
Gaudes modo in regno Dei.
Nunc ergo nobis quæsumus,
Præsens adesto cominus,
Omne impetrando commodum,
Atque perenne gaudium. Præsta.

(2) Einan kuning weiz ih, Heizsit her Hludvig.
Ther gerno Gode thionot, Ih weiz her imo-S lanot, *etc.*

(3) Ut in *Lidio charromannico* : Mole ut vincendi ipse quoque opponam (*ibidem*). Qu'un chant semblable existât, c'est ce qui est confirmé par un poëte, nommé Saxon, du x<sup>e</sup> siècle, qui dit :

« Est quoque jam notum : vulgaria carmina magnis
Laudibus ejus avos et proavos celebrant.
Pippinos, Carolos, Hludowicos et Theodricos,
Et *Carlomannos*, Hlotariosque canunt. »

La mélodie du poëme dédié à Carloman était aussi employée pour les séquences : par exemple, pour celle de saint Paul : *Concurrite huc populi*, avec le titre de la mélodie : *Lyddy Karlomannici*, ms. de Saint-Gall, n° 546.

Le savant homme mourut en 978 (1).

Parmi les auteurs les plus célèbres de son temps, nous devons mentionner Ekkehard II (*Palatinus*), neveu du Frère d'Ekkeard I. Il se distingua d'une manière éclatante par son éloquence, par ses connaissances philologiques et son habileté dans les arts. Il eut, comme professeur, la direction de l'école externe et interne du cloître, et il s'en acquittait avec une telle sévérité, qu'il ne permettait pas à ses élèves, à l'exception cependant des plus petits, de converser autrement qu'en latin (2). La renommée de ses connaissances et de son profond savoir parvint jusqu'aux palais des princes; la duchesse Hadwig le choisit pour être son professeur de latin et de grec; plus tard, il fut appelé par l'empereur Othon à la cour où il prenait part aux conseils les plus importants des affaires publiques, et fut en même temps précepteur des jeunes princes impériaux.

On sait qu'elle reconnaissance on lui témoigna pour les services qu'il rendit à la cause et aux progrès du chant religieux; cette reconnaissance lui fut surtout exprimée, lors de la visite que firent au cloître de Saint-Gall huit évêques et huit abbés en 996. On célébra, pendant leur séjour, la fête de saint Désiré, et le chœur des chantres y exécuta le plus mélodieusement possible la séquence de ce jour : *Summis conatibus* (3), A peine le chant était-il terminé, que les évêques ne purent s'empêcher de faire éclater, par des louanges, leur reconnaissance envers Notker Balbulus à qui ils attribuèrent le morceau. Quel ne fut donc pas leur étonnement, lorsqu'on leur donna le vrai nom de l'auteur, qui n'était autre que ce même Ekkehard présent à leurs yeux! Comme cette respectable assemblée fit connaître son respect et sa gratitude pour l'artiste et le musicien! Elle ne négligea pas non plus, en cette occasion, de vanter hautement les progrès des arts et des sciences dans le cloître (4).

A la cour, où plus tard le savant moine demeurait ordinairement, il jouissait d'une si haute

(1) *Hepidanni Annal.*

(2) [Cette circonstance ne prouve pas que ce moine fût sévère : de nos jours encore, en Belgique par exemple, les élèves de certains petits séminaires et de certains colléges, doivent parler uniquement en latin tel et tel jour de chaque semaine. C'est là une méthode pédagogique qu'il ne s'agit pas ici d'apprécier; mais ceux qui l'emploient, ne méritent, à coup sûr, aucune épithète disgracieuse — TH. NISARD].

(3) Sequentia « *Summis conatibus* ,» quam Ekkehardus palatinus dictaverat, ipso coram illis stante inchoatur, et jocunde cantatur (*Ekkeh., in Casibus.*)

(4) Palzon, évêque de Spire, s'exprimait ainsi : « Id sancto Gallo prærogative datum, ut in ornatu verborum præcipuum sui hoc tempore teneant locum. » (*Ibid.*)

considération, que l'opinion publique le désignait pour l'épiscopat; toutefois il ne crut pas devoir acquiescer aux offres du pouvoir ni aux vœux de l'opinion, persuadé que sa présence à la cour, d'ailleurs si utile à la famille impériale, était un motif suffisant de refus (1). Il mourut prévôt de la cathédrale de Mayence en 996.

A la même époque brillait Notker Physicus, cousin du précédent et fils de la sœur d'Ekkehard 1er; il jeta, lui aussi, un grand lustre sur l'école de Saint-Gall. Très-renommé comme professeur, peintre et médecin, il fut grand poëte et musicien excellent. Pour l'office de saint Othmar, il composa des antiennes qui furent chantées pendant des siècles à Saint-Gall. L'hymne : *Rector æterni metuende sæcli*, pour le même saint, est du nombre de ses œuvres (2). Il composa, pour l'office de saint Colomban, l'hymne *Nostri solemnis sæculi refulget dies inclyta*, et une autre pour la Sainte-Vierge : *Hymnum beatæ Virgini dic turma voce supplici.* Lorsqu'il fit cette dernière pièce, il se trouva embarrassé par un mot qui ne correspondait pas exactement aux lois de l'art métrique; il crut bien faire de s'adresser à son ancien professeur Ekkehard, en le priant de l'aider de ses conseils et de le corriger au besoin. Voici la réponse qu'il en reçut : « Voulez-vous

(1) Quoniam adhuc aulæ præ omnibus esset necessarius (*Ibid.*).

(2) Fecit Othmaro decoras illas antiphonas, et hymnum *Rector æterni metuende sæcli*, et quædam susceptacula regum, et hymnum de una virgine non martyre (*Ibid.*).

L'hymne de Notker sur saint Othmar est encore aujourd'hui en usage à Saint-Gall. On la trouve avec neumes dans le manuscrit de Saint-Gall no 347. Qu'on nous permette, pour donner un exemple des compositions de cet artiste, de rapporter cette hymne que le lecteur trouvera dans les exemples no 44, d'après le *cantarium* de Saint-Gall. Voici l'hymne de *una Virgine* :

Hymnum beatæ Virgini
Dic turma voce supplici,
Laudet Deum per omnia,
Ejus canens miracula.
Infirma mundi elegit,
Et magna spernens projicit,
Infirmat idem fortia,
Confortat autem vilia.
Quod nunc in alma virgine,
Palam valemus cernere,
Sexum domans quæ labilem,
Vitam gerebat cœlibem.
Pomposa mundi gaudia
Contempsit ut ludibria,
Soli Deo se subdidit
Illique totam tradidit.
Deo Patri sit gloria, *etc.*

Cette hymne porte ce titre : *Notkeri physici seu Zabionis hymnus de una virgine.*

que l'agneau s'adresse à la chèvre pour en *obtenir de la laine?* »

Parmi les chants de salut aux rois, et il en composa un grand nombre, celui-là seul porte son nom qui commence par ces mots : *Ave beati germinis*, chant qui, évidemment, était destiné à la réception de l'empereur Othon le Grand (1).

Vers le milieu de xe siècle, le cloître de Saint-Gall eut différentes occasions d'exécuter des chants extraordinaires de réception. Lorsque saint Ulrich, évêque d'Augsbourg, vint, avec pleins pouvoirs de l'empereur en 957, remettre en possession du cloître l'abbé Kralon qui en avait été chassé, le couvent alla au-devant de lui comme on le devait à un évêque, et chanta, à son retour en traversant la cathédrale, le répons : *Deus qui sedes* (2). Pareillement en 966, lorsque huit évêques et huit abbés visitèrent le cloître, on les accueillit solennellement au chant de cet autre répons : *Cives apostolorum* (3).

La réception de l'empereur Othon le Grand, en 972, fut très-splendide. On connaissait déjà son arrivée pour le mois de mai de cette année; aussi prépara-t-on, d'après l'ancien usage, des chants de réception nouveaux. On se mit en mesure de déployer d'autres magnificences et de recourir à toutes les richesses de la poésie. Le jour tant désiré arriva enfin et mit le comble aux vœux des moines. Animé du respect qu'il devait à la personne de l'empereur et que la circonstance exigeait d'ailleurs, le chœur des moines alla au-devant du chef du saint Empire en traversant la cathédrale. L'empereur parut; il s'avança vers le temple avec la majesté d'un lion, conduit à gauche par l'archevêque de Cologne, et, à droite, s'appuyant sur son bâton. Il était suivi de l'impératrice Adelaïde conduite par son fils Othon II. Parmi le cortége des grands princes se trouvait aussi Conrad, duc de Carinthie. Vis-à-vis de l'empereur, le chœur des moines avait formé, des deux côtés du temple, des rangs longs et bien alignés, et les voûtes retentirent bientôt des chants de joie, de fête et de salut qui suivent (4):—

Ave beati germinis
Invicte Rex et inclyte.

(1) A l'époque où florissait Notker, il n'y eut point d'autre visite impériale à Saint-Gall que celle d'Othon Ier; quant au chant destiné à la visite de Conrad Ier, Notker ne pouvait pas l'avoir composé, parce qu'il était encore dans l'âge le plus tendre et dans l'impuissance de l'enfance.

(2) *Lugubriter decantantes*, parce que cet abbé n'avait pas été élu par les moines (Ekkeh., *in Casibus*).

(3) « Festive receptis cives *cives apostolorum* canitur (*Ibid.*) »

(4) Parantur in adventum *multimoda laudum recens dictatarum* exterarumque, ut solet, rerum copiosa impen-

Omnis tibi militia
Occurrat ovans cœlitum.
Intacta Christi Genitrix
Mater honora virginum,
Chorum pudicum socians,
Tibi procedat obviam.
Agonothetæ Apostoli,
Victoriosi Martyres,
Omnesque sancti ordines,
Semper vocent te laudibus.
Nos pro statu parvi loci,
Reique modo pauperis,
Lætantes pio Domino
Occurrimus in omnibus.
Hæc ipsa gaudent tempora,
Floreque verno germinant
Adventus omni gaudio,
Quando venit optatior.

Ce chant a pour titre : *Notkeri magistri* (Metzler, apud Canis., *Lect. ant.*).

Après que le chœur eut commencé le cantique de louanges, l'archevêque baisa avec respect la main du monarque et se mit à ses côtés, tandis que ce dernier, silencieux et immobile comme une statue, s'arrêta au milieu de la cathédrale et dirigea toute la vivacité de son regard sur les moines qui chantaient devant lui. Puis, il laissa exprès tomber à terre le bâton qu'il portait, ayant toujours l'œil sur les chantres. Mais les moines, loin d'être dérangés par le bruit qui résulta de cette chute, soutinrent merveilleusement l'épreuve impériale. Le duc Conrad s'avança pour relever le bâton de l'empereur, et celui-ci lui dit alors : « Je voulais éprouver la discipline de ces moines et je n'en ai pas remarqué un seul qui ait dirigé son regard sur le lieu et sur l'objet du bruit (1). »

Le chant de salut étant terminé, les supérieurs du cloître rendirent leurs hommages au monarque qui s'empressa de prendre des informations sur l'ancien professeur Notker, l'auteur de l'hymne de réception qu'il venait d'entendre ; il ordonna à son fils Othon II de lui en présenter l'auteur. Ce fut avec grande émotion que le potentat saisit le respectable vieillard par la main, le pressa sur sa poitrine et le conduisit de sa propre main dans l'intérieur du cloître où les princes ecclésiastiques et laïques les suivirent. Là, Notker dut prendre place immédiatement à côté de l'empereur, et reçut ensuite les témoignages de respect des évêques et des abbés qui suivaient l'empereur, et auxquels il avait été si utile comme professeur. Notker ne survécut que neuf ans à cet honneur, car il cessa de vivre en 991 (1) : digne et très-proche parent des Ekkehard, sa mémoire fut bénie longtemps après sa mort, ainsi qu'elle l'avait été pendant sa vie (2). »

Les soins continuels qu'on donnait au plain-chant ne suffisaient pas : il était encore nécessaire de se pourvoir suffisamment de livres de chant. On y avait déjà pensé auparavant. On possédait encore la copie authentique de l'antiphonaire romain (3). Sur *dix-sept psautiers* dont faisaient partie le splendide *psautier d'or* celui de Falkard, *deux anciens*, *trois nouveaux antiphonaires* et d'autres livres destinés au chant, et tous inscrits dans un catalogue du IXe siècle, il n'y en avait alors que très-peu de perdus (4).

Au temps de Notker Balbulus, treize pupitres de chantres avec autant de psautiers d'un grand luxe ornaient le chœur (5). Ces livres de chant avaient été multipliés par de nouvelles copies. Le manuscrit de Saint-Gall, n° 359, date probablement déjà de la seconde moitié du IXe siècle et renferme les graduels de tout l'office. A la notation se trouvent mêlées les lettres romaniennes (6), circonstance qui met hors de doute que

dia. Suscipiuntur honore, quo decuit, Otto Magnus... a Coloniæ archiepiscopo sinistra ductus, dextra baculo fultus, filio autem matre ducente, longe ipse præ aliis quasi *leo præ bestiis*... solus in medio, fratribus hinc inde *ad laudes* in lateribus ecclesiæ directim statutis quasi statua constitit (*Ekkeh., in Casibus*).

(1) Oculis grandibus in fratres hinc inde versatis.... disciplinam probans, baculum sibi decidere sivit. Conrado autem duce, genero ejus, accurrente baculumque sibi timorate restituente, stare illum jubens ait : Ecce ego disciplinam horum tentans... neminis illorum caput aut oculos ad hoc motos vidi. (*Ekkeh. in Casibus.*)

(Nous ne reproduisons ces détails, que parce qu'ils sont indiqués dans l'ouvrage de Dom Schubiger. — TH. NISARD.)

(1) Anno 991 secuta est mors Notkeri Medici (*Hepidanni Annal.*).

(2) Ekkehard IV consacra les vers suivants à la louange de ces personnages et d'autres moines distingués :

« Millia mactorum Deus addit a. sociorum, b.
Pagina quos c. capere vix lingua queat recitare.
Quis canat Ekkehardos d. Notkeris c. non mage tardos?

Il ajouta de sa propre main des remarques à ce texte ; à la lettre *a* Notkero (Balbulo); à la lettre *b* Ratpertum, Tutilonem, Isonem, et alios multos scribendos quidem ; à *c.* inter quos Hartmanni duo ; à *d* tres ; à *e* tribus.

(Ekk. IV *Rhythmi de S. Otmaro.*)

(3) In quo *usque hodie*... error universus corrigitur (*Ekkeh., in Casibus*).

(4) Voyez, pour comparer, Weidman, *Histoire de la bibliothèque du monastère de Saint-Gall.*

(5) Et videas loci nostri religionem etiam in psalmodiis. *tredecim sedilia cum psalteriis*, aut auro impictis, aut aliis nobilibus habebat (*Ibid.*).

(6) Depuis quarante ans, on a pris ce manuscrit pour la copie authentique du chantre Romain, et l'on s'est décidé d'abord pour cette opinion, à cause des lettres romaniennes qu'il contient, mais surtout parce que cette copie est *enchâssée* ou *reliée* en un seul volume *très-ancien* et d'un style *primitif*, muni d'images et de gravures sur ivoire. Que cette reliure, que cet ivoire remontent jusqu'au temps de Romain, c'est ce qui est croyable, mais le contenu n'en est pas d'un âge aussi reculé. L'écriture de ce monu-

le manuscrit tire son origine de Saint-Gall. Parmi les copistes les plus célèbres qui vécurent sous l'évêque-abbé Salomon, on doit compter Sintram, à qui le magnifique évangéliaire que l'on possède encore doit son existence. Sa plume produisit tant d'ouvrages, qu'on ne savait s'expliquer comment un seul homme pouvait tant écrire, car, non-seulement Saint-Gall, mais la plupart des principales localités en deçà des Alpes avaient des livres écrits de sa main (1). On doit admettre et présumer que beaucoup de ces livres étaient destinés spécialement au chant et tout *notés* pour l'éxécution.

Vers la même époque Godescalc écrivit son *Antiphonarium missæ* (ms. n° 338), contenant tous les chants qui appartiennent à l'office de la messe, de plus le *gloria* et le *credo* en langue grecque et l'hymne d'Hartmann. La notation neumatique y est pareillement munie des lettres de Romain (2). Le Recueil des tropes (n° 378) appartient aussi au x<sup>e</sup> siècle. On y emploie également les lettres explicatives de Romain.

Sous l'abbé Kralon, à une époque postérieure à 957, Kunibert brilla non-seulement comme un calligraphe excellent (1), mais encore comme un religieux distingué sous tous rapports. Le duc Henri l'avait demandé à son abbé et appelé à Salzbourg pour y enseigner les sciences. Quelques années après, Kunibert fut préposé comme abbé au cloître d'Altaich. Mais là, il se sentit poussé si puissamment vers Saint-Gall, qu'il abdiqua et retourna comme simple religieux dans son monastère primitif.

C'est à peu près à cette époque que remontent plusieurs manuscrits d'auteurs inconnus, tels que des missels avec des antiennes et des hymnes (n<sup>os</sup> 339, 340, 341, 342), et l'*Antiphonarium missæ* avec les séquences de Notker (n° 376).

Un des plus remarquables livres de chant de l'ancienne école de Saint-Gall est le manuscrit n<sup>os</sup> 390 et 391, qui contient la partie d'été et la partie d'hiver de l'Antiphonaire, tous les répons et les antiennes pour matines, laudes, les heures et les vêpres. Ces chants sont en neumes avec les lettres explicatives de Romain. C'est un travail dû à la patience du moine Hartker, homme d'une austérité extraordinaire contre lui-même, qui se soumit comme copiste à un véritable martyre (2). En effet, il s'était fait enfermer en 986 dans la cellule Saint-Georges, qui était si étroite et si incommode qu'il ne pouvait pas même s'y tenir droit (3). Le pieux prêtre y vécut dans la plus dure pénitence et la plus grande mortification : une pierre servait d'oreiller à sa tête ; il recevait la lumière du jour par une petite fenêtre ainsi que les aliments nécessaires à l'entretien de sa vie ; c'est là qu'il passa plus de trente ans et qu'il écrivit son Antiphonaire. C'est sur une des feuilles de cet antiphonaire que Hartker a

ment n'appartient pas au VIII<sup>e</sup>, mais à la seconde moitié du IX<sup>e</sup> siècle ; la messe de la Trinité (*missa de Trinitate*), dont le graduel est contenu dans ce recueil, n'était pas encore usitée à Rome au temps du pape Adrien I<sup>er</sup>; les paroles et la mélodie « *Laus tibi, Christe* » qui suivent le graduel de la fête des saints Innocents, sont celles de la séquence de Notker : *Laus tibi Christe, qui humilis homo mundo*, et furent, par conséquent, composées 70 ou 80 ans après l'arrivée de Romain à Saint-Gall. L'objection que, dans l'antiquité, on n'avait jamais la coutume de chanter l'*alleluia* et la *séquence* au jour précité des saints Innocents, n'est pas sérieuse et ne renferme rien d'admissible, puisque, dans la cathédrale de Rouen, par exemple, et ailleurs, à cette même fête, l'enfant-évêque devait entonner la séquence : faits éclatants qui confirment l'opinion que l'extérieur du livre a été ajouté au manuscrit, lorsqu'on réunit en un seul et même volume le graduel avec les nouveaux chants du XII<sup>e</sup> siècle, chants que ce graduel contient de la page 1 à 24 et de la page 158 jusqu'à la fin.

[On trouvera cette intéressante opinion historique du P. Schubiger exposée avec de longs et curieux détails dans une brochure intitulée : *Réponse de Dom Anselme Schubiger au P. Dufour, précédée de quelques réflexions faisant suite aux* « Notes pour servir à l'histoire de la question du chant liturgique au commencement de l'année 1857 », par Théodore Nisard (Batignolles-Paris, 1<sup>er</sup> juin 1857, in-8° de 30 pages). Il est étonnant que le P. Schubiger ne parle pas ici de cette brochure qui n'a cependant vu le jour que pour défendre sa cause ou plutôt celle de la vérité. — TH. NISARD].

(1) Mirari autem est, hominem unum tanta scripsisse ; quia in nominatissimis locis plerisque harum regni partium, *Sintrammi* caracteris libri, Sancti Galli obsides, habentur. (*Ekkeh., in Casibus*).

(2) Il appartient au x<sup>e</sup> siècle.

(1) Kunibertus scriptor directissimus, doctor summe planus. (*Ekkeh. in Casibus*).

(2) Pertherat in claustro defuncta petit loca cœlo,
*Hartker* mox antrum postquam se damnat in ipsum.
(*Hep. annal. ad annum* 986).

(3) Severior *Hartkero*, *a.* quisnam *b.* sibi, martyre vero
Hostia *c.* cœlesti spontanea vivaque testi *d.*
Carcere ter denos qui se mage fregerat annos *e.*
Non sinit erectum tota tempora quem breve tectum, *f.*
Tactus virtute specialis, *g.* moxque salute
Petram, qua suevit, capiti moriendo subegit, *h.*
In crucis et forma spargens parcissima membra *i.*
Sursum spectando Domino dat psichen *k.* amando, *l.*
Cum visis læte sanctis dixisset : avete.
(Ekkeh., *Rhythmi de S. Othmaro*).

Voici les gloses et les commentaires dont Ekkehard avait accompagné ces vers : *a.* presbytero ; *b.* unquam fuit ; *c.* qui fuit ; *d.* voluntarie sacrificabo tibi ; *e.* in clausula antea mulieri Perhtradæ breviculæ facta ; *f.* ipse autem valde procerus non poterat se stans erigere ; *g.* singularis ; *h.* in strato pro capitali habere supposuit ; *i.* spectantibus ad fenestram quos quoad viveret, ne intrarent, adjurabat ; *k.* animam ; *l.* semper.

signé son nom de sa propre main, pour témoigner qu'il dédiait son livre à saint Gall, sa main ne pouvant pas le lui offrir et son pied enchaîné ne pouvant pas le transporter lui-même. Quatre vers qu'il ajouta, montrent que ce manuscrit est en quelque sorte son testament à ce saint patron et contiennent l'expression de sa dernière volonté : « Que ce livre appartienne à saint Gall pour « l'éternité, et que quiconque veut avoir part « au ciel avec lui, se garde bien de le voler (1). »

Dans les derniers jours de son pélerinage sur la terre, il ne se relâcha en rien de l'extrême rigueur de sa vie. A l'article de la mort, il poussa sous sa tête la pierre qui lui servait de coussin, étendit les bras en forme de croix, regarda le ciel et conjura ceux qui, de sa petite fenêtre, attendaient avec une sorte d'impatience son trépas, de ne point entrer dans la cellule tandis qu'il vivrait. C'est ainsi que le vertueux moine termina sa carrière en 1017. Il fut admiré même longtemps après sa mort comme le modèle d'un mépris extraordinaire de soi-même et d'un grand esprit de pénitence (2).

L'abbé Burkard (1001-1022) s'attacha surtout à multiplier les livres de chant destinés au culte religieux (3). De son temps à peu près, date l'*Antiphonarium missæ* (n° 374), avec l'inscription: *per beatum Gregorium emendatum*, ouvrage dans lequel on fait aussi usage des lettres de Romain, lesquelles toutefois sont en moins grand nombre que dans les manuscrits plus anciens, le *séquentiaire* de Notker (n° 380), le recueil des hymnes avec l'explication des lettres de Romain par Notker (n$^{os}$ 381 et 382) et la collection des tropes (n° 484) appartiennent tous, pour le plus tard, au XI$^e$ siècle, ainsi que les bréviaires (n° 387 et 413). Le splendide manuscrit (n° 381) contient les *hymnes* et les chants des auteurs et des écrivains de Saint-Gall, les *séquences* de Notker, les *tropes* de Tutilon et d'autres, le *gloria* et le *credo* en langue grecque avec la notation en neumes et les lettres de Romain. Vers la fin de ce siècle, le moine Luiter se rendit célèbre par l'*Antiphonarium missæ* (N° 375) qu'il écrivit en entier et dans lequel on trouve aussi les anciennes séquences. Les lettres de Romain y paraissent également employées.

Tout ce qu'on vient de dire fera comprendre les soins qu'on donnait à l'art et les progrès que faisait à saint Gall le chant romain vers la fin du X$^e$ siècle. Notker (1), Tutilon et tant d'autres vivaient dans leurs descendants.

(1) Auferat hunc librum nullus hinc, omne per ævum
Cum Gallo partem quisquis habere velit,
Istic perdurans liber hic consistat in ævum,
Præmia patranti sint ut in arce poli.

(2) *Hartker* in melius mutatur (ut opto) reclusus,
Dexter in octava sit bone Christe tua !
(*Hepidanni Annal. ad annum* 1017.)

(3) Thesauros ecclesiæ et *libros* ampliavit.
(*Burkard, in Cas. S. Galli*).

(1) Nous rapporterons ici la première des hymnes de saint Notker sur le martyre de saint Étienne : —

Primus ex septem niveis columnis,
A Petro electus Stephanus beato,
Voce vel signis medicans misellis,
Claret in orbe.

Qui brevi verbo replicans priora
Persequutores docuit piorum,
Esse Judæos, probitate cassos,
Felleque plenos.

Nec novum quid, quod Dominum furore
Impio, ad pœnam crucis impulerunt,
Cum prophetas, vel patriarchas ante
Sæpe necarent.

Hisce prædictis, licet angelorum
Ille fulgeret facie decorus,
Ceu profanum mœnibus urbis altæ
Ejiciebant.

Saulis et curæ induvia calentes,
Nec piger forsan furor impeditus
Tardius sanctum lacerare posset,
Deposuerunt.

Tum volant crebri lapides per auras,
Instar ingentis pluviæ, vel imbris,
Vineæ tandem sterili negandi
Atque nocivæ.

Sed tamen sanctus pietate plenus,
Persequutori veniam precatur,
Atque pro crudis lapidum pruinis
Pronus adorat.

Huic ad exemplum Deus ipse magnum
Præstitit sese conspiciendum omni
Sæculo, quod profuerit caput ceu
Martyriorum.

Nam quis audebit dubitare, sese
Quod Deus servet pius in futurum ?
Quando in præsenti Stephano vivendum
Præbuit ipse.

Ut fides jam conspicue vireret,
Viribus nostris propitiante cœlo
Vel Patri summi renitente Nato
Æthere aperto.

Spiritu vel se manifeste in ipso
Esse prodente Stephano benigno,
Talibus signis, pia trinitatis
Queis bona fulgent.

# CHAPITRE X

Nouvel épanouissement de l'art poétique et musical.—Notker Labeo, professeur et écrivain.—Ekkehard IV, chantre et professeur de chant. — Bernon, abbé, ses œuvres musicales. — Hermann Contract, ses ouvrages de musique théorique et pratique. — Fêtes extraordinaires. — Soins pour la conservation de l'ancien chant dans l'écriture et la tradition. — Influence de l'École de chant de Saint-Gall, exercée par ses professeurs et ses élèves, par les copies de l'exemplaire de Romain et par ses propres œuvres poétiques et musicales.

Après le commencement du XIe siècle, l'étude scientifique qui, dans la période d'une dizaine d'années, était en quelque sorte tombée, revint à son premier lustre ; l'amour pour la poésie se réveilla et bientôt retentirent de nouveau les saintes hymnes et les séquences dont la poésie et la mélodie devaient l'existence aux artistes antérieurs du cloître. Voilà ce qui fit qu'on eut non-seulement de nouveaux recueils de chant, mais encore d'autres ouvrages religieux (1).

L'âme du nouvel essort de l'art religieux fut Notker Labeo, appelé aussi le teutonique (*l'allemand*). Les annales de Saint-Gall l'appellent le plus savant et le plus aimable homme de son temps (2). Il fit grand bruit et produisit beaucoup comme professeur de latin, de grec, d'allemand, de mathématique, d'astronomie et enfin de musique. Pour comprendre avec quel amour il était dévoué à ses élèves, il suffit de considérer que, pour leur rendre service, il composa plusieurs ouvrages en langue allemande (3).

(1) Diversorum metrorum studia revixerant, quibuscum instantia laudabant. *Ymnorum et sequentiarum et diversarum expositionum libri excogitati sunt.*
(*Burkard, in Cas. S. Galli.*)

(2) Notker nostræ memoriæ hominum doctissimus et benignissimus. (*Annal. S. G.*)

(3) Teutonice propter caritatem discipulorum plures libros exponens. (Ekkeh. IV in lib. Bened.) Notker écrivit lui-même à l'évêque de Sion : « Ausus sum facere rem pene inusitatam, ut latine scripta in nostram conatus sim vertere, et syllogistice aut figurate aut suasorie dicta per Aristotelem vel Ciceronem vel alium artigraphum elucidare. Quod dum agerct in duobus libris Boetii, qui est de consolatione Philosophiæ et in aliquantis et sancta trinitate, rogatus et metrice quædam scripta in hanc eamdem linguam traducere, Catonem scilicet et Bucolica Virgilii et Andriam Terentii, mox et prosam et artes me tentare voluerunt, et transtuli nuptias philologiæ et categorias Aristotelis, et pergermenias et principia arithmetices. »— Puis il fait mention du psautier de David et du livre de Job (*Notkeri epistola ad episcopum H. Sedunensem*).

Ainsi, il écrivit un commentaire sur le livre de Job, une explication des psaumes de David et de quelques ouvrages théologiques de saint Grégoire le Grand. On estimait et on admirait tellement ses écrits, que l'impératrice Gisèle elle-même rechercha avec une grande avidité des exemplaires des deux premiers ouvrages (1). Comme professeur de musique, il écrivit un traité musical, le plus ancien certainement qu'on possède en langue allemande (2). Il était évidement destiné à l'enseignement et comprend quatre petits chapitres ou divisions, qui traitent des huit tons, du tétracorde, des huit modes et de la mesure des tuyaux d'orgues. Il apprenait à déclamer à ses élèves d'après la notation neumatique (3) et leur enseignait la musique d'après les livres didactiques du *Quadrivium* (4).

(1) Gisela imperatrix operum ejus avidissima, psalterium ipsum et Job sibi exemplari sollicite fecit (*Ekkeh. lib. Ben.*).

(2) Dans le manuscrit 242. Ce traité a été reproduit dans l'ouvrage de Gerbert, prince-abbé de Saint-Blaise (*Scriptores de Musica*, tom. 1, page 96).

(3) Comme il en est fait foi dans les ouvrages poétiques des Sedulius et d'Aldhelm, manuscrit n° 242.

(4) C'était le nom donné, dans le moyen âge, à quatre des sept arts libéraux : l'arithmétique, la géométrie, l'astronomie et la musique.

Les chants qu'il apprenait à ses élèves, il les faisait exécuter aux processions du dimanche autour du cloître (1). Il travailla avec une activité infatigable jusqu'à sa mort qui arriva en 1022, la veille de la fête des apôtres saint-Pierre et saint Paul. Il demanda et obtint qu'on fît entrer dans sa chambre les pauvres, et que, sous ses yeux, on les fît manger. C'est ainsi qu'il finit sa carrière, profondément regretté de ses élèves qui ne pouvaient se consoler de la perte d'un si excellent professeur (2).

Un des élèves les plus célèbres de Notker Labeo fut Ekkehard IV. Il était distingué comme historien ; il le fut comme poëte et comme chantre. C'est à son ouvrage « des destinées du cloître de Saint-Gall (*Casus Sancti Galli*) » qu'on doit les renseignements sur l'état du chant religieux de cette localité, de l'an 883 à 970. Outre plusieurs poésies et plusieurs traités qu'il écrivit pour Aribon, archevêque de Mayence, et le diacre Jean, plus tard abbé de Saint-Maximin à Trèves, il recueillit encore, après la mort de Notker, les cantiques et les poésies des fêtes des saints qui avaient été composés, soit par son propre professeur Labeo, soit par lui-même lorsqu'il était son élève (3). Ses connaissances en musique avaient acquis une réputation si étendue, qu'Aribon, archevêque de Mayence l'appela à lui et le préposa à l'école de chant de cette ville. C'est en cette qualité qu'il trouva des occasions de donner des preuves de l'excellence de son talent en présence de toute la famille impériale.

Lorsque l'empereur Conrad II célébra en 1030 la fête de Pâques à Ingelheim et qu'il assista à l'office divin célébré avec le plus magnifique appareil, entouré des princes de l'empire, c'est au religieux de Saint-Gall que fut réservé l'honneur de chanter la séquence de la grande fête, au milieu du chœur, en face du trône impérial. A peine eut-il, d'après la prescription (5), levé la main pour l'intonation du chant, que trois évêques, qui étaient assis le plus près du trône impérial, quittèrent leur place, se tournèrent vers le monarque et lui dirent : « Seigneur, nous « allons pour accompagner le maître dans l'art « qu'il nous a lui-même enseigné. » Ils descendirent donc, s'approchèrent avec de riches ornements pontificaux du moine de Saint-Gall, lui firent une respectueuse révérence et l'aidèrent à exécuter jusqu'à la fin le chant qu'il leur avait lui-même appris.

Le religieux pleura d'attendrissement et remercia en silence Saint-Gall de l'honneur qu'on venait de lui faire. Mais quel ne fut pas son étonnement lorsque, à la fin du service divin, il fut conduit malgré lui à l'empereur qui le combla de présents. L'épouse du monarque orna d'un anneau d'or le doigt de l'excellent chantre. (1) « Je ne raconte « pas cela, écrit Ekkehard qui a transmis à la « postérité avec toute la modestie et la discré- « tion possible le souvenir de cette aventure, « je ne raconte pas cela pour en tirer de l'or- « gueil, mais seulement pour faire voir de quel « éclat de science et d'érudition brille notre « cloître (2). »

Ce personnage si hautement honoré mourut vers l'an 1036.

Contemporain du précédent, et comme lui sorti de l'école de Saint-Gall, Bernon de Reichnau fut un homme de grand mérite. Après avoir terminé son éducation dans les cloîtres de Prum et de Saint-Gall, il fut élevé, en 1008, à la dignité d'abbé du cloître de Reichnau (3), où il acquit une grande réputation. Il était très-habile dans les sciences ecclésiastiques, en histoire, en poésie et en musique. Il est particulièrement célèbre par ses trois ouvrages théoriques sur la musique. Il écrivit le premier, appelé *Tonarius*, à la demande de son grand protecteur Pellegrin, archevêque de Cologne, instigateur distingué de la musique sacrée (4). Ce fut avec cet influent personnage, comme avec beaucoup d'autres princes de l'Église, que Bernon

(1) Versus de Nativitate Domini pueris circa claustrum post crucem in dominicis canendi. (*Lib. Ben.*)

(2) Hic finis hominis post imparis eruditionis ;
Pneumate quem totum replevit gratia totum ;
Hunc merito flebunt, simili qui deinde carebunt.
(*Ibidem*, *Ekkeh.*).

(3) Pièces qu'on retrouve encore dans le même manuscrit n° 393.

(4) Sancti Galli Monacho scolas Mogontiæ curante (*Ekkeh. in Casibus.*) Scolas inibi regente et procurante etiam cantoris officium. (*Ekkeh. V.*, in vita B. Notkeri).

(5) Cum manum ille ad modulos sequentiæ pingendos rite levasset, (Ekkeh., in casibus). Voici les termes de l'ancienne prescription liturgique : Pro signo prosæ, quam quidam sequentiam vocant, *leva manum inclinatam*. Hergott. de vet. disc. mon. page 330).

(1) Ad imperatricem autem, ridente imperatore, per vim tractus, et ibi aurum ejus sumpsit. (*Ekkeh. in Casibus*).

(2) Hæc nequaquam aurium inflationi satagens dixerim, sed ut honorem doctrinæ et disciplinæ loci nostri præmemorans (*Ibidem*).

(3) Berno, monachus St-Galli, postea Abbas Augensis.
*Ekk. V.*, *in vita B. Notkeri*.

(4) Cum assidue læte cordis auditu percipias, qualiter sapiens et te Præsule felix Colonia cum beatis ecclesiæ suæ filiis, Apostolorum principe linguarum omnium quodammodo plectrum modificante, in decachordo psalterio cum cantico in cithara psallat Domino Deo.
(*Berno*, in *Prologo ad Tonar*).

entretint des rapports d'amitié (1). Il divise l'ouvrage en deux parties : la première est un long prologue (*prologus*), la seconde est le tonaire même. Dans la première partie, il traite des gammes, des neuf intervalles usités alors, des consonnances, des huit modes du plain-chant, de leurs limites, des modes généraux et indéterminés, des différences de psalmodie, de la forme mélodique qui fait reconnaître les modes, de la valeur longue et brève des notes et de la place du demi-ton; dans la deuxième partie, il donne un tonaire complet. Au fond, cet ouvrage n'est pas autre chose qu'une table de définitions plus développées, dans laquelle, d'un côté, on donne les formes mélodiques qui déterminent le mode (nonanoeane); de l'autre, on marque les modes des chants liturgiques en particulier, savoir : des répons, des introïts, graduels, alleluia, offertoires, communions et antiennes.

Le second ouvrage a pour objet les différentes manières de *lire* ou d'*écrire un mot*, *un passage* (leçons, variantes) dans les psaumes et les autres chants ecclésiastiques. Bernon l'écrivit probablement, avant d'être abbé, à la prière de son ami Meinfried, et le lui dédia ainsi qu'à un certain Pipermon, qu'il appelle tous les deux ses chers frères en J.-C. Le sujet, du reste, ne se rapporte pas à la mélodie, mais seulement au texte des chants.

Il composa le dernier de ses écrits lorsqu'il était abbé de Reichnau. Ses frères en religion Burkard et Kerung, professeurs à l'école de chant de son monastère, l'avaient prié de faire un traité sur la nature des différents tons de l'Église. Quoique Bernon craignît de se rendre ridicule à la postérité, en osant écrire pour des hommes si savants, il acquiesça toutefois à leurs désirs, et dédia son livre aux deux amis qui le lui avaient demandé, et aux autres professeurs de cette école. Il y donne des explications sur les modes authentiques et plagaux, ainsi que des exemples pour chacun d'eux.

Bernon fit les antiennes et les répons, les oraisons et la préface de la messe de la fête de saint Ulrich, évêque d'Augsbourg, qui, à cette époque, avait été introduite dans l'Église. On lui attribue aussi, avec raison, l'office de saint Meinrad, dont la forme et le texte trahissent le même auteur, et dans lequel certains passages sont presque mot pour mot conformes au précédent (2). On en trouve un répons en hexamètres, parmi les exemples n° 52. C'est dans cette traduction, d'après un antiphonaire du XI^e^ siècle, que le manuscrit désigné renferme ce répons qui fut écrit vers 1300. L'abbé Bernon est aussi l'auteur du trope de l'introït de l'Épiphanie : *Eja nunc socii dicamus cum propheta*, etc., et de l'hymne pour la même fête : *Festiva mundi gaudia*; comme de celle de la Purification de Marie : *Exultet, omne sæculum*, et d'une autre pour le carême : *Omnes chorum ecclesiarum*. Il composa aussi quelques séquences, savoir : sur saint Willibrord : *Laudes nunc Christo die nunc isto*, et sur sainte Vérine : *Lætatur ecclesia jubilans*.

Après un gouvernement de quarante ans, Bernon mourut dans un âge très-avancé, en 1048. Son corps fut porté dans l'église de Saint-Marc, qu'il avait fait bâtir, et qui n'avait été consacrée que peu de mois auparavant. Sa science et sa piété vécurent longtemps dans la mémoire de la postérité (1).

Les hommes qui travaillèrent à l'école de chant de son cloître, prouvent combien il avait à cœur les sciences, et combien il avait lui-même travaillé aux progrès de l'art musical.

Parmi ces derniers se distingua, sans contredit, Hermann Contract, dont les vertus et la science jetèrent le plus vif éclat Il était fils du comte Vehringen; il naquit à Sulgau, dans la Souabe, en 1013. Il n'avait encore que sept ans lorsque son père le confia aux moines de Saint-Gall, pour qu'il fît chez eux son éducation (2). Le surnom de *Contractus* lui vint d'une paralysie des membres, dont il eut à souffrir dès son enfance jusqu'à sa mort. Plus tard, on le voit religieux de Reichnau, où il se distingua en qualité de professeur à l'école du cloître. Son époque l'honora comme le plus éminent des historiens et des philologues. Il était d'ailleurs savant en philosophie, en poésie, en mathématiques. De son temps comme après sa

(1) Eo charitatis affectu, quo me gratis semper fovisti. (*Ibid.*)

(2) Nous fournissons au lecteur l'occasion de comparer lui-même les passages suivants tirés des deux offices :

Pour saint Meinrad: *Beatus Meginradus ad salutem plurimorum ortus est ex natione Suevorum.*

Pour saint Ulrich : *Beatus Wodalricus ex nobilibus et religiosis parentibus Deo prædestinante in salutem plurimorum extitit ortus.*

Pour saint Meinrad : *Transacto infantiæ termino, traditur Augiensis cœnobii fratribus, litterarum disciplinis imbuendus.*

Pour saint Ulrich : *Cum transacto infantiæ termino jam bonæ indolis puer existeret, in sancti cœnobium et commendatus sacris litterarum studiis imbuendus.*

(1) Vir doctrina et moribus insignis, anno 40 promotionis suæ in senectute bona diem ultimum clausit (*Herm. Contr. Chron*).

(2) *Trithemius ann. Hirs.* D'après une opinion presque générale, il aurait passé les années de sa jeunesse à Saint-Gall, et plus tard il aurait habité Reichnau, comme cela résulte de sa propre Chronique.

mort, son talent d'écrivain, de musicien et de compositeur lui valurent les plus grandes louanges et les plus grands égards. On lui doit des traités sur la musique et le monochorde (1); il écrivit pareillement une courte méthode de chant pratique, pour apprendre et faciliter aux élèves la connaissance et l'exécution des différents intervalles (2). Le nombre de chants religieux qu'il composa paraît encore plus grand que celui de ses ouvrages théoriques. Parmi ses compositions on trouve les hymnes ou séquences des saints Georges, Gordien et Épimaque, de sainte Afre, de saint Magnus et de saint Wolfgang (3). La séquence de la sainte Croix *Grates honor hierarchia* se trouve déjà dans d'anciens manuscrits avec le nom d'Hermann (4), et on lui attribue aussi celle du saint jour de Pâques : *Rex regum Dei agne*, et une autre sur l'ascension du Sauveur : *Rex omnipotens die* (5). Les deux premières séquences ont eu l'avantage de jouir d'une grande vogue en Allemagne, en France et en Angleterre. On les verra aux n$^{os}$ 46 et 47 des exemples.

Les chants qu'il dédia à la Mère de Notre-Seigneur étaient remplis d'un charme, d'une grâce et d'une douceur particulière. Ce n'est pas chose étonnante, car, déjà comme enfant et élève, il se sentait porté à l'amour de la sainte Vierge pour laquelle il avait une dévotion et un respect filial. Il l'avait prise pour la patronne spéciale de sa vie, et il attribua à sa protection et à son secours les progrès qu'il fit dans les sciences et dans la vertu. C'est pour cela qu'il consacra dans la suite, à son honneur, les plus belles et les plus touchantes de ses poésies, les plus harmonieux de ses chants dont le mérite musical était déjà si estimé de son temps, qu'on prétendait que la sainte Vierge les avait dictés à sa plume (1). Hermann ne serait-il que l'auteur des deux antiennes *Salve Regina* et *Alma redemptoris mater*, que cela suffirait pour lui mériter un souvenir impérissable dans les annales du chant catholique, puisque ces deux pièces furent plus tard introduites dans notre liturgie, et que, depuis huit siècles, elles n'ont cessé de retentir dans tout le monde catholique (2). Son antienne *O florens rosa*, qui, du reste, ne paraît pas être arrivée jusqu'à notre époque, était fréquemment usitée dans le culte divin.

Le savant moine mourut à la fleur de l'âge, à quarante et un ans, en 1054; il fut vivement regretté de ses contemporains et de tous ses amis : ses restes furent ensevelis à Alschausen, tombeau de ses pères.

Quoique tous ces auteurs et ces professeurs distingués produisissent de grandes choses au-dehors, qu'on ne croie pas cependant que l'école de chant de Saint-Gall dût perdre de son activité; ses soins et ses progrès n'en furent aucunement amoindris, car, pendant cette période qui nous occupe, il y eut plus d'occasions particulières qu'il n'en fallait pour faire exécuter des chants extraordinaires de fêtes. En 1027, lorsque l'impératrice Gisèle, avec son fils Henri, revint du congrès des princes tenu à Ulm, elle voulut visiter le cloître, et naturellement les moines s'empressèrent, selon l'usage ancien, de recevoir avec des chants solennels les membres de la famille impériale (3). De même aussi l'empereur Henri, qui se

(1) Hermannus Contractus... Philosophus, Poeta, Astronomus, Rhetor, Musicus, Mathematicus et Historicus nulli suo tempore secundus. Scribit carmine et prosa multa præclara volumina : *de Musica*, *de Monochordo*; Hymnos et prosas varias, ex quibus est Cantus ille de B. Maria virgine dulcissimus : *Salve Regina* et *Alma* (Chronique manuscrite de Reichnau). Les œuvres de théorie musicale d'Hermann qui sont arrivées jusqu'à nous, ont été éditées par Gerbert dans ses *Scriptores Musicæ*.

(2) On le trouve dans le manuscrit Tr., n° 1, d'Einsiedeln (XI-XII$^{e}$ siècle) en neumes avec lignes et le nom de l'auteur. On donne un fac-similé du commencement au n° 32 des *Monuments*. Gerbert a ajouté le morceau de chant aux ouvrages d'Hermann, mais d'après un manuscrit plus récent et avec beaucoup de variantes.

(3) Cantus item historiales plenarios, utpote quo musicus peritior non erat, de S. Georgio, de SS. Gordiano et Epimacho, de S. Afra M., de S. Magno C., de S. Wolfgango Ep. mira elegantia et suavitate, præter alia hujusmodi, neumatizavit (*Ottonis Frisingensis elogium Hermanni Contracti*).

(4) Le nom de l'auteur y est joint dans le ms. Frag. 1 d'Einsiedeln, et ce nom se trouve aussi confirmé par le moine Godescalc qui écrit à ce sujet : « Domnus Herimannus de sancta cruce : *Grates honor hierarchia* dicitur composuisse. »

(5) Hermannus Monachus... Contractus, teutonicus, composuit sequentiam *Rex omnipotens die*, de ascens. Domini et ant. *Salve Regina* (Manuscrit de Saint-Gall 546, fol. 50).

(1) Trithème.

(2) Le manuscrit d'Einsiedeln (n° 33), écrit environ en 1300, renferme le *Salve regina* avec le texte suivant qui offre quelques variantes avec celui qui est actuellement en usage : *Salve regina misericordiæ*, VITÆ *dulcedo et spes nostra salve; ad te clamamus exules filii Evæ*; *ad te suspiramus gementes et flentes in hac lacrymarum valle. Eja ergo advocata nostra illos tuos misericordes oculos ad nos converte; et Jesum benedictum fructum ventris tui nobis post hoc exilium* BENIGNUM *ostende. O clemens, o pia, o dulcis Maria.* » D'après une ancienne chronique de Spire, ce fut saint Bernard qui, au chant de cette antienne, fit son entrée solennelle par le dôme de cette ville, et qui, après la conclusion de l'antienne, sous l'empire du plus grand enthousiasme et de l'inspiration la plus sublime, ajouta ces paroles : *O clemens*, etc.

(3) Gisela Imperatrix simul cum filio suo Henrico monasterium S. Galli ingressa xeniis benignissime datis fraternitatem ibi est adepta (*Hepid. Annal.*).

rendit à Saint-Gall, fut salué, reçu, escorté et fêté d'une manière digne de lui. Sous l'abbé Robert (1040-1075) eurent lieu le couronnement de sainte Wiborade, la solennelle introduction dans l'Église de la fête de saint Rémacle, la réception des reliques de sainte Foi, la construction et la consécration de l'église bâtie en son honneur; ces grandes fêtes durent faire naître les chants de joie et les pieuses cantilènes de la dévotion (1).

On peut reconnaître jusqu'à quel point on portait les soins et le scrupule pour maintenir dans l'école de Saint-Gall la pureté de l'ancien chant et des mélodies primitives de saint Grégoire, on peut s'en convaincre, dis-je, par la comparaison des livres de chant et surtout des antiphonaires de la sainte messe. Quoique datant de plusieurs époques, ils sont tous d'accord les uns avec les autres par rapport à leur notation *usuelle*, et cet accord est si frappant, qu'on peut conclure avec sûreté qu'ils sont des copies de cet antiphonaire authentique que le chantre Romain apporta autrefois dans le cloître, et que l'on conservait avec respect à côté de l'autel des saints Apôtres. Les marques, les signes, les caractères de leur ancienne dérivation et de leur origine du cloître de Saint-Gall (caractères que la plupart d'entre eux portent en eux-mêmes); les *traits* d'écriture qui nous reportent à l'époque où l'école de Saint-Gall était à l'apogée de sa gloire et de ses progrès, où l'on n'admettait que les mélodies et les théories romaines d'après l'antiphonaire authentique et la tradition des chantres et des élèves de saint Grégoire, où chaque erreur, où chaque tendance vicieuse était soigneusement évitée et proscrite, où enfin les lettres explicatives de Romain qu'on rencontre en plus ou moins grand nombre dans ces sortes de livres, lettres dont la plupart, dans leur signification, se présentent telles que Notker Balbulus les donnait et les enseignait à son ami, toutes ces circonstances fournissent des preuves non douteuses que ces ouvrages de chant ne sont rien autre, dans leur ensemble, que la reproduction de la copie authentique et que l'enseignement oral de Romain; d'où il faut conclure que ces livres renferment encore maintenant les mélodies primitives romaines dans leur plus grande pureté. Voilà donc les monuments les plus précieux du chant grégorien qui soient arrivés jusqu'à nous; nous devons les considérer comme tels : ces monuments sont, par conséquent, comme un souvenir impérissable des soins et de l'application que cette école mit, pendant trois siècles, soit dans l'écriture, soit dans la tradition, à transmettre, à conserver pures, à préserver de toute falsification les mélodies romaines, et la manière de les lire, de les déchiffrer, de les interpréter.

Tel était l'éclat dont brillaient les actes et les travaux de cette école, dans le cercle restreint du cloître; telles étaient aussi les bénédictions dont ils étaient comblés au dehors. Certainement, la première moitié du XIe siècle était l'époque où l'Allemagne avait atteint l'apogée le plus haut qu'on lui connaisse dans l'histoire de sa puissance terrestre, comme le plus grand éclat dans les travaux de la science, et nommément l'influence la plus considérable sur l'art religieux, poétique et musical. Cette supériorité des peuples allemands sur les autres nations était reconnue par les contemporains de la nation italienne.

Certainement, ce fut l'école de Saint-Gall qui, dans l'enceinte assez considérable de son action, de ses dépendances territoriales, de sa juridiction, comme dans l'étendue des pays circonvoisins, contribua le plus à ce progrès, à cette perfection, à cette pureté du génie chrétien.

Dans le cours de cette époque, elle munit les siéges épiscopaux du Sud et les cloîtres de beaucoup de supérieurs qui avaient fait leur instruction musicale et scientifique dans son sein; elle avait, par le moyen de ses élèves ou de ses professeurs, importé la tradition des anciennes et des pures théories musicales romaines dans les églises d'Allemagne et des contrées plus éloignées; et, comme dans son propre cloître, elle se maintenait la gardienne et la conservatrice des doctrines de Romain et de son antiphonaire, comme elle fournissait de sa source l'eau pure et limpide du chant dans le voisinage et au loin, de même elle surveillait l'exactitude des copies et les répan-

(1) La séquence de sainte Foi : *Sursum corda tendite fratres*, celle sur saint Remacle, *laudes celebri*, que le manuscrit 546 nous donne en notation moderne, doivent être rapportées, quant au texte et à la mélodie, à cette époque qui est celle de leur origine; elles sont évidemment dues à des auteurs et à des écrivains de Saint-Gall.

Il y a eu deux translations des reliques de sainte Foi d'Agen. Voyez Godescard (6 octobre). C'est de la dernière dont il est ici question et qui doit avoir eu lieu, d'après l'historien cité, en 1050, dans la nouvelle église de l'abbaye de Conques, dans le Rouergue.

(1) Voici le passage qu'on a voulu corrompre d'un auteur italien : *Recte et ordinate* subtilissime *jam* docti (Theotonici) doctrinam (cantus) perfecte *tenent* in regionibus suis. Postea vero Roma in semetipsas emarcuit, perdiderunt regem et regnum, divitias, et gloriam, atque litterarum studia. Roma et tota Italia, quæ erat regina, facta est quasi vidua; quæ erat domina gentium et princeps provinciarum, quæ hujus mundi arcem tenebat imperio, modo ex parte sub imperio facta est. *Theotonici* vero habent regem et regnum. Habent divitias et gloriam, redit illorum potestas et *doctrina atque literarum studia :* illic crevit honor, et bona omnia. Italici minorati sunt per plurima, illi gaudent de doctrina perfecta et sana, et clerici sunt amabiles et honorati, gloriosi et ditati omni honore, et omnis donis plurimis, etc. (*Anonymus Casinensis sæc. XI*).

dait dans d'autres contrées. Ce qu'Ison était au IXe siècle dans le cloître de Granval, Ekkehard IV, l'abbé Bernon et Hermann Contract le furent aussi, au XIe siècle, à la cathédrale de Mayence et au cloître de Reichnau, puisqu'ils implantèrent dans ces localités l'enseignement de Romain. En effet, il paraît que la connaissance des lettres de Romain eut autrefois une extension considérable. Aribon, écrivain du XIe et du XIIe siècle, les rappelle encore dans son ouvrage. Il y fait mention de trois de ces lettres qu'on trouve souvent dans les anciens antiphonaires, et que l'auteur prend dans la même signification et le même sens que le chantre Romain, et que donnent aussi les explications de Notker Balbulus (1). Mais ce qui place hors de doute l'usage multiplié de la notation romanienne à cette époque, c'est le nombre considérable de copies et de manuscrits qui en sont pourvus et qui sont arrivés jusqu'à nous. Ainsi, on doit mentionner les neuf manuscrits cités que possède la bibliothèque de Saint-Gall; celle d'Ensiedeln a l'*Antiphonarium missæ*, dont nous avons parlé plusieurs fois, et le recueil des séquences de Notker, deux ouvrages qui, eu égard à leur ancienneté et à leur sujet, méritent d'être placés à côté des manuscrits les plus précieux de Saint-Gall (2). L'ancien monastère de Reichnau a un *Directorium chori* où l'on trouve pareillement les lettres de Romain; la bibliothèque de Trèves possède un antiphonaire, et celle de Laon en France, un graduel complet datant du Xe siècle : ces deux manuscrits sont munis des lettres de Romain (4). On a encore des vestiges qui annoncent que des manuscrits de cette espèce demeurent cachés sous la poussière des collections particulières : une recherche suffisante les mettra au jour (5). Toujours est-il que tous ces ouvrages restent comme un témoignage qui parle bien haut en faveur de l'action et des travaux de l'école de Saint-Gall à l'étranger.

C'était surtout par ses propres productions poétiques et musicales, par ses hymnes et séquences, par ses litanies et ses tropes, qu'elle exerçait la plus considérable influence en Allemagne sur le chant ecclésiastique, sur son nouvel épanouissement, sur le nouveau réveil scientifique et l'éclat de ce pays avant la fin du XIe siècle. Alors déjà, la plupart de ces créations musicales étaient devenues le bien commun de toutes les grandes églises d'Allemagne; plusieurs d'entre elles avaient déjà passé les frontières de leur patrie, et avaient reçu le droit de bourgeoisie en Angleterre et en France. Une fois que les chants d'un Notker Balbulus, d'un Hermann, d'un Ratpert et des Ekkehard eurent été approuvés et adoptés par les papes, comme faisant partie de la liturgie ecclésiastique, ils retentirent bientôt dans tous les coins de l'Allemagne (1). Quand donc, vers cette époque, la science, même hors des anciens établissements célèbres, commença à fleurir; lorsqu'il s'éleva des hommes qui consacrèrent les forces de leur esprit à la poésie et à la musique, ils ne rencontrèrent, du moins par rapport aux

(1) « In antiquioribus antiphonariis C, T, M, reperimus persæpe, quæ celeritatem, tarditatem, mediocritatem « innuunt (Aribon dans Gerbert, *Scriptores*, tom. 2, page 227). »

(2) Que ces deux ouvrages soient originairement sortis de Saint-Gall et n'aient pas d'autre source, c'est ce que nous prouvent visiblement à l'œil non-seulement les lettres de Romain, mais encore la similitude de leurs traits d'écriture avec quelques-uns des plus anciens livres de chant de Saint-Gall. C'est d'ailleurs ce que dit en particulier le discours *de uno confessore*, etc., page 405, où, après ce titre, suivent simplement les mots : *Suffragante, Domine, beato Gallo, confessore tuo,* etc.... C'est ce qu'on conclut pareillement, à cause de la similitude de la séquence sur Saint-Gall, terminée par ces mots : *ô Galle Deo dilecte*, mots entièrement écrits avec de grandes lettres. Or, cette distinction n'a pas lieu pour d'autres saints. Le lecteur peut reconnaître par les monuments avec quelle exactitude et quelle fidélité les mélodies, eu égard à leur notation neumatique, s'accordent avec les antiphonaires de Saint-Gall. On rencontre à chaque pas cette harmonie, cet accord des mélodies. L'Antiphonaire était regardé, bien des siècles après, comme ayant une antiquité vénérable. C'est par le moyen d'une traduction que l'abbé Grégoire qui présida au monastère d'Einsiedeln, vers le milieu du Xe siècle, doit s'en être servi; c'est pourquoi au XVIe siècle, on lui donna pour titre : « Graduel de sa sainte et très-digne grandeur en Dieu le « prince et seigneur Grégoire, abbé de la maison de Dieu, « de notre chère Dame à Einsiedeln, lequel a été fils du roi « d'Angleterre. »

Que ce livre de chant y fût déjà alors usité, c'est ce que rend croyable la circonstance que les graduels postérieurs d'Einsiedeln (mss. nos 113 et 114) du XIe siècle, s'accordent parfaitement avec l'ancien dont nous parlons par rapport à leur notation neumatique : ce qui établit clairement l'opinion d'Ekkehard V : « *Tota Germania, sicut Notkerus et Romanus ediderunt et correxerunt, elegit cantare et hunc ritum modulandi servare.* »

(4) Le P. Lambillotte fait mention de ces deux ouvrages dans son *Esthétique théorique et pratique du Chant Grégorien.*

(5) Ainsi Gerbert, dans son ouvrage *de Cantu*, (tom. 1, page 531), donne la première lamentation de la semaine-sainte en neumes auxquels sont ajoutées à plusieurs reprises les lettres de Romanus *e*, *s* et *i*. Dans quel manuscrit a-t-il pris ce fragment? C'est ce qu'il ne dit pas et ce que nous ne saurions guère décider.

[L'abbé Baini, M. Danjou, l'abbé Jules Bonhomme, etc., ont fait connaître des spécimens de notation neumatique entremêlée des lettres de Romain. Pour mon compte, j'ai découvert de pareils fragments dans l'*Antiphonaire de Montpellier* lui-même, et dans plusieurs autres monuments. — Th. NISARD.]

(1) On reconnaît déjà leur grande diffusion à cette époque par les nouvelles hymnes et les recueils de séquences de Mone, de Daniel et Neale, recueils dans lesquels ces pièces furent tirées de manuscrits des bibliothèques d'Allemagne, de France et d'Angleterre.

séquences, aucun autre modèle, ni aucun autre exemple à imiter, que les séquences de Notker et son génie.

Véritablement, c'est à peine si l'on trouve une autre époque que celle du XIe siècle, qui ait produit une si grande quantité de créations semblables ; et quand même les noms de ceux qui leur ont donné le jour seraient pour la plupart tombés dans l'oubli, il n'en est pas moins vrai de dire qu'elles restent comme de grandes preuves de l'activité prodigieuse de l'école de Saint-Gall. C'est à cette époque qu'il faut rapporter l'ancienne origine de la séquence de la Pentecôte : *Veni Spiritus æternorum alme* (exemp. nº 48) et des autres pièces musicales qui la suivent jusqu'au nº 55, et dont la forme, dans la mélodie comme dans le texte, est une imitation évidente des séquences de Notker et de Tutilon.

Dieu, d'ailleurs, soutenait cette école par les miracles des saints qui y avaient vécu. Ekkehard dit, des miracles de Notker, qu'il serait impossible de les compter : « *De miraculis beati viri Notkeri, quæ post transitum suum ad tumbam ejus, meritis ipsius suffragantibus contigerunt, longum esset enarrare quanta vel qualia. Nam a die depositionis suæ quo gleba sancta latuit, et thesaurus pretiosus est absconditus in terra, plura signa ejus intercessione patrata sunt, per ducentorum circiter et eo amplius annorum spatium ante quos pater sanctus migravit ad Dominum* (Ekkeh., *de Vita B. Notkeri*). L'esprit de Saint-Gall était, toutes les années, réveillé par cette belle hymne :

Vita sanctorum, via, spes, salusque,
Christe, largitor probitatis, atque
Conditor pacis, tibi voce, sensu
Pangimus hymnum.

Cujus est virtus manifesta, totum
Quod pii possunt, quod habent, quod ore
Corde vel factis cupiunt amoris
Igne flagrantes.

Qui tua sanctum pietate Gallum
Indicem lucis superæ dedisti
Ejus ut docti monitis tenebras
Mente fugemus.

Hic ad exemplum volucris canoræ
Actibus sese prius excitavit,
Ut quod ingessit vigor instruentis
Vita probaret.

Qui potens verbo, venerandus actu,
Semper æternis inhians lucellis,
Plura virtutis meruit superno
Signa patrare.

Quæsumus mundi sator et redemptor
Ut sacris ejus meritis tueri
Hanc velis plebem, tribuens quod optat
Corde benigno.

Temporum pacem, fidei tenorem,
Languidis curam, veniamque lapsis
Omnibus præsta pariter beatæ
Munera vitæ,

Ne quibus tanti dederas patroni
Prima provisor documenta clemens,
Illius sacram patiaris unquam
Defore curam,

Hujus obtentu licet actitari
Iste ne laudem tibi summe rerum
Rector acceptam, locus expedire
Cesset in ævum,

Hoc patris proles, pater hoc benigne,
Spiritus præsens, hoc uterque compar,
Nunc et æterno facias perenni
Pariter sæclo (1)

(1) Hymne avec ce titre : *De eodem S. Gallo Anonymi quotannis in ejus solemnitate cantari solitus* (Apud Canis.).

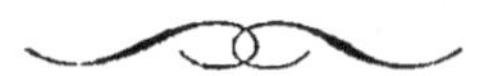

# CHAPITRE XI

Henri (Heinrich). — Sa séquence sur la sainte Vierge. — Godescalc. — Ses sept séquences. — Wipo-Bruno (Wipon-Brunon) et ses chants. — Destinée de Wipon, son chant funèbre sur l'empereur Conrad II. — Sa séquence de Pâques. — Ses rapports avec Reichnau et Saint-Gall. — Diffusion et adoption de sa séquence. — Coup d'œil rétrospectif et conclusion. — Saint-Gall reste le dernier en possession de l'Antiphonnaire authentique. — (*Note du traducteur*).

Au nombre des hommes qui, avant le milieu du XI^e siècle, se distinguèrent par des pièces nouvelles faites d'après les modèles de Saint-Gall, ou qui devaient être familiers avec cette école ou du moins avec ses productions musicales, il faut compter Henri, religieux d'un monastère inconnu du Sud, où il travailla comme professeur de sciences et de musique. Parmi les chants de ce compositeur, au nombre desquels on doit compter le répons dont son élève Godescalc fait mention : *Omnis lapis pretiosus*, l'aimable et gracieuse séquence *Ave præclara maris stella*, mérite certainement le premier rang (1). Dans la rédaction de cette mélodie, il eut évidemment devant les yeux, pour modèles, les œuvres de Notker, et cela devient manifeste, si l'on fait attention à son plan, c'est-à-dire, à la division et à la répétition des phrases mélodiques. Comme dans les séquences de Notker, on voit dans cette pièce que la première et la dernière phrase sont traitées d'une manière indépendante ; les autres, au contraire, malgré certaines libertés, se correspondent deux par deux dans la mélodie. Sous d'autres rapports, cependant, Henri fit un pas de plus que ses modèles : il ne donna plus à l'intonation de sa séquence la mélodie d'un *alleluia* emprunté au graduel, ni celle d'une séquence précédemment usitée ; mais il en composa une nouvelle. C'est pour cela, paraît-il, qu'on ne lui ajouta plus aucun titre de mélodie. Ses phrases sont toujours plus étendues que celles de Notker, et le 6^e mode qu'il choisit pour cette pièce est plus attrayant, plus moderne que ceux qu'on connaissait auparavant (1). Les paroles dédiées à la Mère de Notre-Seigneur, paroles qui, d'après la pensée de l'auteur et dans la première époque de la création de cette pièce, étaient destinées à être chantées le jour de la Purification de Marie, sont pleines de charmes et de grâces. (Voyez aux exemples, n° 56.)

C'est bien à cause de ces propriétés qu'on doit dire que ce chant, aussitôt après son apparition, eut une faveur si générale, que non-seulement on l'inséra, en beaucoup d'endroits, dans les livres de chant, et qu'on l'exécuta dans quantité d'occasions, mais qu'on lui donna de très-bonne heure des paroles allemandes, et qu'il devint un chant populaire. L'imitation qu'on en fit, et qui commence par ces mots : « *Ave, vil liehter meris sterne, ein lieht der cristenheit*, etc. (Je vous salue, très-brillante étoile de la mer, vous qui êtes la lumière de la chrétienté), » était déjà chantée au XI^e siècle (2). C'est dans une contrefaçon, une refonte, un remaniement un peu plus moderne, où toutefois l'on conserva le nombre primitif de syllabes, qu'un manuscrit d'Engelberg, de 1372,

(1) Trithème, et après lui beaucoup d'autres, attribuent cette séquence à Hermann Contract, mais l'antiquité du manuscrit d'Einsiedeln, frag. 1, a déterminé l'auteur à suivre les données du manuscrit où la séquence précitée est inscrite de la même main avec le nom de son auteur : « *Henrici Monachi*. » On en peut voir le fac-similé au n° 33 des Monuments.

(1) Parmi les différentes mélodies des séquences de Notker que l'auteur de cet écrit a tirées et recueillies de beaucoup d'anciens manuscrits, il n'en est absolument aucune qui appartienne au 5^e ou au 6^e mode du plain-chant.

(2) Holscher, *l'hymne religieuse allemande*.

la représente avec l'ancienne mélodie (1). Malheureusement, le commencement nous manque, et ce n'est que depuis les mots :

« Von Himmel furt in trüwen
Den alten un den nüwen; »

(du haut des cieux elle conduit le vieillard et le jeune homme qui marchent dans le sentier des larmes et des tribulations), jusqu'à la fin, qu'elle ne nous est point parvenue morcelée. A peu près à la même époque, elle fut traduite en vers *rimés* par le moine de Salzbourg, et son chant commence comme il suit :

« Ich grüsz dich gerne
Meeresterne
Aller Christenheit
Zu Got uns beleit;

(Je te salue de tout mon cœur, étoile de la mer, étoile de toute la chrétienté, parce que tu nous appelles, tu nous conduis et tu nous rappelles à Dieu.)

A la fin du xv^e^ siècle, Sébastien Brant, conseiller particulier de l'empereur Maximilien, fit imprimer cette séquence avec l'ancienne mélodie et une traduction nouvelle. Elle a, quoique composée de plusieurs rimes, exactement le même nombre primitif de syllabes, et commence par ces mots : « *Ave, durchlüchte stern des meres — entpfangen uffgangen den Heiden zu freid en* (2), (Je vous salue, très-éclatante étoile de la mer, bien reçue, bien-venue des Païens, et qui s'est levée pour réjouir les Païens et les délivrer) » Au commencement du xvi^e^ siècle, on se servait aussi d'une traduction de ce chant en bas-allemand : « *Maria, gegrotet systu vorschynende sterne des meres* (3); (Marie, je te salue, étoile de la mer, dont la lumière nous prévient). » La belle séquence d'Henri fut chantée dans les églises catholiques pendant plus de cinq siècles, et dans les derniers temps où on l'exécutait encore, on la regardait comme un chef-d'œuvre du genre, à tel point que les hommes les plus entendus prétendaient que cette pièce avait plus de *mérite musical* que *six cents charges de compositions* d'autres maîtres (4).

Godescalc écrivit un nombre plus considérable de séquences; il était l'élève du précédent, et peut-être appartenait-il au même cloître. D'après son propre témoignage, on doit lui attribuer les séquences suivantes : *Fœcunda verbo*, sur la sainte Vierge; *Cœli enarrant*, sur les douze Apôtres; *Laus tibi Christe, qui es creator*, sur sainte Madeleine; *Electum Christi vas*, sur saint Paul; *Alleluia dulce lignum*, avec la séquence *A solis ortu et occasu*, sur la sainte Croix; *Exulta exaltata*, sur l'assomption de la sainte Vierge; une autre sur la sainte Vierge, où l'on trouve ces mots : *hanc nec corrumpi nec putredine solvi optat*, etc. (1). Les trois premières ont été conservées, quant aux paroles et quant à la mélodie; les autres paraissent perdues. Godescalc fut blâmé par un critique inconnu, à cause de quelques expressions dont il se servit dans le premier et le dernier des textes nommés; c'est pourquoi il chercha à se défendre dans deux traités qui portent son nom. Voici la première partie incriminée : *Unius tria sunt facta Trinitatis opera in carne una*, etc., paroles qui se lisent réellement dans la première des séquences nommées plus haut : *Fœcunda verbo* (2).

Godescalc donna lui-même un moyen de reconnaître d'après quels modèles il composa ses chants, car il conseille à son lecteur de les juger en les comparant aux séquences de Notker et de Contract. Il rapporte avec une espèce de sentiment de sa dignité, que quelques-uns attribuent à la plume d'Hermann ses séquences : *Cœli enarrant* et *Laus tibi Christe* (3).

Du reste, il imita en grande partie son maître Henri quant à la forme de la mélodie et du texte; seulement, il paraît un peu plus court dans ses versets mélodiques. Sa séquence de Marie : *Fœ-*

(1) Manuscrit 14/25.

(2) Cette composition parut en une seule feuille in-folio et fut ajoutée au ms. n° 546 de Saint-Gall.

(3) Mone, *Hymnes latines*, tom. II, page 358.

(4) Voici ce que Glaréan écrit de l'auteur de cette pièce : In ea prosa de cœlorum Regina, Jesu Christi matre, quæ « Ave præclara » inscribitur, plus musici ingenii ostendisse videtur, quam ingens aliorum grex sexcentis cantionum plaustris (*Dodecach.* Basil. 1547, pag. 170).

(1) Daniel attribue encore à Godescalc, dans son *Thesaurus hymnol.*, les séquences *Dixit Dominus ex Basan*, sur saint Paul, *Psallite regi nostro*, sur saint Jean-Baptiste, et *Exultent filiæ Sion*, sur une sainte vierge. D'après quel monument et pour quel motif? Il ne le dit pas.

(2) Cette séquence se trouve dans le frag. 1 d'Einsiedeln, si souvent mentionné, et dans Mone.

(3) Gerbert a donné le passage d'après un manuscrit de Vienne (Theol. 58, sæc. XI ou XII); voici ce qu'on y lit : « Si domnus Herimannus Contractus, cujus nomini quasdam sequentias, quas per me dedit Dominus, sicut *Cœli enarrant* de apostolis, et illam de S. Maria Magdalena *Laus tibi Christe* quidam attitulant, in hac tela dictando, et docendo, et modulando fuerat operatus; si domnus *Notkerus* monachus suas Sequentias induxit in hujus telæ ornatum, cur et ego peccator, tamen monachus et catholicus, non inducerem in hanc telam, quod dedit Dominus : *Electum Christi vas*. Domnus Herimannus de sancta cruce sequentiam *Grates honos hierarchia* dicitur composuisse. Ego vas abjectum, utinam eligendum, de S. Cruce illud *All. Dulce lignum*, sequentiam *A solis ortu et occasu*, docente Domino composui. Domnus Notkerus de Apostolis *Clare sanctorum senatus apostolorum* composuit. Ego de apostolis *Cœli enarrant* idiota composui. Ille de assumptione sanctæ Mariæ *Congaudent angelorum* fecit. Ego pusillus de eadem festivitate hanc sequentiam, quam nunc inter manus habemus : *Exulta exaltata* composui in gratiam sancti Spiritus. Legat utrasque, cui placet, et juste judicet, etc. »

*cunda*, est du 5e mode; celle de sainte Madeleine : *Laus tibi Christe*, suit le 6e, mais elle paraît au milieu transposée d'une quinte plus haut; celle enfin sur les saints Apôtres : *Cœli enarrant*, est du 1er mode. Par rapport au texte, il s'attache plus à la simple narration évangélique qu'au langage orné, riche, fleuri et imagé de son maître. Les séquences de Godescalc à la sainte Vierge n'eurent pas une vogue et un accueil favorable; on ne trouve même que très-rarement la première. Au contraire, celles sur sainte Madeleine et les Apôtres furent, dans la moitié de l'Europe, chantées pendant des siècles. On les trouve toutes les deux parmi les exemples, nos 57 et 58.

Nous avons un contemporain d'Hermann de Reichnau et des deux précédemment nommés : c'est Wipon, l'auteur de l'immortel chant de Pâques : *Victimæ paschali laudes;* mais toutefois, bourguignon de nation (vraisemblablement issu d'un bourguignon allemand), et, d'après sa vie et ses actions, appartenant plutôt à l'Allemagne, il vécut, comme prêtre et chapelain, sous l'empereur Conrad II et son fils Henri III. (1) L'époque de sa célébrité doit donc se placer entre 1024 et 1050. Homme d'une instruction peu commune, il avait su sans doute s'attirer l'attention de sa haute protectrice, l'impératrice Gisèle, et, par son intermédiaire ou son intervention, il fut appelé à la dignité de chapelain impérial. Déjà, en 1024, il assiste à l'élection et au couronnement de Conrad II, et il rappelle plus tard, avec une satisfaction visible, les chants joyeux qui, du lieu de l'élection jusqu'à celui du couronnement, retentirent sous le dôme de Mayence et jusqu'au ciel (2). Rien ne pouvait être plus propre à réveiller les connaissances musicales que Wipon avait acquises auparavant, que le poste qu'il occupa à la cour, après l'élection impériale, puisqu'elle le mettait en contact immédiat avec un artiste dont tant d'historiens estimaient si fort les créations musicales.

A côté de Wipon, et comme lui, chapelain au service de la chapelle impériale, vécut jusqu'en 1026 un humble et modeste prêtre, nommé Brunon; il était originaire d'Alsace. Les connaissances de ce personnage, en fait de musique,

(1) Gerbert, dans son *Histoire de la Forêt Noire* (in indice), dit que Wipon fut moine de Saint-Gall; cependant, malgré les recherches, on ne trouve point la preuve de cette assertion. Dans ses écrits, Wipon s'appelle : « *Wipo, Dei gratia presbyter, servus regalium servorum,* » et, dans ses poésies au roi Henri : « *Wipo tuus famulus, — Wipo tuus cum fido pectore servus.* »

(2) Ibant gaudentes, clerici psallebant, laici canebant, utrique suo modo: tantas laudes Deum accepisse ab hominibus una die in loco nondum experiebar.

(*Wipo*, in vita Conradi Salici).

furent plus tard si estimées, qu'on plaçait ses chants à côté de ceux de saint Grégoire le Grand. On ne lui doit pas seulement la composition d'un *Gloria in excelsis* (monuments, n° 35, et exemples, n° 39), mais encore une suite de mélodies sur saint Cyriaque, sur Hydulphe, évêque de Trèves, sur le saint pape Grégoire le Grand, sur saint Nicolas, sur sainte Othilie, etc.

On comprend facilement ce que dut gagner Wipon au commerce et aux rapports qu'il entretint avec ce personnage et ce musicien. Cependant, la Providence donna à ces prêtres un centre d'action bien différent. Pendant que Brunon (1026) était élevé au siége archiépiscopal de Toul, et, plus tard (1049), élu pour succéder à saint Pierre sous le nom de Léon IX, Wipon resta, comme auparavant, aumônier de l'empereur; son état maladif et la faiblesse de son tempérament devaient le rendre moins propre à des dignités plus élevées (1). Il en résultait pour lui plus de loisir pour consacrer le reste de sa vie à l'art et à la science, ce qu'il fit avec joie et persévérance. Comme poëte, compositeur et historien, il mit au jour des ouvrages qui lui valurent la réputation d'un des hommes les plus habiles de son temps. La maxime fondamentale de sa conduite, était de regarder l'oisiveté comme le plus grand ennemi de son âme (2).

Vers l'an 1025, il composa et dédia à Conrad le petit recueil de poésies (*Satyræ*), appelé *Gallinarium.*

C'est à l'époque où Henri, enfant de onze ans,

(1) Cum plurimum tempus *infirmavi,* non potui *in Capella* senioris mei Conradi frequenter adesse.

(*Wipo*, in Epistola ad Regem Henricum).

(2) Wipon écrivit son ouvrage « De Vita Chunradi Salici, » notamment pour ce motif : « Ut excitante Deo, *otiositatem*, velut animæ inimicam, his occupatus negotiis, vitare valeam (Wipo, *in prologo ad vitam Conr.*).— Voici une pièce curieuse intitulée : *Versus Wiponis ad mensam Regis* :

Regalis cœtus sit in isto tempore lætus,
Quo lux in tenebris exoritur populis
Inter lætandum res suadet commemorandum,
Quod Deus est natus, Filius ipse datus.
Parva dedit Bethleem de magno germine panem,
Qui satiare valet, quidquid ubique manet.
Panem de cœlo porrexit gratia mundo;
Panis adest vivus perpetuusque cibus.
Fons salientis aquæ diffusæ poculo vitæ;
Hinc quicumque bibet, non iterum sitiet.
Mellis dulcedo per Christum fluxit Olympo,
Ut sapiant famuli delicias Domini
Bos renuit fœnum cum vidit nobile granum
Et præsepe Dei præcavet os asini.
Virgo Maria, vide, mirando talia ride,
Ex te per verbum cerne Deum genitum.
Rex pie, cœlestis nostris illabere festis;
Da fructum pacis, sicut ubique facis
Heinrico regi digneris propitiari
Ut cum lætitia pertrahat officia.

fut couronné roi à Aix (1028), qu'il faut rapporter la composition des excellents Proverbes (*Proverbia*) de Wipon, en cent cinquante vers qu'il écrivit pour le jeune prince dont évidemment l'éducation lui était confiée.

Lorsqu'on assiégea Neufchâtel et Morat, et qu'un froid très-rigoureux fit lever le siége, il écrivit son poëme *De nimietate frigoris,* et, en 1035, après la soumission de Liége, un second poëme appelé *Breviarium.* A la grande solennité qui eut lieu à Soleure au printemps de 1038 et dans laquelle le vieil empereur remit son royaume de Bourgogne à son fils, ce fut certainement Wipon qui, par de nouvelles pièces de chant ou des poésies, contribua à l'embellissement de la fête. C'est avec enthousiasme qu'il rappela plus tard le souvenir de cette circonstance, lorsque les évêques et les princes de tout le royaume conduisirent le jeune prince dans l'église de Saint-Étienne, qui autrefois, à Soleure, servait de chapelle royale. Le peuple, pendant l'acclamation, se réunit aux chants de joie, et n'eut qu'une voix pour dire « que la paix amène la paix, quand un roi gouverne avec l'empereur (1). »

L'année suivante, l'empereur Conrad le Salique mourut à Utrecht. Wipon, qui probablement alors demeurait en Bourgogne, apprit plus tard de Henri, évêque de Lausanne, et par les autres bourguignons qui accompagnèrent le corps du défunt jusqu'à Spire, la douleur générale et profonde dont on payait le tribut à sa mémoire. La nouvelle de cette mort dut impressionner au plus haut degré notre chapelain, et bientôt il composa un cantique funèbre qu'il dédia, la même année, à son fils, le roi Henri, dans la ville de Constance (2). Évidemment, la pièce était destinée à être chantée; cependant la mélodie, malheureusement, n'en est pas arrivée jusqu'à nous. Qui sait combien de fois, à cette époque, ce chant lugubre retentit en Allemagne et en Bourgogne (3)?

Le voici tel que les manuscrits nous l'ont transmis :

Qui vocem habet serenam, hanc proferat cantilenam.
De anno lamentabili et damno ineffabili,
Luget omnis homo, forinsecus et in domo,
Suspirat populus Dominum, vigilando per somnum :
Rex Deus, vivos tuere, et defunctis miserere.

Anno quoque millesimo nono et trigesimo
A Christi nativitate nobilitas ruit late,
Et Cæsar caput mundi, et cum illo plures summi,
Occubuit Imperator Cunradus legis amator.
Rex Deus, vivos tuere, et defunctis miserere.

Eodem fere tempore occasus fuit gloriæ,
Ruit stella matutina Chunelinda regina,
Heu! quantum crudelis annus, corruerat Herimannus,
Filius Imperatricis, dux timendus inimicis,
Ruit Chuno, dux Francorum, et pars magna seniorum.
Rex Deus, vivos tuere, *etc.*

Imperatoris gloria sit nobis in memoria,
Et recenti mentione, vivat vir indolis bonæ.
Fiat dominator probus, frequenti carmine novus,
Præclara fama post mortem vitæ prestet hunc consortem.
Rex Deus, vivos tuere, *etc.*

Regum sanguine genitus, omnes præcellit penitus,
Gloriosus in persona, pulcher sub sua corona,
Sceptrum, regnum, imperium nulli erat plus congruum;
Rempublicam honestavit, hujus causa laboravit.
Rex Deus, vivos tuere, *etc.*

Postquam replevit Franciam, per pacis abundantiam,
Mitigavit Alemannos et omnes regni tyrannos,
Saxonibus et Francis imposuit fræna legis,
Vidit sua magnalia probabilis Italia.
Rex Deus, vivos tuere, *etc.*

Roma subjecit se primum a summo usque ad imum,
Experti sunt Ravennates in bello suo primates,
Sentiebant Veronenses invicti Cæsaris enses,
Hesperia se prostravit, imperanti supplicavit.
Rex Deus, vivos tuere, *etc.*

Reversus Alemanniam invenerat calumniam,
Quam hic dissipavit Cæsar, ut ventus pulveris instar,
Omnes simul perierunt, qui prædatores fuerunt,
Et cives præstantissimi idcirco facti sunt exulati.
Rex Deus, vivos tuere, *etc.*

Nil moratus Imperator, pacis ubicumque dator;
Bellum intulit paganis, ne noceret christianis,
Non defendit eos palus, nulla fuit aquis salus,
Bene coercebat Slavos, Barbaros et omnes pravos.
Rex Deus, vivos tuere, *etc.*

Pour mieux faire connaître le génie de Wipon, nous croyons être agréable au lecteur en rapportant les souhaits de vertus et d'assistance céleste que ce poëte exprimait à son roi :

(1) Episcopi cum cæteris principibus (regem Henricum) in ecclesiam sancti Stephani, quæ pro capella Regis Soloduri habetur, deducentes, *hymnis et canticis Deum laudabant*, populo clamante et dicente :

Quod pax pacem generaret,
Si rex cum Cæsare regnaret.
(*Wipo*, de vita Chunradi Salici).

(2) *Cantilenam lamentationum* fecerat, quam postea filio suo, Henrico Regi, in Constantia civitate præsentavit, quas lamentationes hic, quoniam ejusdem operis sunt, inserere non incongruum putavimus (*Ibidem*).

(3) La conclusion de ce chant semble manquer. Il nous rappelle, par sa forme, les anciens chants allemands et latins qui, autrefois, vivaient dans la bouche du peuple en l'honneur de la maison royale franque : tels sont les cantiques de Clotaire, de Charles, de Carloman, de Louis et d'autres hymnes semblables. Nous nous sommes déjà demandé si cet hymne a été chanté, et pendant combien de temps, dans les villes et en Bourgogne? C'est une question sur laquelle l'histoire se tait absolument. Toutefois, chant, dans ce qui nous en reste, nous est acquis comme un précieux et aimable souvenir des chantres et des compositeurs ecclésiastiques de la Bourgogne et des rapports que les moines de ce pays entretinrent avec l'école de Saint-Gall.

Musæ.

Principio Regi benedicimus omnipotenti,
Qui caput est Regum, quo gloria crescit eorum ;
Qui Pater in Nato pariter cum Pneumate sancto
Lege sub æterna Dominus regnabit et ultra.
Hunc pie laudemus, nam summum laudis habemus :
Hoc habeat munus, qui regnat trinus et unus.
At rex noster homo ditatus perpete dono
Tertius Henricus, virtutum regnat amicus,
Alter post Christum regit orbem circiter istum.
Ipsum laudemus, nam causas laudis habemus.
Et pius Henricus per nos modo sit benedictus,
Versibus imprimis repetito nomine Regis,
Ut quotiens sancti surgant pro Rege vocati,
Rex totiens Christo placeat de nomine mixto.
Rex Henrice Deo regum charissimus esto.
Rex Henrice piæ charissimus esto Mariæ.
Rex Henrice Duci dilectus sis Michaeli.
Rex Henrice polis splendescas fonte Joannis.
Rex Henrice tuus sit janitor æthere Petrus.
Rex Henrice boni te firmet epistola Pauli,
Rex Henrice tuos Andreas dirigat actus,
Rex Henrice preces hos curet virgo Joannes.
Rex Henrice Thomas te vertat in omne quod est fas,
Rex Henrice tuus sit ductor ad alta Philippus.
Rex Henrice pares Jacobi sint te redimentes.
Rex Henrice Deo placeas tribuente Matthæo.
Rex Henrice tuam Simon corroboret aulam.
Rex Henrice piam Thaddæus det tibi vitam.
Rex Henrice Deum teneas per Bartholomæum.
Rex Henrice vias tibi præparet ore Mathias.
Rex pie cum Stephano sis lætus semper in alto,
Teque pares Stephani benedicant ordine cuncti.
Rex bone, Sylvester tibi sit per sæcula dexter.
Teque sui socii benedicant ordine cuncti,
Virginibus placeas, Henrice, ex omnibus actis,
Omnes te Sancti redimant de crimine mundi :
Sit rex sanctorum fautor tuus atque tuorum,
Hoc tibi Rex Musæ cantamus voce sonora.
. . . . . . . . . . . . . . . . . .

(Apud Canis., *Lect. ant.*).

L'activité de l'écrivain Wipon ne s'arrêtait donc pas aux chants religieux. Ce fut au grand congrès des princes à Strasbourg, le jour de Noël 1041, qu'il dédia au roi Henri le recueil des six poésies qu'il appelait *Tetralogus*, parce qu'il fait parler dans cet ouvrage le poëte, les muses, la loi et la grâce. De 1046 ou de 1048 date son ouvrage historique très-étendu : *La vie de Conrad le Salique*, qu'il dédia à son fils l'empereur Henri. Il est certain que cet homme infatigable recueillit aussi les matériaux d'une histoire de la vie de l'empereur Henri ; mais la tradition et les monuments ne nous apprennent pas s'il put la finir. Malheureusement, les incendies des cloîtres, les pillages, le vandalisme inconcevable exercé contre les bibliothèques et les manuscrits du moyen âge, nous ont privé d'une foule de documents qui jetteraient un grand jour sur tant de questions historiques, religieuses et archéologiques.

Quelque incertaine que soit l'époque où Wipon composa son plus important travail dans la matière que nous traitons, il n'en demeure pas moins certain qu'il en est le véritable auteur. Il n'y a aucun de ses autres ouvrages dont l'authenticité soit prouvée par un document aussi ancien que celui qui lui attribue la séquence de Pâques, dont la manière d'écrire correspond toutefois à celle de ses autres compositions (1). Les deux pièces dont nous venons de parler, le chant lugubre et la séquence établissent l'opinion qu'il en a fait plusieurs autres qui sont restées dans l'oubli, ou qui paraissent sous le voile de l'anonyme dans d'anciens recueils que nous possédons. Wipon n'eût-il écrit que son *Victimæ paschali*, on reconnaîtrait dans ce morceau le maître compositeur qui l'emporte sur tous les autres de son époque, car une mélodie si populaire et si pleine de dignité suppose de grandes connaissances dans les principes de la composition musicale. Nous donnons ce morceau aux exemples, n° 60 (2).

Qu'il ait eu sous les yeux, en la composant, les modèles de l'ancienne école de Saint-Gall, c'est ce dont nous convainc la construction mélodique elle-même de ce chef-d'œuvre. Comme dans les séquences de Notker, la première phrase a une

(1) Ce *Victimæ paschali* se trouve dans le manuscrit si souvent cité, Frag. 1 d'Einsiedeln de la fin du XIe siècle, avec le nom de l'auteur : « WIPO. » On peut en voir le fac-simile aux Monuments, n° 35. Les manuscrits existants des autres œuvres de Wipon, ne sont pas, d'après le témoignage de Pertz, d'une date très-éloignée, car la plus ancienne copie de sa *Vie de Conrad II* ne date que du XVIe siècle, et il est impossible de trouver aucun manuscrit de son *Tétralogue*. Ses *Proverbes* se lisent dans un ms. d'Einsiedeln du XIIIe siècle.

(2) Dans le manuscrit (*Fragm. d'Eins.*) auquel on a emprunté le fac-simile du monument n° 35, on trouve la mélodie du chant ayant toutes les formes de l'usage ancien : elle est écrite deux fois sur le même côté, savoir : avec le texte et les neumes, et puis avec les neumes simplement à côté de l'*alleluia* sur la marge opposée. Originairement dans cette notation, (c'est aussi le même cas pour les autres séquences de ce manuscrit), ces deux manières de lire étaient parfaitement les mêmes, c'est-à-dire, donnaient la même phrase mélodique par rapport au chant et à la cantilène de la pièce, et leur différence n'avait trait qu'à la manière d'écrire les neumes, c'est-à-dire que, dans la seconde notation de la marge, les simples signes des neumes étaient exprimés par des signes *composés*, ce qui diminuait l'étendue de la ligne. Mais, dans la prose *Victimæ paschali*, une main du XIIIe siècle a changé quelques notes dans la mélodie munie du texte, comme on peut encore le reconnaître très-clairement et parfaitement sur le parchemin où l'on a raturé quelques notes particulières que le corrupteur a remplacées par d'autres. Les passages changés se rencontrent aux syllabes suivantes : *Christiani*, *gloriam*, *præcedet*, *in Galilæa*, *soli*, *quam* et *resurexisse*. Du reste, les notes raturées peuvent se connaître et se lire au grand jour ; elles s'accordent parfaitement d'ailleurs avec la mélodie qui est restée intacte à la marge et d'après laquelle nous présentons au lecteur (exemples n° 60) toute la séquence.

mélodie indépendante, et les autres reviennent de deux en deux fois, et se correspondent et s'accordent parfaitement quant au chant; seulement, à la fin, Wipon paraît être le premier qui n'ait pas terminé la cantilène par une phrase indépendante, innovation qu'on retrouve, presque sans exception, dans les séquences postérieures. Quant à la manière de traiter le texte, Wipon fit un pas de plus sur ses devanciers, car il ne se contenta point, comme le faisaient quelques anciens, de se servir de pures assonances, mais, au milieu et à la fin de la phrase, il y mit la *rime régulière*. C'était exactement la même forme qu'avait suivie Ekkehard IV dans la traduction de son cantique de Saint-Gall On reconnait sans peine l'influence exercée sur Wipon par l'ancienne école de Saint-Gall, ainsi que les relations qu'il entretenait avec les élèves de ce monastère. Il est probable qu'il accompagna à Saint-Gall, en 1027, l'impératrice Gisèle, avec son jeune fils Henri, ou qu'il suivit ce dernier, lorsqu'en 1039, revenant de Constance où il lui avait présenté son cantique funèbre sur son père, le prince visita ce cloître. Là, Wipon put entendre et admirer les magnifiques pièces de l'ancienne école, et se mettre en rapport avec les compositeurs qui vivaient encore. On peut dire, de plus, que ce fut Reichnau et les célèbres professeurs de son école, l'abbé Bernon et Hermann Contract, dignes élèves de Saint-Gall, qui l'initièrent à la doctrine et à la tradition qu'ils avaient puisées à la première source.

Lorsque le roi avec sa cour, dans les premiers jours de février (1040), visita ce cloître, et que, huit ans plus tard (1048), le 24 avril, il y assistait avec une grande piété à la consécration faite par l'abbé Bernon de l'église de Saint-Marc, et à la procession solennelle du jour suivant, les savants dont nous avons parlé vivaient encore, et Wipon, comme on doit le présumer, se trouvait parmi le cortége et la suite impériale; il put se réjouir de faire personnellement, cette fois, la connaissance de ces célébrités. Il est aussi possible qu'il ait accompagné, l'année suivante (1049), son ancien collègue, le pape Léon IX, qui séjourna trois jours au cloître de Saint-Gall (1). Que Wipon ait eu de semblables entrevues en même temps qu'une étroite liaison avec les premiers hommes d'esprit de cette époque, qu'il en soit résulté des progrès et une nouvelle vie pour le chant romain, c'est ce qu'on peut affirmer sans crainte de subir la moindre contradiction.

Que la séquence de Pâques composée par Wipon, ait été saluée aussitôt après son apparition et même des siècles plus tard, par le clergé comme par le peuple, c'est ce que nous prouve sa diffusion extraordinaire et les différents emplois qu'on en faisait dans le chant ecclésiastique. En Italie, où les chants de Notker étaient le moins en usage, on voit que cette pièce fut alors ajoutée aux anciens missels (1). Probablement ce fut l'autorité et le crédit du grand ami de Wipon, le pape Léon, qui contribua le plus à l'introduction du *Victimæ paschali* dans le chant romain. Mais en Allemagne, cette pièce fut aussitôt, ou ajoutée à la marge des anciens ouvrages de chant qu'on possédait, ou incorporée d'une manière régulière dans ceux qu'on écrivit alors (2). Déjà, dans le XII$^{e}$ siècle, on s'en servait comme chant alterné entre Madeleine et le chœur, à la solennité liturgique de la Résurrection. On employait aussi la mélodie avec texte allemand; le chant déjà authentiquement connu au XIII$^{e}$ siècle, et chanté dans toutes les localités allemandes durant le moyen âge: « Jésus-Christ est ressuscité (*Christ ist erstanden*), paraît évidemment, dans sa marche mélodique, une imitation de la séquence de Wipon.

On adaptait cet air à d'autres textes et à d'autres séquences. La séquence *Surgit Christus cum tropheo*, faite en forme de dialogue, alternativement exécutée par quelques enfants et l'ensemble du chœur, et appartenant pour le plus tard au XIII$^{e}$ siècle, conclut, quant à la mélodie et au texte, comme le chant pascal de Wipon (3). On travestit le texte même *Surgit*

(1) Il faut remarquer ici que, dans le manuscrit mentionné, on ne nomme pour auteurs de ces chants ecclésiastiques que ceux qui appartiennent à la première moitié du XI$^{e}$ siècle, et que, avec les noms d'un Hermann (Herimanni), d'un Henri (Henrici monachi) et d'un Wipon (Wiponis), on trouve aussi celui d'un Léon pape (Leonis papæ) en tête d'un *Gloria in excelsis*. Il est réel qu'un écrivain anonyme du XII$^{e}$ siècle (voyez Petz, *Anecd.*, tom: I, part. III, page 384), attribue au pape Léon IX la composition d'un *Gloria in excelsis*. — Ce ms. renferme aussi une séquence sur saint Marc, où l'on trouve les passages suivants: *Præ cunctis lætabunda* SUEVIA *canat patronum;* plus loin: *Cujus sanctissimi thesaurus corporis terris* GERMANIÆ *advectis plurimis renitet miraculis. O Marce, decus, honor atque salus patriæ.* Puisqu'en Souabe le monastère de Reichnau possédait seul les reliques de ce saint, nous sommes porté à supposer aussi que le manuscrit y a vu le jour.

(1) Miramur libros romanos, venetos et alios, qui per paucas Prosas exhibere solent, supra scriptam cantionem dabo ad unum omnes (*Daniel Thesaurus hym.* Tom. II, pag. 96).

(2) Le manuscrit 546 de Saint-Gall lui donne pour titre: Communis, bona, *antiqua*, et indique le temps où on l'exécutait: « Feria quinta post octavam Paschatis, ac deinceps per totum tempus paschale. »

(3) Dans le manuscrit 546 de Saint-Gall, on lit la séquence avec cette remarque: « DEVOTA ANTIQUORUM », et avec ce titre: *De Resurrectionis argumentis Sanctarum Virginis Mariæ ac Magdalenæ de compassione mortis Christi per modum dialogi sequentia.* Après la 4$^{e}$ stro-

*Christus*, et on l'adapta à la sainte Vierge pour le temps de Noël, mais toujours avec la mélodie du *Victimæ* (1). Aux XIVe et XVe siècles, on intercala, après chaque phrase de chant, une strophe tirée d'autres chants de Pâques en allemand ou en latin, et, dans ce cas, le clergé et le peuple alternaient certainement (2). Vers la même époque, on adapta cette mélodie à des textes pour d'autres fêtes et d'autres saints. Les séquences de la Mère de Notre-Seigneur, pendant le temps de Pâques : *Virgini Mariæ laudes concinant*, et *Virgini Mariæ laudes intonent christiani* (3), celle de la Fête-Dieu : *Collaudent devoti Patris Filium*, enfin celle de sainte Catherine : *Digna Deo Catharina* (4), sont toutes modelées d'après la mélodie de notre chant de Pâques, ce qui prouve le charme, la sublimité, la diffusion et la popularité de cette belle cantilène.

Alors vint le temps où, de toutes parts, on demanda l'introduction d'une liturgie *uniforme*. Des milliers de mélodies chantées par la moitié de l'Europe furent sacrifiées à l'unité désirée ; ce furent surtout les anciennes séquences qui, à la fin du XVIe siècle, eurent le triste sort de tomber dans l'oubli. Mais l'hymne pascale de Wipon ne devait point périr. Quoiqu'on ne connût plus le nom du chantre qui l'avait composée et chantée le premier, elle fut cependant reçue et introduite dans le nouvel office de l'Église catholique romaine. Cette séquence, on peut le dire, est de beaucoup la plus ancienne qui soit encore en usage pendant la célébration de la sainte messe, et elle a la forme respectable et primitive de ces chants qui furent conservés aussi purs qu'ils étaient sortis de leur berceau, l'école de Saint-Gall. Il n'est pas de composition musicale connue qui, comme celle dont nous parlons, ait retenti dans les églises pendant plus de huit siècles, et probablement les échos s'en continueront aussi longtemps que l'Église subsistera sur la terre. Le noble, l'humble chantre, le prêtre de Bourgogne, ne pensait peut-être point, par sa séquence, doter l'Église d'un chant impérissable.

L'histoire de ce siècle, il est vrai, n'a conservé à la postérité que les noms de peu de compositeurs ; toutefois elle donne encore, mais à une époque plus récente, un témoignage de l'action puissante, de l'action pleine de résultats heureux, de l'action bénie de cette école qui, dans un rayon très-étendu, put enflammer à un si haut degré l'amour du chant religieux.

Nous voici arrivé à la conclusion de notre écrit. Comme tant de belles, de nobles, de grandes et de glorieuses choses prennent fin ici-bas, de même aussi s'éclipsa l'école de chant, si florissante, qu'avait fondée Romain dans le cloître de Saint-Gall. A partir de cette époque, disparaissent les renseignements ultérieurs sur les travaux de cette même école, sur la présence, sur l'existence de la copie authentique de l'Antiphonaire romain, sur la continuation des travaux pour la conservation, dans toute leur pureté, des anciennes mélodies grégoriennes, et enfin sur les hommes qui se sont distingués par leur connaissance de la musique religieuse, ou qui, par l'enseignement, les ont répandues de près et de loin, ou imposées à leurs contemporains. L'esprit du temps négligea les travaux et les soins de la science en général et du *chant liturgique* en particulier. Des guerres et des combats de toute sorte détournèrent les religieux de leur noble occupation, et leur donnèrent une direction qui correspondait moins à leur vo-

phe, on lit la rubrique : *Tres bene vociferati scolares respondent versum* ; alors tout le chœur, dans son chant, demande : *Dic, Maria, quid vidisti, contemplando crucem Christi?* à quoi les trois élèves répondent : *Vidi Jesum spoliari et in cruce sublimari peccatorum manibus*. Après que le chœur a fait quatre fois cette demande et que les trois enfants y ont répondu différemment, le chœur chante cette autre interrogation deux fois répétée : *Dic Maria, quid fecisti, postquam Jesum amisisti?* puis : *O Maria noli flere, jam surrexit Christus vere*. Les enfants répondent : *Certe multis argumentis vidi signa Resurgentis* ; vient immédiatement après le chœur qui chante avec la mélodie du *Victimæ paschali* : — *Dic nobis, Maria*, etc. Les enfants ajoutent : *Angelicos testes*, etc. ; le chœur reprend : *Dic nobis Maria*, etc. ; les enfants disent ensuite : *Surrexit Christus spes mea*, etc. Sur quoi le chœur conclut et termine par les phrases : *Credendum* et *Scimus*.

(1) A la mélodie de la séquence pascale est joint le texte : *Dic nobis, o pia, es enixa in via?*
*Nec domus mihi patebat*
*In stabulo Joseph me fovebat*
*Exilii testes præsepium et vestes,*
*Quas nato Regi sternebat,*
*Cum bestiis Christum recondebam.*
*Credendum est magis Mariæ veraci*
*Quam Judæorum turbæ fallaci.*
*Scimus Christum peperisse*
*Te virginem vere,*
*Sed, Mater pia, nostri miserere.*
(Manuscrit d'Engelberg, n° 14/25).

(2) Le manuscrit mentionné plus haut de Saint-Gall reproduit les strophes de certains chants de Pâques, strophes qui, comme nous l'avons dit, étaient intercalées dans chaque phrase du *Victimæ paschali* ; après *Immolent Christiani*, on mettait : *Christus surrexit* ; après *peccatores* : « J.-C. est ressuscité (*Christ ist erstanden*) ; après *regnat, regnat vivus* : « *Si non surrexisset* » ; après *vidi resurgentis* : « s'il n'était pas ressuscité » (War' er nit erstanden ; après *Galilæa* : « il est ressuscité, » (Er ist erstanden) ; après *turbæ fallaci* : « Marie la pure » (Maria die raine).

(3) Toutes les deux étaient usitées dans beaucoup de pays circonvoisins, et on les trouve encore dans beaucoup de manuscrits du XIVe et du XVe siècle.

(4) Les deux derniers sont dans le manuscrit n° 546 de Saint-Gall.

cation monastique : c'est ce qui nous explique comment le fil de notre histoire a été rompu. Il est possible qu'il y ait eu, dans le cours des siècles postérieurs à ceux que nous venons d'esquisser, quelques personnages qui, comme Ekkehard V, aient perpétué le souvenir de la réputation si étendue de l'école de Saint-Gall, et qui, par la poésie et la musique, aient peint les avantages et la grâce du chant ecclésiastique ; mais, en tout cas, à nos yeux ne brillent plus que des apparitions passagères, incapables d'ailleurs, par leur nature, de renouer le fil rompu et de prévenir l'éclipse de cette belle étoile du moyen âge (1).

Quelque florissant et quelque puissant que se réveillât ce corps de religieux, vers la fin du xve siècle, quelque grandes et glorieuses choses qu'il ait accomplies dans le champ de l'art musical depuis lors jusqu'à l'époque de sa dissolution, il n'en est pas moins vrai de dire que ce n'était plus l'ancienne école. Dans la composition musicale religieuse, il y avait, sous beaucoup de rapports, de nouvelles doctrines, de nouveaux principes ; c'étaient de nouvelles manières de voir, une autre notation, et, sous des rapports particuliers, une nouvelle méthode d'exécution dominait dans les églises et les écoles.

Quoique nous ne puissions suivre cette école du chant romain plus loin que le commencement du xiie siècle, nous ne jetons qu'avec d'autant plus de complaisance un coup d'œil rétrospectif sur ces hommes qui ont fait progresser avec tant d'amour et de dévoûment, et cela pendant le cours de trois siècles, l'un des arts les plus beaux et les plus saints. Il fut un temps où les forêts de l'Allemagne retentissaient des hurlements des bêtes sauvages, où, du gosier brut et inculte de ses habitants humains, il ne sortait que des sons mal combinés, repoussants, des cris sauvages qui n'étaient propres qu'à effrayer une oreille cultivée. Là arrivèrent ces hommes qui se mirent à entonner les saints cantiques primitifs de l'Église catholique, et forcèrent, par le charme de leurs cantilènes, la grossièreté et l'état sauvage de ces peuples, à comprendre les beautés du chant liturgique. Convaincus de la puissance de la musique sur le cœur de l'homme, ils fondèrent et dirigèrent une école dont ces pieux et vénérables chants retentirent longtemps dans leur ancienne pureté, et qui devaient relever et ennoblir le cœur et l'esprit des auditeurs. Comme ils furent les premiers qui dotèrent les peuples de saints cantiques écrits dans leur langue usuelle ou maternelle, ils instruisirent dans cette langue et initièrent à l'art musical ceux qui tendaient à une éducation plus élevée ; ils donnèrent des noms allemands aux instruments étrangers, et en conservèrent le souvenir à la postérité dans leurs écrits. Les louanges de Dieu, la gloire de ses saints, qu'ils annonçaient en paroles, ils les célébraient dans leurs chants qui retentirent en des milliers d'églises et en des millions de cœurs. Leurs travaux dans le voisinage du cloître portèrent des fruits de bénédiction pour des pays plus éloignés. Ils étaient aimés et honorés par les supérieurs de l'Église comme par les chefs de l'État. C'est à ces nobles protecteurs de l'art qu'on peut appliquer ces paroles de l'Écriture : « In peritia sua requirentes « modos musicos, et narrantes carmina Scripturarum. Homines divites in virtute, pulchritudinis studium habentes ; pacificantes in domibus « suis. Omnes isti in generationibus gentis suæ « gloriam adepti sunt et in diebus suis habentur « in laudibus. Corpora ipsorum in pace sepulta « sunt et nomen eorum vivit in generationem et « generationem (1). » Plus on étudie le moyen âge, plus on se sent porté à la reconnaissance envers les corporations religieuses, et, par rapport au chant romain, le cloître de Saint-Gall mérite la plus grande part de la gratitude de la postérité.

Le bienheureux Canisius, dans la préface dont il fait précéder ce qu'il a édité des poésies et des hymnes des Pères de Saint-Gall, dit : « *Illustrium virorum monasterii S. Galli sacra carmina ubi vidi, digna censui luce, tum ob eruditionem, tum ob pietatem, et vel maxime propter venerandam antiquitatem. Ejusdem judicii fuit nobilissimus Marcus Velserus qui, in litteris quibusdam, scribit hæc sacra carmina sibi apprime pla-*

(1) Ekkehard V vivait vers 1220 ; il composa la vie du bienheureux Notker et de ses compagnons. Cet auteur, cependant, ne renferme en grande partie et presque mot pour mot que ce que Ratpert et surtout Ekkehard V avaient dit de Notker. Dans le discours qu'il fit à la louange du chant ecclésiastique, se trouve le passage suivant : « Sicut orationibus regimur, et docemur, ut devoti simus Deo, et stabiles in virtutibus, ita psalmorum studiis delectamur ineffabilia æterna. Psallendi enim utilitas tristia corda consolatur, gratiores mentes facit, studiosos oblectat, mentes exsuscitat, peccatores ad lamenta invitat, mundiora reddit hominis interiora et promptiorem ad pietatis opera. Nam quamvis dura sint carnalium corda, statim ut dulcedo psallentium insonuerit, ad effectum clementiæ animum eorum inflectit. Itaque, dum Christianum non vocis modulatio, sed tantum verba divina debeant commovere, nescio, quo tamen pacto, quandoque modulatione canentis major nascitur compunctio cordis. Multi enim reperiuntur, qui cantus suavitate commoti sunt, crimina plangunt, atque ex ea parte magis flectuntur ad spiritum contritionis et lacrymarum ubertatem, ac benevolam emendationem, ex qua non verborum, sed psallentium dulcedo vocum et discretio insonuerit jucundissima. Oratio in præsenti vita tantum pro remedio peccatorum effunditur : psalmorum autem decantatio perpetuam Dei laudem administrat, sicut scriptum est : Beati qui habitant in domo, etc. (*Ekkeh. V*, in vita B. Notkeri). »

(1) Eccles., 44, 5 et 14.

*cuisse, itaut interdum pœne lacrymas excusserint, antiquam pietatem cum nostris temporibus conferenti...* » Metzler, dans sa préface *in hymnos sacros D. Galli Patrum*, dit : « *Hæc igitur cum* « *ita sint, non offendetur lector quædam minus* « *subtilitate levia, cum conspicit, rerum pondere* « *esse gravia ea ipsa tam ubique ; mirabitur vero* « *aliquos saltem ex illis in ætate tam barbara tam* « *bene lusisse et tam latine. Et ubique meminerit* « *idem lector, cum omnia ista ad cultum divinum* « *fuerint a PP. dictata, magis spectari res quam* « *verba, tantum musicam quantum prosodiam* (Lect. antiq.) »

Tous les auteurs qui, depuis quelques années, ont traité cette question brûlante de la restauration du plain-chant, ont tourné leurs regards vers Saint-Gall. Ils ont tâché de conformer leur travail aux manuscrits de cet antique monastère. Quand Rome eut perdu ses livres authentiques et l'autographe de saint Grégoire (1), c'est à Saint-Gall qu'on vint de toutes parts comme à la source du chant ecclésiastique. Ekkehard nous constate ce fait, dit le P. Lambillotte, dans les *Casus Sancti Galli*, cités par les Bollandistes (t. I, 3 avril, p. 582) et par Gerbert (*de Cantu et Mus. sacr*, t. I, p. 275). Nous répétons ces paroles, que nous avons déjà citées : « *Ab inde sumpsit exordium, tota fere Europa et maxime Germania, cantare sicut in monasterio Sancti Galli, ubi viri peritissimi, Romanus et Notkerus et alii magistri docebant, juxta exemplum authentici Antiphonarii sancti Gregorii.* »

Le P. Lambillotte (*Esthétique*, p. 50) conclut ainsi, en parlant de l'école de Saint-Gall : « Presque tous les livres dont les religieux se servaient « alors pour l'office sont parfaitement conservés ; « les traductions qu'ils ont faites des neumes « portent avec elles la plus haute garantie de fidélité. Leurs vertus, leur savoir, leur juste réputation de sainteté, nous donnent à ce sujet une « pleine assurance. Nous pourrions ajouter aussi « la grande vénération qu'ils professaient pour le « pape saint Grégoire, qu'ils regardaient comme « un des leurs. Leur estime pour Romanus qui les « avait initiés à la connaissance du vrai chant « grégorien, était encore un puissant motif de le « conserver dans toute sa pureté. Nous concluons « donc que les traductions faites par ces religieux « méritent toute confiance, indépendamment de « notre vérification. Qui donc a été et sera jamais « plus capable de traduire ces mélodies que ces « bons moines qui les entendaient et les chantaient chaque jour sans cesse ? Qui le fera avec » un soin plus religieux, avec une exactitude plus « scrupuleuse ? Leur travail a plus de poids, à « nos yeux, que toutes les révisions qui nous « viennent des églises particulières. »

Le cardinal Tommasi, comme on le voit dans ses lettres en tête du quatrième volume, avait demandé au bibliothécaire de Saint-Gall le manuscrit de saint Grégoire, récemment édité par le P. Lambillotte ; le bibliothécaire lui en envoya un autre A-t-il voulu, dit le même Père, tromper le cardinal ? cela n'est pas probable ; mais plutôt il s'est trompé lui-même. Le volume demandé était alors parmi les richesses de la sacristie et de l'église, et ne faisait point partie de la bibliothèque, mais du trésor. Le bibliothécaire, qui probablement n'était entré en charge qu'après les ravages des Protestants, a pu ignorer ces choses. On envoya donc un autre antiphonaire qui, du reste, porte également le nom de saint Grégoire ; et c'est là ce qui a induit en erreur le savant cardinal sur beaucoup de questions et de notations neumatiques.

On n'a donc qu'à parcourir d'un œil attentif et à confronter les manuscrits, pour se convaincre de ce que nous avançons, et pour retrouver dans Saint-Gall les véritables mélodies primitives de saint Grégoire.

Après l'introduction de la notation guidonienne, Saint-Gall rechercha toujours le bienfait de l'uniformité dans le chant, comme cela résulte de la préface du *Directorium Chori Sancti Galli* : « Cum nihil æque Ecclesiæ Catholicæ dignitatem « commendet ac eorum omnium, quæ ad debitum « Dei cultum ritumque spectant *omnimoda Con-* « *formitas*, in iis maxime quæ in publico exer- « centur, ac in oculos præsentium cadunt, ea « propter illustrissimi principes, ac reverendissimi « olim Domini Abbates, nostro Helveto-Benedi-

(1) Dès le onzième siècle, Louis le Débonnaire envoya Amalaire à Rome pour demander un *Antiphonaire* sur lequel on pût corriger ceux des Gaules. Le pape répondit qu'il n'en possédait plus ; que le dernier avait été remis à Wala, ministre de Charlemagne. (Retulit ita mihi papa : *Antiphonarium non habeo* quem possim mittere *filio meo Domino Imperatori, quoniam hos quos habuimus Wala... abduxit eos hinc secum in Franciam*). « Il n'est donc pas « étonnant, ajoute M. de Coussemaker que Rome ait perdu « de bonne heure la tradition du vrai chant grégorien, et « qu'alors on recourût à Saint-Gall ; car Metz aussi perdit, « sous Louis le Débonnaire, la vraie tradition romaine, et « ce fut Amalaire dont il est ici question, qui acheva d'y « porter la confusion, comme il en convient lui-même. » L'école de Saint-Gall, dit Gerbert, ne mérita jamais un semblable reproche. Au contraire, Saint-Gall sut prendre tant de précautions pour défendre le manuscrit authentique de toute altération, que, de tous les points de l'Europe, on venait lui présenter les livres de chant pour constater leur identité avec l'œuvre grégorienne et corriger les fautes qui s'étaient glissées sous la main du copiste. « In quo, usque hodie, si quid dissentitur in cantu, quasi in speculo, error universus pervidetur atque corrigitur. » (Ekkehard. — Voy. Pertz. *Monum. Germ.*, t. I).

« clinæ congregationis patres et fundatores, cum « incredibili zelo, indefessoque et pene desperato « labore, ab interitu vindicatam, et post liminio « revocatam, restitutamque Benedictinam disci- « plinam, in id omne studium suum contulêre, ut « divinum officium ad *conformitatem* et concor- « diam revocarent: eum in finem *Directorium* seu « modum, quo omnes uterentur, cuive seu regulæ « se conformarent, fieri curaverunt, quod deinde « sic factum authoritate sua observare sanxerunt. « Sed quia hoc in archivis, aut scriniis privatis « diligenter conservata, vel non nota, vel varii « inde descripti libelli qui in eum usum servire « deberent, non parum inter se discordes ab au- « thentico diversi erant, cacophoniam oriri et « *indecoro dissonoque* cantu rem divinam, cum « populi offendiculo perturbari et dehonestari, « unde devotionem ac æstimationem diminui ne- « cesse fuit, omnino certum est. Quo circa si « dictum Directorium quod multorum diu jam « votis expectabatur, publicum fieret, operæ pre- « tium fore videbatur, ut quod scire convenit « omnes, omnibus palam esset. Si igitur opus « probas, et auctor non displiceat, æqui bonique « laborem meum facito et pro libitu libello isto « fruere. Solum hoc mercedis et consolationis loco « requiro, ut decorem Domus Dei, cultumque di- « vinum cum devotione crevisse sentiam.

« (P. VALENTINUS MOLITOR, Monachus « Sancti Galli). »

Nous avons des documents tirés d'un manuscrit d'Einsiedeln, constatant l'introduction de la notation guidonienne dans le même monastère, au commencement du XIV$^{e}$ siècle. Les voici :

Rudolfus de Radeggy, scholasticus in loco Heremitarum (Einsiedeln), in carmine de Gestis abbatis Johannis de Schwander, initio sæculi XIV, sequentiam scribit de reformatione cantus ab illo Abbate suscepta :

Volvit et hic animo cantus qui dicitur *Usus*
Esse gravem prorsus difficilemque modum :
Quod puer addiscens in eodem flore juventæ,
Dogmata negligeret uberiora sibi.
Ast alter cantus ubi musica dirigit omnes
*Voces per Normos* sat leviore modo:
Hic est commodior facili quia discitur arte,
Et pueros alia dogmata ferre sinit.
Ast hic difficilem vitat, facilem sitit atque
Ejus doctores querit et optat *omnes*.
Doctor adest cantus ejusdem qui docet artem :
Tunc propria struxit se pater iste libros
Qui talem cantum retinent, constare videntur
Hi magnas res ; hæc comprobat ista dies
Si hunc per patrem libros retinemus et artem
Quo pater iste commoda bina tulit.

(Ex manuscripto Einsiedeln sæcul. XIV. Libri supra notati hodiedum superstites sunt). »

## PIÈCES JUSTIFICATIVES & NOTES.

### I

Pour faire suite au premier chapitre, nous dirons quelque chose sur l'origine de la musique sacrée. On peut soutenir que la plupart de nos mélodies liturgiques sont aussi anciennes que la liturgie elle-même; que, nées aux jours où parut le christianisme, « elles viennent à nous avec la majesté des siècles, » comme le dit Monseigneur de Blois. Plusieurs de nos chants psalmodiques, selon l'opinion d'auteurs très-graves, doivent remonter à *David* et à *Salomon*. On croit communément que les sources de nos mélodies primitives ne dérivent pas des *nomes*, chants grecs en l'honneur des dieux, mais de l'inspiration chrétienne, du zèle des premiers fidèles, et saint Grégoire n'aurait fait que recueillir, compléter et régulariser les chants que la tradition des églises lui avait transmis. Le Père Martini (*Storia della Musica*, t. I, p. 350 et suiv.) prétend que notre musique dérive de celle qui était chantée dans le temple par les Hébreux. Forkel (*Allg. Gesch. der Mus.*, t. II, p. 91) assure que la haine des chrétiens contre tout ce qui rappelait le paganisme, était trop prononcée pour qu'ils aient consenti à admettre la musique des payens. M. Kiesewetter (*Gesch. der Europ. Mus.*, Introd., p. 2) dit : « La musique moderne, si l'on veut bien l'appeler ainsi dans son origine, naquit à petit bruit dans d'obscurs réduits, dans des catacombes lugubres, pendant la période de la décadence, déjà bien avancée, de la musique grecque : elle se forma dans les réunions des premiers chrétiens, gens simples, la plupart pauvres et ignorants, absolument étrangers à la science musicale des Grecs. Un chant naturel très-simple, sans art et sans règle, qui ne prit que peu à peu un accent assuré et une inflexion fixe, s'établit dans leur communauté par une audition fréquente, et se propagea ainsi d'une chrétienté à l'autre. » — Le P. Lambillotte rapporte, dans son Esthétique, qu'un des Pères jésuites russes lui disait « avoir lu, dans un ancien historien de sa nation, que les juifs, vers le V$^{e}$ siècle, avaient changé leurs chants psalmodiques, par la raison que les chrétiens se servaient de leurs mélodies primitives. D'autres historiens prétendent que les schismatiques grecs firent la même chose un peu plus tard, pour le même motif. »

Nous admettrons volontiers que les hymnes nouvelles, en prose ou en vers, les chants des antiphones, tels qu'*introïts*, *offertoires*, *antiennes*, *répons*, etc., sont le fruit des pieuses et naïves inspirations des chrétiens, comme le pensent Forkel et M. Kiesewetter.

## II

*Pièces justificatives ayant trait au 2e chapitre, tirées de Guido d'Arezzo* (XIe *siècle*).

« De même que dans l'art métrique il y a des « lettres, des syllabes, des pieds, des hémistiches « et des vers, de même dans la mélodie il y a des « notes. Avec une, deux ou trois notes on forme « des syllabes, et ces syllables simples ou com- « posées constituent un *neume*, ou trait mé- « lodique ; avec un trait mélodique ou plusieurs, « on forme une *phrase* ou *distinction*, c'est-à-dire. « un repos où l'on peut respirer convenablement. « Il faut ici remarquer que la phrase mélodique « entière doit être notée et chantée tout d'un trait ; « que la syllabe doit être plus serrée encore et que « la tenue (*tenor*) de la dernière note, qui doit « être fort peu de chose à la fin de la syllabe, plus « longue pour le neume, et très-longue pour la « phrase, est comme le signe qui marque ces di- « visions ; et ainsi il est nécessaire que, comme « dans les vers lyriques, le chant puisse être « frappé en mesure, *cantilena plaudatur*, que les « notes soient distinguées les unes des autres par « une valeur deux fois plus longue ou deux fois « plus petite, ou quelles aient un son tremblé, « c'est-à-dire, une *tenue trémulante* qu'on indique « souvent par une virgule inclinée, ajoutée à la « lettre.

« Que l'on fasse une très-grande attention à la « division des *neumes*, et soit qu'ils se forment « par la repercussion de la même note, soit par « l'union de deux ou de plusieurs notes diffé- « rentes, que toujours, et quant au nombre des « sons et quant à l'espèce, ils conservent des « rapports et se répondent symétriquement : ici « des neumes égaux à des neumes égaux ; là un « neume double ou triple à un neume triple ; « qu'ailleurs on ait des ressemblances de quarte ou « de quinte. Que le musicien se propose celle de « ces divisions qu'il veut adopter pour produire « un chant, comme le poète choisit le mètre « qu'il veut pour en faire un vers. Seulement, le « musicien ne s'astreint pas à cette loi dans toute « sa rigueur, parce que l'art musical aime en tout « une raisonnable variété. Quoique nous ne puis- « sions pas précisément définir en quoi elle con- « siste, cependant on regarde comme rationnelle « cette variété de sons qui affecte agréablement « notre âme, ce siége de la raison.

« Il importe donc qu'à la manière des vers, les « phrases mélodiques ou distinctions soient symé- « triques, que quelquefois les mêmes phrases « soient répétées avec une légère variante ; il faut « qu'un *neume réciproque* ou *une phrase réciproque* « retourne par le même chemin qu'elle est venue, « et qu'elle revienne *en suivant les mêmes traces*. « Mais il y a des phrases *prosaïques* qui suivent « moins exactement ces règles, et dans lesquelles « on s'inquiète peu de rencontrer çà et là des traits « et des phrases ici plus longues, ici plus courtes, « distribuées indistinctement comme la prose.

« J'appelle celles dont je parle : chants *métri-* « *ques*, parce que nous les chantons comme si nous « *scandions* des vers. Dans ces chants, il faut pren- « dre garde de continuer trop longtemps les neumes « dissyllabes, sans les entremêler de neumes tris- « syllabes et quatrissyllabes, c'est-à-dire, de traits « mélodiques formés de deux, de trois ou quatre « sons. Car de même que les poètes lyriques em- « ploient tantôt une espèce de pieds, tantôt une « autre, de même ceux qui composent un chant, « emploient des neumes et des distinctions sage- « ment diversifiés. L'analogie entre la poésie et le « chant est très-réelle, car en musique les neumes « et les syllabes mélodiques sont les pieds, et les « distinctions sont les vers ; de telle sorte que tel « neume formera un dactyle ; tel autre un spondée, « un ïambe ; de même vous trouverez ici une dis- « tinction de quatre mesures ou tétramètre ; là une « distinction pentamètre ; ailleurs une distinction « hexamètre, et plusieurs autres espèces (1).

« Afin que la propriété des notes se dessine « plus facilement nous employons différentes « couleurs qui font discerner à l'instant sur « laquelle se trouve tel son. La couleur jaune « brille sur la troisième note (ut), sur la sixième « (fa) éclate un beau rouge. – Mais si la *lettre* « ou la *couleur* n'accompagne pas les *neumes*, la « lecture de la musique est comme un puits sans « cordes, dont les eaux, quelque belles qu'elles « soient, ne peuvent servir à personne. »

Il suit donc que la ligne *coloriée* servait de clef, et que, pour faire connaître à quelle note s'appliquait cette clef, on y ajoutait C ou F, ce qui suffisait pour l'indiquer (2).

(1) « Non autem parva similitudo est metris et cantibus ; cum et neumæ loco sint pedum, et distinctiones loco versuum, utpote ista neuma dactylico, illa vero spondaico, illa iambico metro decurrat, et distinctionem nunc tetrametram, nunc pentametram, alias quasi hexametram cernes et multa alia. »

(2) A Monza, on trouve dans la bibliothèque, sous l'indication K 11, un graduel complet en notation guidonienne, sur quatre lignes, deux colorées et deux tracées dans le vélin à la pointe sèche ; la ligne F, fa, est rouge, et la ligne C, ut, est d'un jaune d'or. L'introït *Ad te levavi* commence

## III

*Notes sur le 4e chapitre.*

—

### DU RHYTHME DANS LE PLAIN-CHANT.

D'après la lecture des plus anciens traités sur le chant ecclésiastique on peut conclure avec certitude que les anciens admettaient le rhythme dans le chant liturgique. « Les anciens, dit M. Vincent « attachaient une si haute importance au rhythme « que, suivant eux, c'est la partie la plus virile « de la musique; ils comparaient le rhythme à « l'homme et la mélodie à la femme (1). » « C'est le rhythme, dit Aristide Quintilien, qui donne la vigueur à la musique : *Rhythmi partes vim melodiæ evidentem constituunt* (2). » « Pour eux, dit « M. l'abbé Cloet, la mélodie n'était que le corps, « l'âme c'était le rhythme : *Omne melos more* « *metri mensurandum est.* »

Toutefois il faut faire abstraction de la mélodie des hymnes et des séquences où le rhythme musical est naturellement soumis à celui de la poésie. « Dans les antiphones, dit le P. Lambillotte, il est indépendant des paroles ; il peut même exister sur une seule syllabe comme sur plusieurs par la distribution symétrique des notes brèves et longues. »

Pour constituer le rhythme, il faut savoir ce que l'on veut exprimer, le caractère que l'on doit donner à la mélodie, et combiner, d'après cette règle et cette fin, une suite de notes longues et brèves, c'est-à-dire qu'il faut : 1° que la mesure (qui est très-différente du rhythme) ait une *durée* appropriée au sentiment du texte; 2° que les notes forment entre elles une liaison et une succession convenable à la chose qu'on veut exprimer; 3° que les notes brèves et longues se combinent et s'harmonisent pour la puissance de l'expression, pour le plaisir de l'oreille; que les petites nuances soient réglées d'après le sens des paroles, dit Guido d'Arezzo : *Ut rerum eventus sic cantionis imitetur effectus.* « Que dans les choses tristes les notes « soient graves; dans les tranquilles, agréables; « dans les prospères, triomphantes : *in prosperis,* « *exultantes.* »

par sol, sur une *plica descendante.* La *Clivis* et les *pedatus* longs ont leur première note formée de deux petits points carrés, liés et très-rapprochés.

(1) *Notice sur les manuscrits*, t. XVI, p. 197. Paris, imprimerie royale, 1847.

(2) Apud Meib. auct. music., Arist. Quintillien, p. 31.

## IV

*Notes sur le 10e chapitre*

—

### PARTICIPATION DU PEUPLE AU CHANT.

« Le peuple chantait avec les prêtres, non-seu-« lement les psaumes des vêpres, mais les introïts, « les répons et les antiennes. Bien loin d'avoir « besoin de traduction française, les fidèles même « qui ne savaient pas lire n'en étaient pas moins « en état de chanter avec l'Église, comme font « encore aujourd'hui les paysans de ces paroisses « de la Bretagne, au sein desquelles la liturgie « *romaine* n'a pas souffert d'interruption. » (Dom Guéranger, *Inst. liturg.* p. 169). »

« Anciennement, dit le même auteur, les fidèles « prenaient un intérêt ardent au chant liturgique; « ils en chérissaient les réminiscences qui accom-« pagnaient leurs travaux, leurs joies et leurs « douleurs. Dans le cours de l'année, ils mar-« quaient les époques par les premiers mots de « certains introïts et de certaines antiennes (*ibidem*). »

Il y avait dans les clercs et les laïques un singulier empressement pour apprendre le chant. C'est ce que nous confirment les *Capitulaires* de Charlemagne et une multitude d'auteurs des huitième, neuvième et dixième siècles. Gerbert (*de Musica sacra,* lib. II, tom. 1, p. 277) parle d'une manière remarquable à cet égard : « *Ut* « *scholæ legentium puerorum fiant, juxta pri-* « *mum Aquisgranense capitulare, psalmos, no-* « *tas, cantus, computum, grammaticam per* « *singula monasteria vel episcopia discant.* »

Comme on ne connaissait pas d'autre musique que la grégorienne, que tous les fidèles à peu près connaissaient le latin, que dans quantités de monastères, tels que celui de Luxeuil, en France; celui de Bangor, en Irlande, des milliers de religieux se succédaient sans interruption au chœur, les mélodies liturgiques pouvaient facilement être apprises *de mémoire*, même par le peuple.

## Pièces qui, dans le texte, ont été renvoyées à la fin du volume.

**1.**

HARTMANNI

DE FESTIVITATE SS. INNOCENTIUM.

Cum natus esset Dominus,
Turbatur Rex incredulus;
Magi tulerunt munera,
Quos stella duxit prævia.

Herodes Rex interrogat,
Quo Christus nasci debeat,
Locumque dici flagitat,
Ut hunc necare valeat.

Adorant Magi Dominum,
Viamque carpunt aliam,
Nec sævi Regis impiam
Ultra vident præsentiam.

Tunc Rex Herodes fervida
Succenditur insania,
Mandatque sterni millia
Lactentium innumera.

Completur sæva jussio,
Mactatur omnis pusio,
Ætatis binæ parvuli,
Vel infra subduntur neci.

Mas omnis infans occidit
Quem novus partus protulit:
Scrutatur, et cunabula,
Ac ipsa matrum ubera.

Quid furis crudelissime,
O carnifex et pessime?
Hic solus qui requiritur,
Imprime Christus tollitur.

Pectus tenellum rumpitur,
Matrum sinus perfunditur;
Sed lactis plus quam sanguinis
De loco stillat vulneris.

Salve lactens exercitus,
Flores sanctorum Martyrum,
Ad aram summi Numinis,
Qui læti semper luditis.

Nos vos laudantes pueros
Semper juvate precibus,
Vobiscum uti jugiter
Possimus læti psallere.

## 2.

### VERSUS HARTMANNI MONACHI S. GALLI

#### ANTE EVANGELIUM CANENDI.

Sacrata libri dogmata,
Portantur Evangelici,
Cunctis stupenda Gentibus,
Et præferenda laudibus. Sacrata.

Mundemus omnes corpora,
Sensusque cordis simplicis
Purgantes conscientia,
Verba pensemus mystica.

Vultu declini pariter,
Clausa tenentes stomata,
Stemus intentis auribus,
Ut decet ante Dominum. Sacrata.

Nec sat videtur sonitus
Auditu solo corpore,
Ni cor purgatum teneat
Factisque jussa compleat. Cunctis.

Sic mandat ipse maximus
Magister, summi filius,
Sensus nostrorum pectorum
Arvis diversis comparans
Sunt, ait, rura plurima
Queis semen frugis spargitur;
Sensu sed multum dispari.

Reddunt accepta fenora. Sacrata.
Quædam saxorum stramine
Repentur nimis pessimo:
Frugemque necat maximus
Ardor solaris luminis. Cunctis.

Quædam siccato germine
Replentur spinis horridis.
Viarum strata plurimis
Officiunt seminibus. Sacrata.

Ast qui felices fertili
Glebas fœcundat germine,
Illum lætantem cumulat
Fructus laboris centuplex. Cunctis.

Sic voluntatis integræ
Perfecta nitent opera,
Terraque cordis optimi
Centenum refert numerum. Sacrata.

## 3.

### EJUSDEM HARTMANNI DE NATALI INNOCENTIUM.

#### AD PROCESSIONEM.

Salve lacteolo decoratum sanguine festum,
Salvete innocua corpora fusa neci.
Concinit, ecce, Deus tibimet grex iste pusillus,
Festivum laude præveniendo diem. Salve.
Occidit, et victrix regna superna cupit. Concinit.

Nam quod terrenum metuit disperdere regnum
Impius immani Rex feritate furit. Salve.

Audierat Regem quem cuncta oracula dudum
Spondebant vatum virgine matre satum. Salve.

Judaïcæ gentis quem debita regna manerent,
Hocque Magos stella testificare nova. Concinit.

Nec mora pestifera succenditur efferus ira,
Dum tibi præripiet Regia jura timet. Salve.

Mox jubet innocuam ferro prosternere plebem,
Destinat atque neci corpora lacteola. Concinit.

Perderet ut Christum, dum nemo evaderet ipsum;
Inter et innumeros perderet hunc puerum. Concinit.

## 4.

### EJUSDEM HARTMANNI LITANIÆ.

Humili prece, et sincera devotione
Ad te clamantes semper exaudi nos.
Summus omnipotens Genitor qui cuncta creasti,
Æternus Christus, Filius atque Deus.
Necnon sanctificans, dominator, Spiritus almus,
Unica Majestas, trinaque sola Dei Ad te.
Ipsa Dei Genitrix, reparatrix inclyta mundi,
Quæ Dominum casto corpore concipiens,
Perpetua radias cum virginitate pudoris,
Indignos famulos, virgo Maria, tuos.
Angelici proceres, cœlorum exercitus omnis,
Æterno semper lumine conspicuus,

Agmine ter trino supero per sydera regno
Laudibus æternum concelebrans Dominum.
Petrus cum Paulo, Thomas cum Bartholomæo,
Et Jacobus sanctis nos relevent precibus.
Andreas, Matthæus, Barnabas atque Joannes,
Mathias, Lucas, Marcus et altisonus
Cœtus Apostolicus duodeno sidere comptus
Propitius cunctos protege nos famulos,
Et quos multiplici lacerant per crimina pestes
Peccata absolvens, fac bona cuncta sequi.
Nunc Stephanus, Linus, Clemens, Anacletus et almus
Xistus, Alexander Corneliusque pius,
Hippolytus, Vitus, Laurentius atque Modestus,
Chysogonusque pius nos miserando juvent.
O vos Martyrio decorati in nomine Christi,
Conspicui testes, purpurei proceres,
Qui bello invicti superastis dæmonis iras,
Conspirata manus vincere morte minas,
Silvester, Damasus, Gregorius Ambrosiusque,
Hilarius, Zeno, Maximus atque Leo,
Martinus, Proculus, Cæsarius Eusebiusque
Orent pro nostris criminibus variis.
Ordo sacratus Confessorum præcipuorum,
Auxilio tutos undique redde tuos.
Atque tua nosmet prece, dimittendo reatum,
Nos fragiles multum cladibus omnigenis
Paulus, Antonius, Macharius Arseniusque,
Pachumius, Beda, Atala, Pafoutius,
Bertolfus, Libertinus, Basilius, atque
Hyeronimus doctor, nos miserate precor.
Galle, Dei summi miles fortissime Christi,
Nobis nunc famulis auxiliare tuis.
Nil sic perspicuum poterit nos clara referre,
Ut decet in tali nunc patris obsequio.
Hic tibi perpetuis resonent concentibus ædes;
Cum læti famuli celebrant hic festa benigni,
Ossibus et sacris semper habetur honos.
Cum læti famuli celebrant hic festa benigni,
Laudibus instantes nocte, dieque tuis.
Dirige corda pius, et tempora dirige nostra
Atqua dies lætos ducere da famulos
Ut semper valeant tibimet cantore quieti,
Te quoque cœlesti cernere luce poli.
O dilecte Dei radians virtute corusca,
Sancte Othmare pater, junge preces pariter,
Intercede pius, veniam poscendo misellis,
Aureque jam blanda carmina percipiens.
Summe Dei cultor, monachorum rector et abba,
O Benedicte, sacer atque benigne pater,
Istud cœnobium cœtumque tibi famulantum,
Nostraque sanctificans cuncta tuere simul.
Felicitas, Felix, Eulalia, Digna, Verena,
Petronellaque cum pia Perpetua,
Agnes atque Agathes, Christina, Euphrasia, Tecla,
Euphemia, Regula, Eugenia atque Bona,
Virginitate chorus resplendes candidularum
Turba puellarum integritate nitens,
Quæ geminis gaudes pulchrum decorata coronis
Laude pudicitiæ, martyriique simul.
Omnes nunc sancti nostris succurrite lapsis
Et veniam cunctis ferte juvando malis.
Nam vestris precibus, petitis quæcumque rogantes,
Annuit ipse pius, nilque negat Dominus.
Pacem perpetuam rogitamus, prospice Christe,
Et sanæ vitæ gaudia longa diu,
Temperiem cœli tribuens, ut copia frugum
Omnibus exundet, ubere lætitia.
Agne Dei Patris, qui mundi crimina tollis,
Optatæ pacis munera dona tuis.

## 5.

### VERSUS DE NATIVITATE DOMINI

#### CANENDI IN PROCESSIONIBUS.

Salve, mirificum semper Deus in Patre Verbum,
Mirifico partu jam caro carne satum.
Venisti mundo nova gaudia condere mœsto,
Et tibi devotis pandere te famulis.
Persultent nostræ tibi Virgo Maria camœnæ,
Quæ rutilas tantis congrua mysteriis.
Sed quæ condignas tibi lingua rependere laudes
Prævalet, extollens nomen ad astra tuum ?
Quem non immensi capiat teres orbita mundi
In tua se clausit viscera factus homo.
Cœlum curvavit, sola fecit et æquora fudit,
Principii princeps, omne quod est faciens.
Excrescens lapis, absque manu de monte revulsus,
Mole sui mundum obtinuit stupidum;
Semper cum Patre cui virtus et gloria, sorsque,
Æquiparet et regnum, splendor, honor, solium.

### IN EPIPHANIA.

Salve, mirificum semper Deus in patre Verbum,
Mirifico partu jam caro carne satum.
Hæc fœcundata, et cœlesti ex rore rigata
Florueras, Virgo, tu benedicta Deo,
Natum lactasti, gremioque fovendo locasti,
Qui tuus est Auctor, filius et Dominus.
Ingratus noxæ timor omnis abesto veternæ.
Jam novitas regnat, totus et orbis ovat.
En Jesse Virgam decorat, bene flosculus illam,
Vatis ut exorsa præcinuere sacra.
Excrescens lapis, absque manu de monte revulsus
Male sui mundum obtinuit stupidum.
En nunc implevit quod ea per enigmata clausit,
Pandit et obscura gratia luce nova.
Testatur fidis gregis angelus ipse magistris,
Ejus in exortu luce micans rutilus.
Hoc festum tanti canit hæc pia vota diei,
Stella recens clamat, aucta dies jubilat.
Semper cum Patre cui virtus, (*etc.*, ut supra).

## 6.

### CARMEN SUPPLICUM

#### CUJUSDAM MONACHI S. GALLI ANONYMI.

Christus ad nostras veniat camœnas,
Christus et vocem tribuat salubrem,
Christus et vitam vehat ad perennem
Se modulantes.

Audiat nosmet chorus Angelorum,
Protegat nos plebs et Apostolorum,
Patriarchæ Dei, simul et Prophetæ,
Vice perenni.

Martyrum turbas petimus serenas,
Sanguinis palma, pretioque claras,
Vocis ut nostræ modulis receptis
Gaudia præstent.

Nunc sacerdotes, monachosque claros
Ad preces nostras cupidi vocamus,
Nosmet ut semper foveant, et nostra
Pace suavi.

Virginum dulces nitidosque flores
Semper in nostro petimus favore
Esse præsentes simul et fugantes
Noxia quæque.

Omnium sane rutilus piorum
Cœtus ad nostram vigilet salutem,
Invidum pellens rabidumque furem,
Munere Christi.

Christe nos servos miserere fidos,
Ob precem sanctæ nitidæque plebis,
Inter hos *Magni* meritum recordans
Maxime Judex.

Per crucem sanctam, moderare nostram
Conditor vitam, tribuens quietem
Perditis culpæ veniam rependens
Luminis Auctor.

Pacis augmentum tribuas rogamus,
Utque salvemur pariter precamur,
Ac remittendi decus exhiberi
Te miserante.

Ætheris blandos facilesque motus,
Frugis et largos remeare questus,
Regibus vitam, populisque pacem
Da pater orbis.

Præsuli nostro dominans faveto,
Hicque cœlestem tribuens honorem
Posthumum Petri facito perenni
Laude beari.

Agne qui tollis facinus reorum,
Conditor lucis, miserere nobis,
Christe nos audi, Patris alme Fili,
Kyrie eleyson.

FIN.

# TABLE

## CHAPITRE Ier

### APERÇUS PRÉLIMINAIRES



## CHAPITRE II



## CHAPITRE III



## CHAPITRE IV



## CHAPITRE V



## CHAPITRE VI



## CHAPITRE VII



## CHAPITRE VIII

## CHAPITRE IX



## CHAPITRE X



## CHAPITRE XI



### PIÈCES JUSTIFICATIVES



### Pièces qui, dans le texte, ont été renvoyées à la fin du volume





Le Mans. — Impr. Beauvais et Vallienne, place des Halles, 19.

www.ingramcontent.com/pod-product-compliance
Lightning Source LLC
LaVergne TN
LVHW020409230826
846091LV00004B/1207
*9782013609982*